1 MONTH OF
FREE
READING

at

www.ForgottenBooks.com

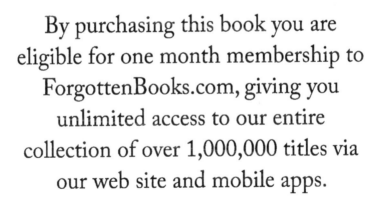

By purchasing this book you are eligible for one month membership to ForgottenBooks.com, giving you unlimited access to our entire collection of over 1,000,000 titles via our web site and mobile apps.

To claim your free month visit:

www.forgottenbooks.com/free967648

ISBN 978-0-260-74013-7
PIBN 10967648

RECUEIL
DE DISCOURS

PRONONCÉS

AU PARLEMENT D'ANGLETERRE,

PAR

J.-C. FOX ET W. PITT.

RECUEIL
DE DISCOURS

PRONONCÉS

AU PARLEMENT D'ANGLETERRE,

PAR

J.-C. FOX ET W. PITT,

TRADUIT DE L'ANGLAIS ET PUBLIÉ

PAR MM. H. DE J......

CH. DE SAINT-LOUIS, ANCIEN OFFICIER DE LA MARINE FRANÇAISE,

ET L. P. DE JUSSIEU,
Auteur de plusieurs ouvrages d'éducation.

AVEC PORTRAITS.

TOME DOUZIÈME.

A PARIS,

CHEZ {
LE NORMANT, LIBRAIRE, RUE DE SEINE, N° 8;
MAGIMEL, ANSELIN ET POCHARD, LIBRAIRES,
RUE DAUPHINE, N° 9.
}

TABLE

DES MATIÈRES.

~~~~~~~~~~~

Année 1795.

FIN DE LA TABLE.

RECUEIL
DE DISCOURS

PRONONCÉS

AU PARLEMENT D'ANGLETERRE,

PAR J.-C. FOX ET W. PITT.

~~~~~~

1795.

24 Mars.

MOTION *de M. Fox pour former un comité sur la situation de la nation.*

M. Fox passe en revue la situation de l'Angleterre. Il expose tous les malheurs qu'a occasionnés le faux système de la guerre, et surtout l'alliance avec les puissances de l'Europe, qui en ont profité pour obtenir des subsides ou des emprunts, et qui finissent par traiter séparément de leur paix avec la France. — Il blâme hautement les ministres, et demande que l'enquête sur la situation de l'État détermine le degré de leur culpabilité.

D'après l'avis qu'il en avait donné, M. Fox fait la motion suivante:

MONSIEUR,

Je propose que la Chambre se forme en comité pour examiner la situation de l'État. Plusieurs fois on a fait des motions pareilles; mais jamais elles n'ont été prises en considération. Sans doute il faut, pour rendre cette proposition exécutable, qu'elle soit motivée par une nécessité politique; par une circonstance particulière relative à l'Angleterre ou relative aux autres pays; par la mauvaise conduite de quelques ministres, ou enfin par quelqu'autre cause qui puisse justifier aux yeux des représentans du peuple l'emploi de ce mode solennel indiqué par la constitution. Je ne puis me flatter que la Chambre s'accorde avec mon opinion sur toutes les circonstances; mais j'ose espérer que sur quelques-unes, il n'y aura qu'un seul avis. Quelle que soit l'idée qu'on ait de l'état de l'Europe, et de l'espoir que nous pouvons entretenir en suivant le système dans lequel nous sommes engagés, chacun s'accordera à reconnaître que la situation de l'État est telle, qu'il est extrêmement important pour les membres de cette Chambre de bien conserver leur position envers leurs commettans, et d'augmenter la confiance qu'ils ont mise en eux en soignant particulièrement leurs intérêts.

.'Toutefois la motion que j'ai l'intention de faire n'est pas une chose neuve. J'en ai fait une semblable en 1777, à une époque critique et dangereuse, et quoique la Chambre n'ait pas jugé nécessaire de la prendre en considération, cependant elle fut frappée de la vérité du danger auquel notre pays était exposé. S'il en était alors ainsi, à bien plus forte raison en est-il de même en ce moment! Toutes les parties de l'empire sont menacées. A cette époque, quoique la majorité ait été contre moi, cependant la Chambre n'a pas trouvé indigne d'elle d'entrer dans l'examen d'une position aussi grave. Les membres de cette Chambre ont pensé qu'avant de décider une dépense aussi considérable que celle qu'on était forcé de faire, il était de leur devoir d'examiner la situation de l'État, afin de comparer les moyens qui lui restaient, et la valeur de ce qu'on désirait obtenir. Naturellement cet examen les a conduits à vérifier la conduite de ceux en qui ils avaient mis leur confiance."

Il est constant qu'il existe en ce moment beaucoup de mécontentement, et il est certain que ce n'est pas en conséquence des principes français, auxquels on est en général fort indifférent, mais en raison des principes qui nous ont déjà causé tant de malheurs, et que les événemens de la guerre ont contribué à rendre encore plus pressans. Ce n'est pas la majorité qui est décidée en faveur de la royauté, c'est la presque unanimité ; mais néanmoins il y a des mécontens, et le nombre s'en augmente tous les jours. Ce mouvement ne se manifeste pas par des insurrections et des complots.. de l'existence desquels j'ai toujours douté ; mais il existe, et il ne cherche même pas à se cacher. Il provient de l'idée que la Chambre des Communes n'est pas la représentation véritable de la nation ; car elle ne se montre pas la gardienne de ses droits sacrés et de ses intérêts les plus chers. Avec cette opinion, la conséquence la plus naturelle est que cette Chambre ne regarde pas comme essentiel d'examiner la conduite du pouvoir exécutif ; qu'elle se soucie même peu d'approfondir la situation de l'État, et de faire une enquête des causes réelles qui ont amené le désastre et les calamités présentes.

Cependant personne ne peut nier que le désir positif de la majorité de la nation ne soit pour la paix ; ceux mêmes qui se sont montrés les plus zélés partisans de la guerre conviennent aujourd'hui qu'il est sage d'entamer des négociations, qui, si elles peuvent amener à la paix, procureront de bien plus grands avantages que la guerre.

7 Si, dans un moment où l'opinion publique

est tellement changée, la Chambre néanmoins persiste à accorder une confiance sans bornes aux ministres, et à continuer d'imposer à la nation des charges qui ne peuvent que se renouveler sans cesse ; si elle ne force pas les ministres à entrer en négociation plutôt que de suivre la marche qu'ils veulent imposer ; si, non contens de demander l'argent et le sang des sujets, ils veulent encore se refuser à la proposition d'une enquête sur la situation de l'État, sur l'emploi de cette confiance qu'on leur a accordée, de quel avantage incalculable se trouveront armées les personnes qui désirent répandre le mécontentement qu'elles ressentent, en montrant que cette Chambre se refuse effectivement au premier de tous ses devoirs ? Jamais rien ne peut servir davantage ce parti. Comment pourrons-nous défendre la constitution, nous ses plus zélés partisans, si nous n'avons en effet que les discours et les déclamations contre le ministère ? Comment pourrons-nous dire que cette constitution est essentiellement bonne, si la Chambre des Communes souffre que tant de maux s'opèrent sans vouloir en rechercher les causes ? J'ai toujours pensé que le meilleur moyen de défendre cette constitution n'était pas de l'appuyer de théories spéculatives, qui tendraient à prouver qu'elle aurait plutôt l'apparence d'idées abstraites de

la liberté, qu'elle ne la posséderait en effet ;
mais qu'il valait mieux se borner à prouver
tout le bien qu'elle a procuré. C'est à ceux qui
voudraient la combattre et la détruire qu'il
appartient de montrer qu'effectivement depuis
quelques années, le Gouvernement exécutif a
suivi son système ruineux sous tous les rapports. En montrant combien la pratique de
cette constitution a été fautive, ils diraient
avec juste raison : les marques d'un mauvais
gouvernement sont particulièrement de voir
les mesures adoptées par un prince mauvais
ou méchant, maintenues contre l'intérêt du
peuple. C'est là ce qui fait que dans les gouvernemens despotiques, les ministres néanmoins recueillent l'indignation générale de la
nation. Si, dans notre Gouvernement, des ministres pouvaient aussi persévérer dans des
mesures désastreuses, sans encourir de responsabilité, sans permettre d'enquête ; alors,
sans doute, il mériterait toutes les accusations
portées contre les plus despotiques, et ç'en
serait fait pour nous des moyens de défendre
notre constitution.

Convaincu de toutes ces vérités, il me semble qu'il doit me suffire de montrer à la Chambre l'erreur dans laquelle on est tombé en nous
entraînant dans une guerre aussi désastreuse,
où tout a été perte pour nous et avantage pour

nôtre ennemi, pour croire que, ne voulant pas manquer à ce qu'elle se doit à elle-même comme à la nation, elle ne refusera pas l'enquête que je propose. Je ne pourrais jamais croire qu'un seul des membres de cette Chambre pût, sans se compromettre, s'y opposer, et même trahir par-là son devoir envers ses commettans.

Mais l'examen de la situation de l'État doit être considéré sous deux points de vue. D'abord, relativement à nos ressources en hommes et en argent, et au moyen d'employer l'un et l'autre à l'effet de cette guerre; la source d'où elles proviennent, l'état de la population, du commerce, des manufactures, de la prospérité du pays. Puis ensuite, nous devons examiner nos rapports au-dehors, la situation de nos alliés, le degré de confiance à mettre en eux, leur volonté d'agir, et aussi leurs moyens d'exécuter. Viennent enfin les principes sur lesquels cette guerre repose, et ceux qui peuvent porter à la continuer. Il est essentiel, dans une guerre de cette nature, d'examiner les considérations d'humanité et de justice sans lesquelles il est impossible de la poursuivre avec vigueur, sagesse et prudence; car si nous reconnaissions (ce que je suis loin d'adopter) que cette guerre est juste, et que nous l'avons poursuivie d'après les principes dont je viens de parler, alors vraiment, mais seulement alors, il faudrait désespérer de jamais la voir termi- ner. Il n'y a plus alors de changement de con- duite à espérer pour finir cette guerre : il faut de nouvelles ressources, et on ne peut espérer plus aucun succès. C'est avec un véritable dé- sespoir qu'il faudrait reconnaître ces vérités.

Un examen de la situation de l'État pour- rait seul les procurer ces ressources, et par ce moyen, la nation redoublerait de con- fiance dans les ministres. Cet examen, alors, ne pourrait que leur être favorable, puisqu'il tendrait à prouver qu'ils ont agi avec prudence, force et justice. Cependant, il resterait encore à la Chambre à décider, si, même dans ce cas, il ne serait pas plus sage de renoncer à un sys- tème qui, depuis deux ans, ne nous a causé que malheurs et infortunes, plutôt que de le poursuivre avec acharnement et désespoir.

Je n'entrerai pas dans l'énumération de la perte de nos troupes, et de celle bien plus grande encore des troupes à notre solde : c'est au comité à demander à ce sujet les renseigne- mens les plus positifs. Il ne s'agit pas de suivre les renseignemens donnés par les gazettes, il faut des pièces, et établir des faits.

Il faudra pareillement établir la perte de nos alliés, savoir s'il est vrai ou non que les Français ont fait jusqu'à 60,000 prisonniers. C'est alors

que la Chambre réfléchira sur la poursuite
d'une guerre qui coûte tant de sacrifices.

L'état de la population doit être consulté
aussi, car il m'est bien prouvé, à moi, qu'elle
est loin de suivre la proportion de notre ri-
chesse, et qu'elle est conséquemment incapable de répondre aux besoins.

Nos moyens pécuniaires devront aussi occuper le comité, car déjà nous avons, depuis le
commencement de cette guerre, constitué environ 50,000,000 st. par des taxes, comme résultat de nos dépenses, et si nous ajoutons
cela à nos dépenses courantes, nous reconnaîtrons qu'elles s'élèvent à plus de 70,000,000 st.,
en outre des taxes permanentes imposées à
cause de la guerre, et s'élevant à plus de
3,000,000 st.

Je n'examine pas ici si les taxes sont justes
ou non; si elles sont nécessaires, il faut les
supporter. On dit qu'elles ne pèsent pas sur
la classe pauvre : mais bien qu'il soit raisonnable de taxer le luxe de préférence aux objets
nécessaires à la vie, il ne l'est pas, néanmoins,
de dire que le pauvre soit soulagé en proportion de ce qu'on fait peser sur le riche. Non,
les taxes que l'on appelle taxes sur le luxe,
pèsent véritablement sur la majeure partie de
la société, et conséquemment finit par atteindre le pauvre. C'est un beau rêve de théorie

que de prétendre qu'une taxe ne soit mise que sur une classe de la société. Je considère, moi, qu'il est impossible d'établir une taxe sur le riche, qui ne soit ressentie par le pauvre; et, certes, le riche ressent bien toujours celles imposées à la classe pauvre.

Mais, Monsieur, peut-on nous dire que si la guerre doit être poursuivie, ces taxes n'augmenteront pas considérablement? Il faut parler clair, ici; la Chambre doit connaître la vérité; il faut, si elle décide de continuer la guerre, qu'elle en connaisse tous les dangers. Il n'y a donc que l'enquête que je propose qui puisse la satisfaire.

On nous parle de nos manufactures, de notre commerce, de notre prospérité; mais je demande si l'un et l'autre n'ont pas été attaqués de la manière la plus sensible par la guerre, et si ce qu'on appelle cette année notre prospérité, ne provient pas uniquement de la ressource momentanée que nous avons eue dans la possession des colonies françaises? C'est donc une prospérité temporaire.

Maintenant, qu'il me soit permis d'examiner notre commerce maritime. Quand j'ai cru convenable, l'année dernière, de proposer une enquête sur la conduite de l'amirauté, on m'a répondu: «Voyez le taux peu élevé de l'assurance.» Et bien, c'est en raison de ce que j'ai pris la peine d'en examiner les causes, que je demande l'enquête dont il est question; car il est certain qu'à l'époque de ma demande, les ministres, éveillés par cette demande sur leur conduite, ont apporté plus de soin à la protection si essentielle à donner au commerce; ce qui, sans doute, a été la cause du taux peu élevé de l'assurance, et que, depuis, cette assurance s'est élevée graduellement au taux énorme où elle est en ce moment; taux si incroyable, que la Chambre aura peine à se le persuader quand l'enquête proposée en donnera la preuve.

Il est prouvé que le commerce ne peut s'alimenter avec une assurance pareille : cela est si vrai, qu'une nouvelle marche vient d'être adoptée, et que la majeure partie de nos manufactures envoient leurs marchandises à Hambourg, pour être transportées de là en Espagne et en Portugal sur des vaisseaux neutres.

Toutefois, si je parle de ces assurances, mon motif n'est pas d'en tirer la conséquence que nos forces navales ont été mal employées pour la protection du commerce. J'ai voulu seulement prouver que le prix élevé des assurances démontre la manière dont le commerce souffre, et combien il nous est important de connaître notre véritable situation.

J'examinerai, maintenant, nos rapports avec les autres nations. Il ne me paraît pas possible qu'une Chambre des Communes oublie assez son devoir pour persister dans une guerre sans savoir si véritablement nous avons ou non des alliés, qui ils sont, quels sont leur situation, leurs désirs, leurs moyens.

Souvent j'ai adressé des questions à l'honorable chancelier de l'échiquier, relativement à l'Empereur et au roi de Sardaigne, mais jamais je n'en ai reçu de réponse. Le roi de Prusse est-il notre allié? Devons-nous en croire ce qui se dit, ou devons-nous demander une réponse claire sur un personnage aussi important? Je sais qu'il l'était en 1788 par un traité, qu'en 1793 il l'était par une convention, et qu'en 1794 il l'était par les subsides que nous lui payons. Mais je demande s'il l'est en ce moment? S'il a exécuté le traité pour lequel des subsides lui ont été payés? Pourquoi, s'il l'a exécuté, il se trouve interrompu? Et pourquoi cette Chambre n'en est pas instruite? Il me semble qu'il y va de l'honneur de la nation de connaître exactement tout ce qui est arrivé à ce sujet; sans cela, nous ne pouvons pas juger convenablement le roi de Prusse. Une enquête servira donc, ou à rendre justice à ce souverain calomnié, ou à reconnaître que les ministres ont abusé de la confiance mise en

eux. Il est important que cette Chambre prouve que ce serait en vain que l'on voudrait tromper la nation, et qu'un prince, quel qu'il soit, n'y réussira jamais.

Le roi de Prusse devait envoyer au champ de bataille 62,000 hommes, et nous ne devions lui en payer que 30,000. Nous lui avons payé des subsides pour ce nombre, et cependant nous n'avons plus ni les 30,000 hommes ni l'argent que nous lui avons donné. Je demande si cette conduite est soutenable? Peut-on nous parler encore de l'avantage d'être en rapport avec des gouvernemens réguliers? La France n'est pas un de ces gouvernemens réguliers, et aussi on nous a montré le danger de traiter avec elle de quelque manière que ce fût. Mais la Prusse ne peut nous tromper, a-t-on dit, cependant, la vérité est qu'en dépit du traité fait avec elle, nous avons perdu tout.

Et ce serait aux dépens de la nation que la Chambre voudrait consentir à dilapider ses trésors! qu'une armée toute entière que nous aurions payée serait perdue, uniquement parce qu'il plaît au ministre de dire qu'il n'est pas informé de la rupture du traité! Non, sans doute, l'enquête ne peut être refusée. Il faut voir si l'assertion avancée par un honorable membre, que la conduite du roi de Prusse a

l'Europe, aujourd'hui, c'est elle qui supporte
tout.

Nous avons d'autres alliés, dit-on; l'Espagne
et l'Italie. Oui , sans doute; mais nous n'en-
tendons parler d'eux que pour les subsides
qu'ils reçoivent de nous. La gazette nous parle
de ces puissances comme des puissances neutres.

A l'égard de la diversion qu'on a cherché à
occasionner dans le sud de la France, j'ignore
quels avantages les alliés ont pu en retirer;
pour moi je serais bien embarrassé de pouvoir
les signaler à la Chambre. Pour l'Espagne, il
est nécessaire de considérer un instant sa position : une grande partie de ses provinces du
nord-est sont déjà au pouvoir des Français.
Bilbao et Barcelone sont menacés. Pouvons-
nous donc regarder l'Espagne comme une
monarchie suffisamment puissante pour agir
contre la France ? N'est-ce pas au contraire
cette partie de l'alliance qui doive donner le
plus à redouter que les Français n'y imposent
l'obligation de changer le système de la guerre?

On nous a dit qu'il y existait une telle vigueur que le peuple se lèverait en masse contre
les Français; mais jusqu'ici rien n'a paru encore de ce genre. Nulle part on n'a montré
une disposition générale à résister à la France.
On nous assure que l'exagération des opinions

religieuses de la nation doit les mettre natu, rellement contre les Français, que l'on suppose avoir détruit toute religion ; mais je ne vois même pas que cela arrive.

En Catalogne, quand les Français ont voulu y pénétrer, les habitans, déterminés à résister, ont envoyé une députation à Madrid, annonçant leur intention de repousser l'ennemi par tous les moyens en leur pouvoir, à condition que l'on ne leur enverrait que tel ou tel régiment, qu'ils désignaient, et qu'on assemblerait les États immédiatement. Cette députation n'a reçu aucune réponse; et, peu après, des actes prouvèrent le désir d'agir d'une manière opposée à leur vœu. Bientôt après les Français étaient en Catalogne.

Je mentionne cela pour prouver que l'Espagne n'est pas dans une situation telle que nous puissions compter sur elle comme sur un de nos alliés. De même que le roi de Sardaigne, le roi d'Espagne a voulu faire une diversion dans le midi de la France, et la conséquence a été que les Français sont à Nice, en Savoie, en Biscaye et en Catalogne. Ces sortes d'alliés, sur lesquels le ministère semblait se reposer avec tant de confiance, sont donc au contraire cause que tout le poids retombe sur nous.

L'Espagne toutefois ne nous a pas demandé

de subsides; mais sa position financière est-elle meilleure, et ne devons-nous pas penser que sous peu elle suivra l'exemple des autres, au prix de faire une paix séparée avec la France. Tels sont, Monsieur, les renseignemens que j'ai pu présenter sur nos alliés : il me semble qu'ils sont de nature à faire désirer une enquête sur la situation réelle de l'État, afin de déterminer d'une manière positive la confiance que nous devons avoir en nos alliés. Maintenant examinons notre propre conduite.

Je suis du nombre de ceux qui pensent que la plus grande ressource d'une nation est la stricte observance des principes de la justice. Si donc nous nous sommes écartés de ces principes envers d'autres nations, nous avons manqué de prudence et de sagesse, et nous avons diminué nos ressources. Il est donc du devoir de la Chambre de s'informer si notre conduite, depuis le commencement de la guerre, a été telle que nous pouvions le désirer.

Je ne parle pas ici de la justice de faire la guerre; mais de la justice observée par les ministres pour la soutenir.

Quand nous avons résolu d'entrer dans cette guerre, nous avons supposé que toute l'Europe verrait avec les mêmes yeux que nous. Quand j'ai représenté à la Chambre que l'idée d'affamer la France était ridicule et imprati-

cable, que les neutres l'approvisionneraient
bien assez; on m'a répondu qu'il y aurait peu
de nations qui conserveraient la neutralité. Cependant au bout de deux ans seulement, le
nombre des neutres a augmenté, et cette
grande nation, l'Amérique, n'a pas dévié un
seul instant de sa neutralité.

Et quelle a été la conduite insidieuse de
notre cabinet envers les puissances neutres? Il
ne m'appartient pas d'entrer ici dans ces détails; mais je crains fort que si le reproche
d'injustice est mérité, celui d'avoir manqué
aux principes d'honneur envers les nations ne
soit encore plus fondé. Que la Chambre se
rappelle les moyens employés par notre ambassadeur, lord Hervey, auprès du grand duc de
Toscane, qui désirait conserver sa neutralité.
Il faut le dire cependant, c'est par des menaces et des insultes qu'il s'est vu forcé d'y renoncer contre son désir, contre l'avis de son
cabinet, contre l'intérêt de son peuple. Bientôt
après, lord Hervey a été rappelé, et la Toscane
non-seulement a repris son système de neutralité, mais a fait une paix séparée avec la
France, avec la république française !

En Suisse, notre ambassadeur, lord Fitz-
gerald, dont je connais trop le caractère pour
supposer qu'il ait voulu exécuter les ordres
qu'il a reçus, a déclaré aux cantons « que la

» neutralité ne pouvait admettre de correspon-
» dance directe ou indirecte .avec des factieux
ou leurs agens. » A cela les cantons ont opposé
la réponse la plus sage et la plus digne, montrant l'espoir que S. M. ne voudrait sûrement
pas agir envers eux d'une manière différente de
celle suivie par ses ancêtres, qui toujours ont
su respecter l'indépendance de la confédération helvétique ; et continuant leurs relations
avec la France. Nous avons la mortification de
reconnaître que notre insulte est égale à l'importance que nous avons, par ce moyen, accrue
chez cette nation.

· Je pourrais rappeler notre conduite inso-
lente et cruelle vis-à-vis de la république de
Gênes ; insolence du puissant contre le faible,
qui cependant a forcé le puissant à se soumettre.

Si la Chambre adopte l'enquête que je propose, elle sentira la nécessité d'avoir copie de
la correspondance de S. M. avec ses ambassadeurs et leurs agens dans les différentes cours,
afin d'avoir un moyen de venger l'honneur national. Si, comme je n'en doute pas, ces ambassadeurs ont agi d'après les instructions qui
leur ont été données, alors il deviendra important de prouver que des ministres ne représentent pas la nation ; et que, quels que soient
leurs principes, ceux de la nation sont et se-

rent toujours conformes à la justice et à l'humanité. Il s'agit de montrer au monde entier
la magnanimité du peuple anglais ; que nous
pourrions bien plutôt parler haut à une nation
puissante que d'abuser de notre force envers
une nation faible ; qu'au lieu d'insulter les
États intermédiaires de l'Europe, nous voudrions plutôt les protéger contre l'influence
des plus puissans.

Maintenant, Monsieur, examinons la conduite de la guerre, en supposant le motif accordé.

N'était-il pas de la plus haute importance,
pour obtenir quelque succès dans cette guerre,
de commencer par en bien définir la cause? Si
le ministère eût dit franchement, nous faisons
la guerre à la France, non à cause de son Gouvernement, nous nous en embarrassons fort
peu ; que ce soit un monarque, une convention ou un club de jacobins, ce n'est pas un
motif de guerre : mais nous la déclarons, la
guerre ; afin de protéger nos alliés les Hollandais, et afin de venger les insultes qui nous
ont été faites ; où, (en adoptant le style d'un
honorable membre, qui malheureusement ne
siége plus parmi nous (M. Burke), et dont,
malgré la différence d'opinions, je respecterai
toujours la mémoire, en m'honorant d'avoir
voté avec lui pendant long-temps), les minis-

que notre but était d'établir un Gouvernement
à notre choix en France, et que, par cette déclaration, nous eussions cru utile de recevoir
l'assistance des émigrés et des insurgés de
France, de ce moment, nous mettions tous les
républicains de ce pays contre nous, et nous
leur donnions cette vigueur qui nous étonne
aujourd'hui; ils devenaient désespérés, c'était
une nation armée.

- Enfin, si dès le commencement de la guerre
nous avions dit: nous n'avons aucune idée de
démembrer la France, nous ne voulons nullement diminuer son pouvoir pour agrandir
le nôtre, notre seul but est de lui rendre un
Gouvernement fixe et régulier, et à chacun la
jouissance de ses droits. Dans ce cas, tous les
émigrés se seraient réunis à nous, tous les
royalistes de l'intérieur auraient secondé nos
projets, et jusqu'aux républicains mêmes qui
détestent le système de terreur peut-être encore plus que la monarchie, tous auraient
prêté leur secours à nos intentions. C'est alors
que nous eussions eu véritablement le moyen
de bien connaître le désir réel de la nation
française; soit pour une monarchie, soit pour
une république.

En agissant comme nous l'avons fait, nous
n'avons pu rien obtenir. Et comment eût-il
pu en être autrement? Quand nous avons pris

Vàlénciennes, au lieu de le faire au nom de Louis xvii, ç'a été en celui de l'empereur François.

Quand sir Charles Grey a pris la Martinique, la Guadeloupe et les autres îles, est-ce au nom de Louis xvii? Non, mais bien au nom du roi d'Angleterre; non pas pour être rendues à la France quand elle aurait un Gouvernement régulier, mais bien comme conquête.

Tandis que nous tenons cette conduite dans l'Europe, peut-on espérer qu'aucun émigré français dont la position ne serait pas désespérée, vienne nous joindre, ou que ceux qui aiment leur pays plus que la royauté, ne soient pas nos ennemis? Il est très-important d'être juste dans tous les cas, et l'amour de son pays est un motif si puissant, qu'il est bien souvent employé comme prétexte par ceux même qui ne le ressentent pas. Les royalistes de la Vendée et de la Bretagne se sont comportés vaillamment dans toutes les affaires qu'ils ont eues. Mais, que peuvent-ils dire au peuple de France? Que peuvent-ils mettre dans leur manifeste qui puisse avoir la même force que l'adresse de la Convention? Ils peuvent penser et déclarer que, s'ils font la conquête de la France, la monarchie sera alors rétablie; mais ils savent que ce ne serait qu'en voyant le partage d'une portion de leur pays entre les puissances alliées.

La Convention dit, au contraire : si nous sommes vainqueurs, la France reste entière, une grande et indépendante nation, triomphant des ennemis qui se sont réunis contre sa liberté.

D'après ces considérations, est-il présumable que beaucoup de Français viennent se joindre à la cause des alliés ?

C'est un grand malheur que, dès le commencement, nous n'ayons pas déclaré jusqu'à quel point nous voulions servir la cause des émigrés français, et jusqu'à quel degré nous consentirions à épouser la cause des alliés, qui, d'après leur conduite passée, peuvent être soupçonnés d'avoir d'autres motifs encore que de rétablir la monarchie en France.

En effet, Monsieur, quelle a été leur conduite ? Dans toutes leurs proclamations ils ont offert protection et appui aux Français qui se joindraient à eux pour rétablir la monarchie, sans toutefois spécifier quelle monarchie. Ont-ils rempli cette promesse ? Les royalistes n'ont-ils pas été forcés, par défaut de secours, de se soumettre à la république ? Si les alliés se battaient ou contre la France ou pour la France, quelle aurait dû être leur conduite

envers Dumouriez et La Fayette? La prise de
ce dernier général par les Autrichiens est aussi
contraire aux lois des nations qu'inhumaine
et injuste. Ce n'est pas à la tête d'une armée
qu'ils l'ont pris lui et ses compagnons d'infor-
tune; ce n'est pas comme prisonnier de guerre
qu'ils l'ont traité; il a été enfermé dans un
donjon. Si c'était contre la France qu'ils agis-
saient, ils n'auraient sûrement pas dû traiter
ainsi un général venant à eux et abandonnant
la France.

Dumouriez n'a pas été mieux traité, et cependant, quand il est sorti de France, il pensait être à la tête d'un grand parti; mais aussitôt qu'il leur a été prouvé qu'ils ne pouvaient
pas attirer à eux cette portion de son armée,
il a été traité comme un fugitif. Il est certain
que cette conduite est blâmable sous tous les
rapports, et plus tard, les uns et les autres
nous en devrons compte.

Si les alliés combattent pour la France et
pour la restauration de la monarchie et d'un
gouvernement régulier, je ne prétends pas
dire qu'il eût fallu accorder l'impunité à ceux
qui sont le plus immédiatement coupables du
meurtre du Roi, mais ils n'auraient pas dû
commencer par menacer Paris d'une exécution militaire et d'une destruction totale;
annoncer une vengeance sans déclarer sur qui

elle devait porter, puisque personne n'était nommé; enfin, lancer un manifeste qu'à cet instant même on ne saurait lire sans éprouver un mépris profond pour ceux qui l'ont conçu.

C'est par l'offre d'une amnistie générale qu'il fallait entrer en France. Une grande nation ne peut pas être coupable tout entière. On pouvait établir les distinctions convenables d'après la connaissance des faits, et alors, au lieu d'épouvanter tout le monde, les innocens n'eussent pas été effrayés.

Ce sont toutes ces considérations qui me font désirer qu'il y ait une enquête de faite, afin de constater d'une manière positive les erreurs qui ont été commises, soit dans les principes qu'on a adoptés, soit dans leur application; elle serait utile aussi afin de déterminer notre conduite future, afin de bien définir le but de la guerre ; afin de déterminer enfin si nous nous battons pour la France comme nation, ou contre la France.

Il m'est impossible toutefois, sans craindre d'abuser des momens de la Chambre, d'entrer dans de plus minutieux détails sur la nécessité de cette enquête; déjà j'en ai produit partiellement les premières causes, et je sens mes forces qui m'abandonnent quand il s'agit, comme je le fais, de toujours prouver les fautes et les erreurs qui ont été commises. Cependant qu'il me soit encore permis, avant de m'asseoir, de faire quelques observations sur les moyens de poursuivre cette guerre. Je veux parler de la situation de l'Irlande. La Chambre se ressouviendra, sans doute que je n'ai cessé de faire de continuelles questions auxquelles on n'a pas jugé convenable de répondre. J'ai depuis ce moment toujours persévéré, non pour forcer les honorables membres à rompre le silence, puisque telle était leur détermination; mais parce que j'ai regardé comme de mon devoir de démontrer à la Chambre jusqu'à satiété les motifs qui devaient nous empêcher de continuer cette guerre.

On a répondu que tous mes discours étaient autant de libelles contre nos alliés. S'il en est ainsi, l'expérience vient nous prouver qu'ils renferment l'élément le plus fort des libelles, la vérité; et dans ce cas je puis espérer que ces discours passeront à la postérité comme des libelles convaincans.

Mais on m'a dit : Ne parlez pas de l'Irlande, car c'est un sujet trop délicat pour être traité dans cette Chambre; ce pays a son Parlement qui doit prendre garde à ce qui le concerne. A cela j'ai répondu ce que je réponds encore en cet instant : Quand un Parlement d'Angleterre considère la question importante de la

paix ou de la guerre, il doit avoir en vue toutes
les parties de l'Europe, et certainement ce qui
a rapport à l'Irlande ne doit pas lui échapper;
je veux dire les grandes ressources qu'elle produit, soit pour la marine, soit pour l'armée.
Jamais nous n'aurions de paix solide sans l'Irlande, jamais sans elle nous n'aurions de succès dans la guerre. La similitude de sa constitution et de son gouvernement exécutif rend
ce pays un objet de notre attention continuelle,
et nous devons en tirer des conséquences na-
turelles pour savoir si la conduite des ministres est approuvée ou blâmée.

Il y a eu de grandes difficultés par rapport
aux demandes justes et raisonnables des catholiques romains, d'égalité dans les droits,
comme soumis à la même constitution. On a
parlé imprudemment de l'ascendant que devait avoir le protestantisme; comme si une
chose semblable pouvait avoir lieu par rapport
à la politique. D'autres motifs de plaintes ont
aussi eu lieu, et j'espérais qu'il en résulterait
quelques bons effets, et que l'administration
corrompue de l'Irlande serait reformée de
telle sorte, que la liberté gagnerait en ce pays
ce qu'elle semblait destinée à perdre en celui-
ci; les choses ont tourné autrement.

Je n'entreprendrai pas en ce moment de
rechercher la cause du mal; je désire savoir

seulement si l'Irlande n'est pas dans un état d'irritation tel, qu'il y ait danger pour elle; je défie qui que ce soit de répondre clairement à ce sujet. Ce que je vois de clair et de positif, c'est que lord Fitz-William a été envoyé comme gouverneur dans ce pays; que son caractère personnel, ses dispositions populaires, l'ont bientôt fait adorer; et cela à un tel point, que quand il a parlé du discours de S. M., comme demandant la continuation de la guerre, et quand il a dit qu'elle était nécessaire, l'Irlande a décidé dans le même sens; que jamais, sans cela, cette nation ne s'y fût déterminée; que quand il a parlé du désir d'émanciper les catholiques (M. Pitt nie ce fait), ou du moins quand le Parlement d'Irlande a cru découvrir cette intention; quand ils ont vu les hommes les plus distingués ici se lever pour demander la réforme des abus, ils ont dû considérer tout cela comme d'heureux présages, et entrevoir qu'ils pourraient enfin jouir des droits et de la liberté réservés aux nations sages. Chacun de nous sait, au contraire, ce qui est arrivé.

Mais on nous dira que ce gouverneur a donné des espérances qu'il n'était pas autorisé à donner; je nie le fait: ce n'est pas lord Fitz-William qui peut être coupable d'une aussi grande imprudence. Il faut donc savoir quel est le coupable, car l'Irlande est en danger. Si la Chambre refuse d'entamer une enquête positive qui puisse établir clairement pour le public les causes de ce danger alarmant, alors elle peut devenir responsable du démembrement de l'empire britannique.

Les catholiques romains forment, en Irlande, pour ainsi dire les trois quarts de la population; mais aujourd'hui ce n'est plus un parti. Celui qui est à craindre en Irlande, est celui qui tient toutes les places et émolumens dans ses mains; il est contre la nation tout entière. Les protestans sont tout aussi intéressés à la réforme que les catholiques : je ne crains plus aujourd'hui de querelles entre eux; ce que je redoute, c'est l'aliénation du peuple anglais à notre Gouvernement. Beaucoup de personnes, qui n'ont pas fait une grande attention à ce sujet, imaginent que puisqu'il existe en Irlande des Pairs et des Communes, ce Gouvernement ressemble à celui d'Angleterre; il en est tout autrement. Je suis convaincu que beaucoup de ces personnes, ignorant totalement ce qui s'est passé en Irlande depuis 1795, croient que les catholiques romains y sont sur le même pied que les protestans, et qu'ils n'y souffrent ni persécutions, ni exclusions : qu'elles reviennent de leur erreur.

Mais, pour reprendre le sujet qui nous occupe, il faut que si les ministres sont coupables, comme je le crois, du danger qui existe
pour l'Irlande, une enquête nous le prouve;
il faut qu'ils en soient punis. Si le comte de
Fitz-William, pour obtenir la popularité dont
il jouit, a sacrifié l'intérêt de son pays, il mérite une censure sévère; mais si, au contraire;
il est prouvé qu'il n'a été que l'instrument et
le jouet d'intentions perfides des ministres,
qui l'ont trompé lui-même, est-il un châti-
ment trop sévère pour ceux qui se seraient
rendus aussi coupables?

Je sais qu'il est d'usage de répondre à des
propositions pareilles à celle que je fais: « Votre
» but est le renvoi des ministres, pourquoi ne
» le demandez-vous pas tout de suite? » Je reviendrai à cela, parce que je veux, avant tout,
avoir une enquête. Je sais bien que le résultat
sera le renvoi des ministres, et je ne cache pas
que c'est ce que je désire; car j'ai la conviction qu'ils ne méritent pas la confiance de la
nation.

Je termine en proposant que la Chambre se
forme en comité pour examiner la situation
de l'État.

M. Fox est appuyé par M. Shéridan.

M. Pitt avoue que le motif d'une enquête est de la
plus haute importance; mais que le moment n'est pas

encore arrivé de la faire. Il demande que la Chambre ajourne la proposition.

M. Fox prend la parole, et dit :

Monsieur,

Je pense qu'il est absolument nécessaire de répondre à ce qui vient d'être dit par l'honorable membre, relativement à la demande d'ajournement. J'ai été bien mal compris par les membres de cette Chambre, s'ils ont entendu que je demandais une enquête sur la situation de l'État par rapport à quelques faits particuliers, ou que j'eusse l'idée d'agiter la question de la paix et de la guerre, qui a déjà été discutée dans cette Chambre sans que j'aie pu obtenir la majorité du côté de mon opinion; mon idée est de rechercher la conduite de la guerre en général, afin de voir si les ministres méritent le blâme ou l'approbation de la nation. Les membres de l'autre côté de la Chambre disent qu'ils ne veulent pas faire changer les ministres; et, en conséquence, ils s'opposent à l'enquête demandée, dans la crainte que l'on n'y voie des motifs de blâme et de censure tels, que la Chambre soit obligée de voter une adresse au Roi pour le renvoi des ministres; et moi, je pense que cette enquête est indispensable.

L'honorable membre nous a dit que, dans la supposition que ses collègues et lui seraient changés, S. M., ainsi que le public, ne pensera pas a leur chercher des remplaçans parmi les membres de mon parti. Je répéterai ce que j'ai déjà dit dans une autre circonstance, que si cette guerre doit être poursuivie, je ne conçois pas un seul motif, pas une seule chose, que S. M. ou aucun autre potentat de la terre veuille m'offrir, qui puisse me déterminer à prendre aucune part dans un ministère qui aurait accablé mon pays d'autant de calamités.

L'honorable membre a dit qu'il ne pouvait pas être responsable de la conduite des ambassadeurs au-dehors, et réellement je trouve cette assertion indigne d'un ministre. Comment la Chambre pourrait-elle donc souffrir que la déclaration imprudente d'un ambassadeur fût la cause d'une guerre? comment pourrait-elle aussi endurer d'entendre l'honorable membre dire : Cette déclaration n'est pas la mienne; c'est celle de tel ou tel ambassadeur?

Le ministre nous a dit qu'il avait agi envers les puissances neutres d'après l'esprit des lois établies entre les nations, et qu'une enquête prouverait ce qu'il avance; et aussitôt il ajoute qu'il ne peut donner son consentement à ce qu'une enquête soit faite, et que toutes ces recherches eussent dû avoir lieu plus tôt. Il me semble cependant que nous n'avons rien négligé pour faire des questions relatives à la guerre : une motion a été faite, au commencement de la session, pour entamer des négociations de paix, elle a été repoussée, et remplacée par les affaires publiques, budget et autres; il me semble donc que les motifs allégués par l'honorable membre sont entièrement vains.

Un honorable membre nous a dit qu'il avait l'intention de voter pour ma proposition d'une enquête, si je n'avais pas aussi demandé un comité relativement à l'Irlande. Il me semble qu'il pourrait toujours appuyer ma demande d'une enquête sur la situation de l'État, et s'opposer ensuite, s'il le veut, à celle qui a rapport à l'Irlande. Mon but, par rapport à l'Irlande, est de découvrir quelles sont les fautes du ministère, car je suis bien convaincu que la position de ce pays-là tient à la mauvaise conduite de nos ministres. Voilà pourquoi je crois une enquête indispensable. Mon opinion, relativement au gouverneur, lui est tellement favorable, que je suis convaincu qu'il aurait été incapable d'agir comme il l'a fait, sans ordres particuliers. Cependant, l'opinion d'un de ses membres ne doit pas diriger celle de la Chambre : elle doit rechercher la vérité. C'est donc là le point de difficulté. On voudrait

bien connaître la vérité, mais on ne veut pas
intervenir dans les affaires du Parlement d'Irlande. Je pense aussi que nous ne devons pas
le faire, et je n'ai jamais eu l'idée de le proposer. Ce que je désire, c'est que cette question
ne se décide pas par le cabinet, mais bien par
cette Chambre. Tout autorise à rendre les ministres responsables de ce qui a pu se faire
dans le Parlement de ce pays-ci comme dans
celui d'Irlande, car ce sont eux qui font connaître les ordres de S. M. Je maintiens que
nous avons complétement le droit de faire une
enquête telle que nous pouvons la désirer; je
dis plus, que nous avons le droit de punir
ceux qui seront reconnus coupables de la situation des deux pays.

On me dit que je mets l'Irlande en danger
par tout ce que je viens de dire, mais, je le
demande, quel est celui qui est coupable, ou
de moi qui demande à connaître la vérité de
notre situation, ou de celui qui, ayant été
cause de cette situation, rend une enquête indispensable? De moi, qui respecte l'un et
l'autre des deux pays autant que qui que ce
soit dans cette Chambre, ou de ceux qui semblent se jouer de leur malheur?

L'honorable membre nous a dit que ma
conduite, si elle n'était pas réprimée, serait
dans le cas de rabaisser la dignité de notre

nation. J'avoue que je ne puis comprendre comment un homme qui a tellement méprisé l'intérêt de son pays, peut se permettre d'accuser un autre, qui ne demande qu'une enquête, de vouloir attirer sur son pays de nouvelles calamités. Oui, je maintiens que la Chambre est entièrement autorisée à cette enquête et à l'examen le plus minutieux de la conduite des ministres.

J'aime à penser, au contraire, que la Chambre rendant plus de justice à ma conduite, saura apprécier les efforts que je n'ai cessé de faire pour relever la dignité de mon pays. C'est pour moi une grande consolation de penser que mon heureuse fortune m'a toujours préservé, dans quelque situation où je me sois trouvé, de l'obligation d'occasionner que le sang de mes compatriotes fût versé, et que leurs trésors fussent dilapidés. J'ai, au contraire, mis tous les obstacles qui ont été en mon pouvoir pour éviter les calamités qui nous oppressent. Quelle différence, grand Dieu ! entre notre situation à l'époque de la guerre d'Amérique, où je faisais tant d'efforts pour empêcher que le mal ne devînt encore plus grand, quelle différence avec nos malheurs actuels ! Le ministre lui-même n'oserait pas nier ce fait. Il est notoire. Malgré toute la valeur de nos troupes, malgré la manière dont leur courage a été exalté, l'Amérique a été perdue. Aujourd'hui, c'est l'Irlande que nous craignons de perdre, et je vous avoue que la situation de l'Angleterre m'effraie. Est-il donc possible que je souffre qu'un ministre m'accuse d'exposer mon pays, tandis que je fais tout au monde pour le sauver; tandis que ma proposition d'une enquête n'a d'autre but? Restera-t-il encore en question de savoir quel est celui qui aime le mieux son pays?

Il se peut que ma proposition soit rejetée, mais je vois avec plaisir que l'honorable M. Wilberforce se propose de représenter la même demande sous une autre forme. Je désire comme lui et comme sans doute les autres membres de cette Chambre, pouvoir répondre aux questions de mes commettans, et ne pas leur dire : j'ai voulu avoir des renseignemens, on m'a refusé; la Chambre a mis une confiance si aveugle dans les ministres, qu'ils font ce qu'ils veulent.

La proposition d'ajournement sur la motion est mise aux voix.

Pour, 219.   Contre, 63.

La motion est ajournée.

***

1795.

27 Mai.

Motion *de M. Wilberforce pour faire la paix avec la France.*

Examen de la guerre par M. Fox. Son opinion relativement à la révolution française. — Il appuie l'idée de faire la paix, et pense que l'Angleterre doit reconnaître la république française comme elle a été forcée de reconnaître celle d'Amérique.

EXPOSÉ.

M. Wilberforce propose à la Chambre de déclarer « qu'elle pense que le Gouvernement de France ne »peut être un obstacle à ce qu'il soit entamé des » négociations de paix avec elle, pourvu qu'elle re- »pose sur des bases honorables. »

M. Wyndham repousse chaudement la proposition. Il dit que la France est dans un tel état de crise, qu'il est impossible de lui supposer le désir d'écouter des négociations de paix. Il propose en conséquence l'ordre du jour.

M. Fox se lève et dit:

Il n'est pas facile, Monsieur, de répondre à autant de personnalités que vient de nous en faire entendre l'honorable préopinant. Il me semble qu'au lieu d'annoncer d'abord que certainement je me joindrais à une demande qui s'oppose à la marche du Gouvernement, j'aurais à sa place préféré attendre que l'on pût tirer une conséquence quelconque de nos débats.

Mais, en dernier résultat, que nous demande-t-on? Que la Chambre accorde une confiance illimitée aux ministres, quand après trois années de guerre ils ont échoué dans la protection qu'ils avaient promise à la Hollande, aux colonies françaises dont nous nous étions emparés, et aux royalistes en France qu'ils avaient promis de soutenir. Ils parlent, ces ministres, de la gloire de nos armes! ils n'ont donc pas lu notre histoire? Sans cela, ils compareraient notre état présent avec les époques qui ont illustré notre nation.

Ils parlent du parti des mécontens qui existe en France, et de ce qui est arrivé dans la Vendée, à Marseille, Lyon et Toulon. Ce parti provient d'une faction dans la Convention, renversée par une autre plus puissante. Mais quel avantage en avons-nous retiré?

Nous avons pris Toulon, et nous avons été forcés de l'abandonner. Marseille, Lyon, la Vendée même, ont été forcés de se soumettre à la Convention. Cependant l'honorable mi-

nistre nous avait dit que le mécontentement et
l'esprit de parti étaient tels qu'il ne fallait que
notre appui pour renverser le gouvernement
existant en France. Il a dit cela et n'a rien fait
pour en tirer parti; et la Chambre souffrirait
qu'un ministre abusât ainsi de sa confiance? -

Au commencement de la guerre, l'argument employé habituellement était que si nous
ne nous engagions pas dans cette guerre, les
autres puissances se retireraient, et que nous
resterions seuls contre la France. Cependant,
malgré tous nos efforts, tous nos sacrifices,
l'Empereur et la Prusse traitent aujourd'hui
avec la république française, et un ministre
refuserait d'en faire autant !

. Mais, dit-on, les événemens prouveront si
cette conduite est sage. On cite l'exemple de
la Hollande, et on demande ce qu'elle a gagné
à traiter avec la France. Moi je demanderai ce
qu'elle a obtenu de la protection des alliés ? Elle
a vu les troupes anglaises se retirer de son territoire, et a senti l'obligation qui lui a été impo-
sée par sa situation de traiter avec l'armée française, déjà en possession de son pays. De toutes
nos possessions des Isles, un seul poste nous
reste à Saint-Domingue et l'île de la Martinique. La Chambre décidera sur tous ces résultats
de même que sur l'insurrection dont on parle
en ce moment comme devant exister à Paris.

La chute de Robespierre, l'élévation de Tallien, le massacre des Girondins et le triomphe de leurs successeurs, prouvent d'une manière incontestable que tous les schismes intérieurs de France n'ont aucun rapport avec les étrangers. La terreur a été détruite en France, et cependant les succès des Français n'en sont encore qu'augmentés. Cela doit nous prouver que, quelle que soit la combustion du Gouvernement français, son pouvoir n'en subsiste pas moins; et que ce soit la terreur qui triomphe de la modération, ou la modération de la terreur, nous ne devons rien espérer de ce changement.

On m'a accusé d'avoir approuvé la révolution française, comme si jamais j'avais pu approuver les cruautés qui en ont été la conséquence.

Sans doute, j'ai approuvé le renversement du despotisme qui, si long-temps, a opprimé la France et inquiété l'Europe. C'est l'abominable confédération des despotes, car je ne puis lui donner d'autre nom, qui, par les soupçons qu'elle a créés, a occasionné toutes les arrestations, et plus tard les massacres qui ont eu lieu.

Voilà six ans que cette révolution est faite et que j'ai applaudi au renversement de la tyrannie. C'est un événement que j'appellerai toujours glorieux. Mais je suis loin pour cela d'approuver les excès auxquels les Français se sont portés. J'approuve de même la résistance qui a été faite par le Parlement en 1645 à Charles 1er; j'approuve la conduite de Cromwell dans les premiers momens, mais ce n'est pas dire que j'approuve l'usurpation de cet homme et toutes ses cruautés.

J'ai toujours dit que s'il y avait une chance quelconque pour que la royauté se rétablît en France, c'était de la laisser décider elle-même ce qui peut lui convenir. Loin que ce pût être quand le duc de Brunswick était en Champagne ou les alliés à Cambrai, lorsque les alliés ont parlé de donner à la France une constitution royaliste, ils ont jeté sur le royalisme l'odieux de paraître nécessaire à l'ennemi pour aider l'exécution des intentions qu'il pouvait avoir. Nous n'avions pas à leur donner une constitution, et vouloir leur rendre leur ancien despotisme, si haï et si redouté, était une chose impossible. Chaque pays a le droit de choisir ce qui lui convient le mieux : d'ailleurs, quel est celui de nos alliés qui nous demande de continuer la guerre?

Voyons donc quelle est notre situation : les alliés veulent tous faire la paix, la France elle-

même la veut, les puissances neutres la désirent, nous seulement, nous agitons le flam-
beau de la discorde.

On a dit qu'il y avait de la hardiesse à l'honorable membre qui a fait la motion à demander le changement du ministère; je pense
qu'il y a bien plus de hardiesse aux ministres
à rester en place avec le système de continuer une guerre qui doit entraîner toute l'Europe dans le précipice. On dit qu'il n'y a que
les jacobins qui demandent la paix : c'est tout
le contraire; les manufacturiers et le commerce, surchargés de taxes, la demandent à
grands cris. Ceux qu'on appelle des jacobins
demandent une réforme radicale, et, pour y
parvenir, comme il leur faut l'excès du mal,
ils voient la guerre et les ministres avec plaisir. Je prie la Chambre de bien considérer
cette observation : beaucoup de pétitions en
faveur de la paix n'ont pas été signées, par
les motifs, hautement avoués, que je viens
d'exposer.

Je le demande donc, pouvons-nous soutenir plus long-temps le système de la guerre?

On peut aisément trouver quelque ressemblance entre notre position lors de la guerre
d'Amérique, et celle-ci. Il existait là un parti
royaliste comme dans la Vendée; là, comme

dans le dernier pays, ses espérances étaient
nourries par nos ministres. On doutait de
même si l'on devait reconnaître la république.
Mais je vais plus loin : supposons Louis XVII
rétabli sur le trône de son père; admettons
que les émigrés soient tous rétablis dans leurs
possessions : peut-on affirmer que la France
fût tranquille? Non : la moindre connaissance
de l'histoire repousse cette idée. S'il est possible de trouver la bonne foi dans un cabinet,
c'est dans celui qui entoure ses conseils de
publicité, et non de l'obscurité du despotisme.
En cela, il ressemble à celui que nous donne
notre constitution; et pour cela, je le préfère
à tout autre. Quel malheur peut-il nous arriver
de reconnaître la république française, maintenant que l'empereur l'a reconnue?

Je dirai comme M. Burke à l'occasion de la
guerre d'Amérique : « Essayez d'abord de faire
» la paix; et, si vous n'y réussissez pas, conti-
» nuez alors la guerre. » Nous avons éprouvé
les malheurs de la guerre; ceux de la paix
paraissent n'exister que dans l'esprit inquiet
de quelques individus.

Je terminerai en rendant grâce à l'honorable
membre qui a fait la motion, puisqu'elle me
donne une nouvelle occasion de prouver la
fausseté du système de la guerre, et que la dis-

cussion établira, j'espère, la preuve que généralement elle est désapprouvée.

On met aux voix l'ordre du jour demandé par M. Wyndham.

Pour, 201.   Contre, 86.

La motion de M. Wilberforce est rejetée.

~~~~~~~~~~~~

.

1795.

ADRESSE *proposée pour le discours du Roi à l'ouverture de la session.*

M. Fox insiste pour qu'il soit entamé des négociations de paix. — Il prend à témoin les paroles du Roi, qui annoncent que la soumission à l'ordre et aux lois est maintenue, et assure la tranquillité publique.

EXPOSÉ.

Le Roi ouvre la session par le discours suivant :

« MYLORDS ET MESSIEURS,

» C'est avec une bien grande satisfaction que je puis vous annoncer que malgré les événemens peu favorables à la cause commune, notre situation s'est cependant considérablement améliorée.

» En Italie, les Français ont été déçus dans leurs tentatives d'invasion. Il est à croire qu'ils obtiendront le même sort sur les frontières de l'Allemagne. La destruction de leur commerce et de leur marine, ainsi que l'embarras de leurs affaires intérieures, font supposer que leur situation est telle que nous pouvions l'espérer pour le bien de l'Europe. Sans prévoir l'issue de cette crise, il est néanmoins impossible que l'état d'anarchie dans lequel ce pays est plongé, n'en amène pas une prompte. Rien ne peut l'accélérer davantage que de leur montrer que nous sommes déterminés à poursuivre la guerre avec vigueur. Telles sont mes intentions, et j'espère que vous m'accorderez en cela votre assistance.

» J'ai conclu des alliances défensives avec la Russie et l'Autriche ; et le traité de commerce avec les États-Unis d'Amérique, que je vous avais annoncé l'année dernière, a été ratifié et échangé, j'ordonne qu'il vous en soit donné copie.

» J'éprouve une peine extrême à vous demander d'imposer de nouvelles charges à mon peuple. J'espère que les résultats de ces nouveaux sacrifices tourneront au profit du commerce.

» Le prix élevé des grains, et l'anxiété que cela produit m'affecte beaucoup. Je ne doute pas que vous n'apportiez tous vos soins à cet objet important. Rien n'a été épargné pour obtenir ce résultat, et vous pouvez compter sur mon concours à toutes les mesures que la sagesse du Parlement le portera à adopter pour le bien et les intérêts de mon peuple. »

On vote une adresse de remerciement, et M. Robert Steward (aujourd'hui lord Castlereagh) appuie cette proposition.

M. Fox est au nombre des personnes qui la combattent ;

Il dit :

Monsieur,

Après avoir entendu le discours de S. M. et les argumens que les honorables membres qui demandent l'adresse ont présentés, je

crois que je ne remplirais pas mon devoir
envers mes commettans, si je donnais mon
vote dans le silence. Je n'ai que peu de chose
à ajouter à ce qu'a dit mon honorable ami
M. Shéridan, quand il nous a expliqué d'une
manière si spirituelle l'étonnement qu'il a
éprouvé en entendant le premier paragraphe
insultant du discours de S. M., paragraphe
qui, dans un temps d'énergie nationale, eût
attiré sur ses auteurs l'indignation et la punition qu'une semblable audace mérite. J'ai
tort de dire *insultant paragraphe,* et ce
n'est pas assez pour des ministres qui per-
sistent depuis trois ans dans un système de
guerre fondé sur des idées spéculatives; qui
ajoutent cent millions de dette au capital, de
manière à charger la nation de cinq millions
annuels de taxes pour les couvrir, et qui, non
contens d'accabler ainsi la nation de malheurs
et de besoins, mettent encore dans la bouche
du Souverain cette phrase insultante, que la
situation publique s'est singulièrement améliorée !

Quelles sont donc ces améliorations? et en
quoi notre situation est-elle meilleure que
l'année dernière?

Veut-on parler des derniers succès des Autrichiens? Mais alors, cette amélioration n'est
pas de l'année dernière, elle est de la semaine

dernière, car, l'année dernière, les Français n'avaient pas un pouce de terrain de l'autre côté du Rhin. Il se peut que ces succès augmentent encore, et que les Français soient forcés à la retraite; mais dire que la cause en est l'emprunt que le Parlement a autorisé le Gouvernement à faire à l'Autriche, est par trop ridicule.

Les ministres ont dit à la Chambre, que, par sa situation géographique, l'Autriche pouvait inquiéter beaucoup la France, si elle était secondée par ce pays-ci. C'est ainsi que la Chambre a décidé l'emprunt. Mais, qu'est-il arrivé? Que loin d'inquiéter la France, elle est rentrée, seulement elle, dans ses anciennes possessions. Est-ce donc là une amélioration à notre situation? et les ministres osent-ils dire que nous soyons mieux que l'année dernière?

On a parlé, l'année dernière, de la disette et de quelques craintes relatives à la rareté du blé; on a observé qu'un système qui tendait à augmenter la consommation devait être un objet de considérations particulières. Ces réflexions ont été reçues avec le plus fier dédain. On a dit que c'était l'esprit factieux qui suggérait ces craintes. La vérité nous est cependant connue maintenant, et on ose nous parler de *l'amélioration de notre situation!* Grand Dieu! quand les hommes sont réduits et les conséquences doivent aussi en être fatales.

« Réellement, Monsieur, il est difficile de songer à ces expéditions sans se défier de la raison des ministres. En effet, ils ont envoyé un officier à Belle-Isle, sommer cette île de se rendre à Louis XVIII, son souverain légitime; et en agissant ainsi, ils ont fait dire à cet officier un mensonge aussi réel que si on déclarait en cet instant que le cardinal d'York est le souverain légitime de l'Angleterre. Mais quelles eussent été les conséquences, si cette île et d'autres se fussent ainsi rendues? Que nous aurions débarqués Louis XVIII dans l'une de ces deux places, en nous engageant à lui rendre tous ses droits, et que par un événement semblable à celui qui s'est passé, nous eussions été forcés de l'abandonner comme nous avons abandonné tous les émigrés. Heureusement pour les ministres, ce projet n'a pas eu de suite, et plus que jamais ils doivent sentir combien la restauration de Louis XVIII est difficile.

« Mais, Monsieur, qu'il me soit permis d'ajouter quelques réflexions à l'égard de l'expédition de Quiberon. La Chambre se ressouviendra sans doute de la manière dont je me suis élevé contre l'idée d'employer des émigrés dans ces diverses expéditions; je n'ai vu, en

cela, qu'une mesure barbare et inhumaine.
Qu'a-t-on répondu à toutes mes craintes? Que
leur cause et la nôtre étaient pareilles, que le
trône n'était pas assuré à Georges III, si ces
émigrés n'étaient pas réintégrés dans leur pays.
De ce moment, ils ont été enrôlés, embar-
qués, et sans vouloir m'attacher aux accusations d'une intention trop atroce de la part
des ministres pour y donner croyance, ils ont
été sacrifiés !

Quand j'ai parlé, l'année dernière et l'année
d'avant, de négocier, on m'a dit : Quoi! traiter
avec des régicides ! et cependant le discours
de S. M. dit aujourd'hui qu'avec ces mêmes
hommes les ministres ne refuseront pas de
traiter. Ainsi le crime disparaît avec deux ou
trois années de purification.

J'ai toujours pensé, moi, que si nous ne
pouvions pas traiter avec des hommes d'une
morale pure et exemplaire, nous devions traiter avec les hommes tels que nous les trou-
vions, ayant soin de prendre des garanties et
des soins pour la sûreté de nos transactions,
c'est-à-dire, un principe de justice et d'humanité, tel que l'avantage des deux pays s'y trouvât
réuni. Au lieu de cela, nous avons voulu suivre
un principe inconnu jusqu'à ce jour, et nous
sommes arrivés à un état de détresse que rien
ne peut égaler. Qu'arrive-t-il? que la masse

.des individus finit par réfléchir et penser
qu'un Gouvernement qui, en suivant sa marche, arrive à ce comble de misère, que la sub-
sistance est pour ainsi dire un objet de charité, agit mal et suit une mauvaise route. De ces
réflexions est provenue la supposition feinte
ou vraie de conspirations, et bientôt tous les
conspirateurs ont été honorablement acquittés; et quoique S. M. nous parle dans son discours, *de l'ordre et de la soumission générale aux lois,* la suspension de l'*habeas corpus* est en pleine vigueur.

Je me résume, et par tous les motifs que je
viens de donner, je ne puis me décider à voter
en faveur de l'adresse, à moins que l'amendement dont je vais donner lecture ne soit
adopté.

« Nous supplions humblement V. M. de
» repasser tous les événemens qui ont eu lieu
» depuis trois ans, et de les comparer à notre
» situation présente ; de considérer qu'une
» grande partie des puissances alliées ont aban-
» donné la cause commune. En conséquence,
» nous vous supplions de reconnaître que le
» pouvoir qui gouverne en France offre assez
» de garantie pour que nous puissions traiter
» nous-mêmes de la paix devenue si désirable;
» déclarant en outre que si ce pouvoir repous-
» sait nos propositions de paix, et montrait un

» désir de s'agrandir aux dépens des autres pays,
» nous poursuivrions la guerre avec vigueur
» et persévérance, comme le seul moyen alors
» d'établir un gouvernement régulier. »

M. Pitt répond à M. Fox, et ensuite la Chambre se divise sur l'amendement.

Pour, 59.   Contre, 240.

L'amendement est rejeté et l'adresse adoptée.

grande horreur pour l'attentat dirigé contre S. M.
Mais, malgré toute mon indignation, je songe
qu'il est question d'un bill dont l'honorable
chancelier de l'échiquier nous a voulu montrer
la nécessité, et pour lequel il requiert le plus
instant concours de cette Chambre et de celle
des Pairs. C'est cette nécessité que je viens
combattre, et j'avouerai d'abord que je ne suis
guère d'avis d'employer ces moyens, annoncés
pour donner une plus grande garantie à la
jouissance de notre constitution. Cette constitution existe depuis des siècles, et a toujours
été préservée par les lois ; et si l'honorable ministre ne nous avait pas développé son plan,
qui, je l'avoue, m'a rempli d'épouvante et
d'horreur, j'eusse été bien loin de donner mon
assentiment à la proposition en question, établissant que les lois ne sont pas suffisantes
pour apaiser les troubles. On nous a dit que
des rassemblemens séditieux ont eu lieu près
de Londres; que l'existence du Parlement lui-
même y a été mise en question. J'ignore ce
fait; mais ce qui me rassure, c'est que les lois
sont là pour prévenir le mal d'intentions pareilles. Cependant ce bill, tel qu'il nous est
proposé, semblerait ne reposer que sur le vain
prétexte que l'insulte faite à S. M. est le résultat de ces rassemblemens, dont aucune preuve
ne nous est encore donnée.

Il est cependant bien ridicule de raisonner
sur des faits que l'on annonce comme notoires
et prouvés, quand il n'existe encore auounes
preuves. Il me semble que la Chambre des
Communes ne peut pas se permettre de prendre
aucune détermination contraire aux droits du
peuple, sans avoir sous les yeux l'évidence que
la chose est indispensable.

L'honorable membre nous a dit: La Chambre
ne permettra pas qu'un outrage semblable fait
à S. M. puisse se renouveler. Sans doute; mais
il faut des preuves de la source d'où il part,
afin d'attaquer cette source. J'avoue que je ne
puis considérer la proclamation et la déclaration des ministres comme des preuves : il faut,
selon moi, d'autres choses pour me déterminer
à attaquer les droits du peuple.

Mais tout cela n'est rien encore auprès de
ce que l'honorable membre a dit après. Il nous
a annoncé qu'il était difficile de maintenir le
droit de pétition, et d'en empêcher les abus.
Je conviens que cela est difficile : mais certes
l'alternative du despotisme, où il veut arriver,
est encore plus difficile à accepter. Quant à
moi, jamais je ne lui prêterai mon secours
pour l'obtenir.

Il nous a parlé du droit de s'assembler pour
discuter des objets politiques. Je ne balance

pas à dire qu'il est incontestable, et l'essence
même de notre constitution, qui, par ce moyen,
donne à chacun la liberté dont il doit jouir
individuellement.

Mais, nous a-t-il dit, ce n'est pas pour
empêcher les réunions; c'est seulement pour
les régulariser. Et où sont donc nos droits?
Sans parler des droits de l'homme, puisqu'on y attache une toute autre idée, il me
semble qu'il est cependant des droits réels
dont les hommes doivent jouir. Sans cela,
plus d'existence, plus de Chambres; et celui
qui nie ce droit, ignore la base de tout gouvernement libre et de notre constitution.

Le peuple a le droit de discuter ce qui l'intéresse. Il a celui de se plaindre par des pétitions, soit aux Chambres, soit au Roi lui-
même. Si vous voulez ôter ce droit, dites tout
de suite qu'une constitution libre ne peut pas
exister; qu'elle ne nous convient pas; que,
d'après l'état et la situation du monde, une
constitution pareille ne peut plus être désirable. Faites comme les sénateurs du Danemarck : déposez votre liberté, pour reconnaître le despotisme; et ne vous faites pas
tourner en ridicule par le genre humain, en
disant que vous êtes libres.

Donner à un magistrat le droit d'interpréter

la cause d'une réunion; d'entendre, à sa ma≈
nière, mon opinion, et de donner un sens à
ma pétition, pour me plaindre de ce que mon
droit est attaqué, c'est lui donner le pouvoir
absolu sur toute ma personne.

Je le demande, une réunion, permise seulement quand le magistrat n'y voit rien de
séditieux, est-elle une réunion libre? est-ce
le droit d'un État libre? La liberté peut-elle jamais ainsi exister? Grand Dieu! est-il conce-
vable que ce soit à des Anglais qu'on propose
une chose semblable, en cherchant à leur
prouver que ce n'est pas la destruction de leur
liberté?

J'espère sincèrement que ce bill ne nous
sera pas présenté, et qu'il sera repoussé par
les discussions préliminaires. Je le désire
d'autant plus que j'y vois toutes les causes
d'alarmes les plus sérieuses. Je ne puis croire
que le peuple veuille ainsi abandonner un
droit si légitime; et cela me paraît si incontestable, que je regarderais comme traître à
son pays celui qui voudrait en agir autrement.
Par quelle fatalité faut-il qu'un projet semblable soit entré dans la tête des ministres!
Si c'est pour prévenir une révolution, comment espèrent-ils y réussir, par un plan qui
n'a aucun respect pour la liberté, aucune dé-

férence pour ce qu'ont fait nos ancêtres, pour
les maximes qui les ont dirigés?

Nous avons vu des révolutions dans divers
États; ont-elles jamais été causées par la liberté
d'émettre son opinion? ou par la faculté de se
réunir en assemblée populaire? Les causes en
ont été tout opposées; et nous devrions y songer
avant de proposer les moyens qu'on nous offre.
Que faisons-nous en effet? Nous nous remettons
dans la position où nous étions à l'époque de
notre révolution. Sous le règne de Charles 1er,
la liberté de parler et de se réunir existait-
elle? Un libelle était-il traité avec indifférence?
L'une et l'autre étaient au contraire sévèrement
réprouvés. Les ministres veulent-ils mettre la
nation dans la même position? Il était naturel
d'espérer que la leçon des temps modernes
n'avait pas été oubliée. Voyez la France avant
la révolution : la privation de cette liberté de
parler et de s'assembler n'est-elle pas une des
causes de cet événement? N'est-ce pas, bien
au contraire, le pouvoir absolu du roi, le pouvoir arbitraire des ministres, l'abominable
droit des lettres de cachet, qui ont excité
l'indignation du peuple et renversé la monarchie?

Je sais bien que dans les pays où les hommes peuvent ouvertement faire connaître leurs

plaintes , et en faire connaître hautement le redressement, l'influence ministérielle peut, pendant un certain temps, arrêter les effets de la jouissance de ce droit; mais la persévérance finit par obtenir justice. Si, au contraire, tous les moyens de plainte sont enlevés, il ne reste plus que la violence et la force. Ce parti est si effrayant qu'il reste à savoir si le bien qui peut en résulter compense le mal qu'il doit produire.

Si les plaintes ne sont pas fondées, plus elles sont discutées, et moins elles peuvent produire de mal; mais si vous prévenez le jugement par un moyen arbitraire, il n'y a plus que l'irritation, qui bientôt conduit à la violence.

Je n'ignore pas que la paix et la tranquillité sont les premiers des biens; mais je sais aussi que la liberté raisonnable est le seul moyen positif d'en jouir.

J'admire notre constitution en ce qu'elle donne le droit au peuple de discuter les matières politiques, et qu'elle lui laisse celui incontestable de faire connaître le résultat de ces discussions, quand ce sont des plaintes ou des griefs, et qu'il s'agit de les réparer.

En conséquence, je me déclare contre le bill proposé; et, dans tous les cas, je demande qu'il soit fait une convocation générale de la

Chambre, parce qu'il est impossible de traiter une question aussi importante sans que chacun des membres soit présent.

On met la proposition du bill aux voix :

Pour, 214.   Contre, 42.

La Chambre décide que le bill sera présenté, et arrête que, conformément à la demande de M. Fox, il y aura convocation générale dans quinze jours.

1795.

CONTINUATION.

EXPOSÉ.

Le bill proposé pour la sûreté de S. M. ayant passé à la Chambre des Pairs, est présenté à la Chambre des Communes.

Après la lecture, M. Shéridan dit qu'il n'existe aucunes preuves qui puissent autoriser une semblable mesure; il propose qu'il soit nommé un comité pour examiner le danger qui peut résulter des assemblées désignées dans la proclamation du Roi, comme assemblées séditieuses.

M. Pitt, et autres, s'opposent à cette proposition, comme apportant un délai qui peut être cause des plus grands dangers. Ils prétendent que la tranquillité publique réclame les plus promptes mesures.

M. Fox se lève :

MONSIEUR,

Comme je n'ai pas l'intention de prolonger la discussion sur une question qu'on dit être de la plus pressante importance, je me borne-

rai à répondre à quelques argumens présentés
par un honorable membre (le procureur-général).

Il nous a parlé des dernières poursuites qui
ont été exercées, et nous a fait entendre que
si ces personnes avaient été jugées par d'autres que par un jury, elles n'eussent pas été
acquittées. Je pense, moi, au contraire, que
le jury a agi d'après sa propre conscience, et
a prononcé un jugement conforme au cas.

Il nous a dit que l'acquittement ne donne
pas la preuve qu'il n'y ait pas de culpabilité. Je
suis loin de penser que ce soit une preuve
complète d'innocence; mais il est des cas où
il y a doute de crime ou d'innocence.

En effet, l'existence du crime est constatée;
mais il s'agit souvent de savoir qui est le coupable ; ou encore, connaissant l'auteur du
crime, d'en avoir une preuve légale.

Dans le cas qui nous occupe, il ne s'agit
pas de ces doutes; les personnes sont connues,
elles ne nient pas ce dont on les accuse. Cependant elles sont acquittées par un jury qui
n'est pas moins honnête que le comité de la
Chambre.

Est-ce donc en conséquence du résultat de
ce procès que le bill est présenté?

On nous dit que ce n'est pas seulement ce
procès, mais que tout dans ces réunions prouve

les mauvaises dispositions de ceux qui les composent, et qu'il faut que ce danger soit tempéré par de nouvelles régularisations législatives. Mais je le demanderai aux ministres, quel a été l'effet des nouveaux moyens qu'ils ont adoptés? N'ont-ils pas suspendu l'*habeas corpus* sur des prétextes extrêmement illusoires?

J'ai cru, d'après les expressions du discours du trône, que la soumission aux lois dont il y est question nous procurerait le terme des lois arbitraires, et que l'acte d'*habeas corpus* reprendrait ses droits. Malheureusement, je me suis trompé, les ministres ne reviennent pas facilement sur des mesures qui tendent à augmenter leur pouvoir.

Un outrage que nous déplorons tous a été exercé envers S. M. Les ministres immédiatement nous prouvent ou cherchent à nous persuader que cet outrage a quelque rapport avec certaines sociétés. Quand nous demandons les preuves, on nous parle de la proclamation de S. M.

Si le Parlement est tombé dans un tel état d'abaissement et de dégradation qu'il regarde comme preuves dans une matière aussi importante, cette proclamation royale, alors il mérite tout le mépris dont un honorable membre a parlé.

.Un honorable membre (M. Powys) dont
l'éloquence est principalement remarquable
quand il s'agit de personnalités, nous a dit
qu'il y avait eu des rassemblemens considérables dernièrement, sans tumulte et sans dé-
sordre. J'en appelle à ceux qui en ont été témoins, pour qu'ils disent si les personnes ainsi
réunies n'ont pas montré qu'elles étaient pro-
foudément intéressées à l'issue de la question
qui nous occupe; pour moi, je n'ai jamais vu
de rassemblemens si nombreux et tellement dé-
minés à obtenir une solution par un moyen
quelconque. Vous pouvez, en effet, empêcher
les hommes de se plaindre, mais vous ne pouvez les empêcher de sentir. Votre bill ne sera
qu'un chiffon de papier, ou il amènera dans
son exécution la plus grande oppression; et
soyez sûrs que, moins les hommes pourront
parler, plus ils sentiront et plus ils seront disposés à employer les armes qui s'offriront
pour obtenir vengeance de leurs oppresseurs.

Je ne saurais trop recommander aux ministres d'abandonner le système qu'ils suivent.
La guerre est la première cause du mécontentement du peuple, et les mesures prises
pour réprimer ce mécontentement n'ont fait
qu'accroître le mal.

Qu'ils se ressouviennent de ce que disait
M. Burke : « Essayez tous les moyens de dou-

»cœur; la terreur ne peut jamais être employée
»sans danger, car si elle manque son effet,
»elle crée le mécontentement, les plaintes et
»la vengeance. »

La motion de M. Shéridan est mise aux
voix.

Pour, 22.   Contre, 167.

~~~~~~~~~~~~~~~

1795.

CONTINUATION.

EXPOSÉ.

La deuxième lecture du bill est fortement demandée par le procureur-général. M. Erskine s'y oppose, en disant que ce bill est contraire aux principes de la constitution. Les statuts de Charles II offrent un exemple de ce qu'il avance. Ces statuts établissent que cent mille individus peuvent s'assembler pour concerter une pétition, défendant seulement que ladite pétition soit colportée, pour être signée, auprès de personnes qui n'en connaissent pas les motifs, et voulant que dix personnes au plus puissent la présenter à S. M. Quelle différence !

Il rapporte dans son discours les propres paroles de M. Pitt, au sujet de la réforme parlementaire.

« Nous avons perdu l'Amérique, disait alors le ministre, » par la corruption d'un Parlement non réformé ; et » jamais nous n'aurons un ministère sage et prudent » qui sache nous éviter les malheurs d'une guerre inu- » tile, jusqu'à ce que nous ayons obtenu une réforme » radicale. »

Et c'est, dit M. Erskine, le même homme qui a proféré ces paroles remarquables, qui aujourd'hui accuse ceux qui tiennent le langage qu'il a tenu, d'intentions séditieuses !

M. Dundas soutient le bill. Il profite de l'occasion pour observer que nul membre de la Chambre ne s'est si bien distingué dans un appel au peuple que M. Fox, puisqu'il a combattu les ministres dans une assemblée populaire pendant une partie de la journée, et qu'il a continué le même système dans cette Chambre pendant le restant de cette journée. Il dit que durant la guerre d'Amérique, il avait suivi le même système, et avec aussi peu de succès qu'à présent.

M. Dundas parle avec beaucoup d'âpreté de la conduite de M. Fox.

Celui-ci se lève pour répondre :

Si j'avais la vanité que l'honorable membre se plaît à me supposer, je ne pourrais qu'être extrêmement satisfait de voir que celui-ci est au moins le quatrième discours que nous avons entendu de lui dont j'ai entièrement fourni le sujet. Je me ressouviens bien d'avoir toujours été attaqué de la même manière relativement à mes opinions concernant la réforme parlementaire, et à l'égard de l'influence de la couronne, et de la limite convenable à imposer à la prérogative royale. Toutefois, l'honorable secrétaire d'État a souvent été arrêté dans ses mouvemens d'éloquence par l'honorable chancelier assis près de lui, qui le suppliait de ne pas pousser ses recherches trop loin. En ce moment néanmoins, comme il a jugé convenable de ne pas l'arrêter, je répondrai aux

questions de l'honorable secrétaire avec toute
la franchise dont je suis capable.

La première enquête qu'il a faite est relative
à l'élection de Middlesex : je puis lui répondre
que tout en y établissant positivement la sou-
veraineté des lois parlementaires, je n'ai jamais
dit un seul mot qui pût être contraire aux
droits incontestables du peuple d'exprimer son
opinion sur les mesures publiques.

Il a paru blâmer ensuite la manière dont
j'ai parlé aux élections de Westminster ; mais
il a oublié celle dont son honorable ami M. Pitt
a parlé à cette époque en public. Il me semble
que je puis, après cela, me dispenser de répondre plus longuement à l'accusation qu'il
semble avoir voulu porter contre moi.

Toutefois, je le remercie des complimens
qu'il m'a faits sur ce qu'il appelle mon talent,
et relativement au conseil qu'il me donne de
ne l'employer que dans cette Chambre. Je lui
répondrai que je ne viens pas à cette Chambre
pour mon plaisir, mais pour remplir mon devoir : j'espère pouvoir y être utile. Je n'ai pas
plus l'intention de convaincre la multitude que
cette Chambre; mais enfin, je suis appelé à
donner mon opinion sur les mesures publiques, je dois le faire principalement quand je
reconnais que la constitution est en danger.
C'est de cette manière que j'arriverai à l'opi-

nion publique. Si ces vérités ne frappent pas
la Chambre, alors ma présence, loin d'y être
utile, ne peut que lui être nuisible.

C'est toutefois un objet digne de remarque,
que les débats sur le bill en question aient
donné la première occasion, depuis l'accession
de la maison de Brunswick au trône, de voir
le Parlement épouser ouvertement la cause des
Stuarts.

On a dit dernièrement que s'il eût existé
une révolution pendant le règne de Georges 1er
et celui de Georges II, elle n'eût pas été aussi
dangereuse que celle qui aurait lieu en ce moment, en ce que, dans les autres règnes, les
descendans des Stuarts auraient pu être rétablis sur le trône, tandis qu'en ce moment
l'anarchie seule et la dissolution seraient la
conséquence des discussions sur les droits
constitutionnels du souverain. Qu'auraient fait
les Stuarts s'ils eussent été replacés sur le trône?
Ils auraient sans doute introduit la religion
catholique au lieu de la protestante; ils auraient aboli le Parlement, détruit le système
du jury, et anéanti la liberté de la presse.

Il me semble que l'honorable secrétaire a
mal compris mon honorable ami M. Erskine:
jamais il n'a dit que la propriété ne dût pas
avoir une grande influence politique; mais,
certes, l'honorable secrétaire lui-même ne dira

pas que la propriété ait le droit exclusif de penser et de parler sur des matières de constitu-
tionnalité; ce serait frustrer les hommes de leur
premier droit, et réduire la société à ce qu'elle
a été dans le principe.

Un homme d'un caractère vénérable, l'évê-
que de Rochester, a dit que la masse du peuple
n'avait rien à faire avec les lois, sinon d'y obéir;
et cette assertion est faite par un homme de
cet ordre qui, parmi tous les principes reli-
gieux, doit reconnaître l'égalité naturelle de
l'homme! Mais, malgré cette assertion et celle
des ministres, j'ose espérer que le peuple d'Angleterre n'abandonnera pas ainsi ses droits.
Quoi! parce qu'un homme n'aurait pas quarante schellings de rente, il n'aurait pas le droit
d'énoncer son opinion sur les questions qui
lui sont le plus importantes!

Mais, Monsieur, qu'il me soit permis d'attaquer le principe du bill qui nous est proposé; je déclare que c'est une atteinte formelle
à notre constitution. Elle repose, cette constitution, sur la liberté de la presse et sur le libre
exercice de la discussion; attaquez cette base,
et l'édifice croule. Tous les coups que l'on peut
lui porter peuvent être parés : si le Parlement,
par exemple, avait voulu changer la succession
au trône, l'élévation d'un nouveau prince aurait fini par apaiser toutes les commotions.

qu'une semblable idée aurait pu faire naître.
Si le Parlement avait voulu attaquer le système
du jury, la liberté de la presse eût bientôt
fait justice de cette tentative; des pétitions de
toute nature auraient démontré que c'était une
attaque à la liberté publique; et la voix du
peuple s'élevant avec force, aurait forcé le ministre le plus fier à rentrer dans la soumission;
mais quand la parole est interdite, il n'y a plus
que la patience de la soumission implicite.
Comment espérer que des griefs seront entendus, quand ceux qui les éprouvent n'osent
pas se plaindre? Il est vrai que la résistance à
un système aussi faux ne peut être supprimée.
En ce moment il existe sans doute un parti
considérable de mécontens, et je ne crains pas
de dire qu'il provient des mesures ruineuses
que l'on veut adopter, et de là mauvaise administration qui nous gouverne. Si ce mécontentement provenait de l'adoption des principes français, ce serait aux ministres que
nous en serions redevables.

Moi, je pense que ces mécontens proviennent
de la guerre injuste que nous avons faite, et
que nous avons si injustement poursuivie; et,
quel que soit le danger qui nous menace, je
maintiens que les mesures proposées sont plutôt faites pour l'augmenter que pour y remédier. Au surplus, s'il existe une disposition

pour amener l'anarchie, il existe aussi, je l'es-père du moins, une détermination de résister à l'oppression.

Je terminerai, Monsieur, en déclarant que ce serait une chose impardonnable à moi de cacher à la nation qu'elle doit s'en prendre à elle-même pour une grande partie des calamités qu'elle éprouve, puisqu'elle n'oblige pas les ministres à rendre compte des mesures destructives qu'ils ont adoptées. La Chambre elle-même doit faire attention à ce qui l'occupe en ce moment, et renoncer à accorder cette confiance aveugle dans les ministres, aux dépens de la nation entière.

On met aux voix la seconde lecture du bill.

Pour, 213.   Contre, 43.

~~~~~~~~~~~~~~

1795.

CONTINUATION.

EXPOSÉ.

M. Pitt ayant proposé que la Chambre se forme en comité le 25,

M. Fox dit :

L'honorable membre nous dit que la voix du peuple n'a pas été bien entendue, et que des délais n'ont d'autre but que d'introduire de fausses interprétations. Comment cela est-il prouvé? Je demande des délais, il est vrai; mais ce n'est pas dans le but qu'il y assigne : mon idée est de reculer l'adoption de ce bill, parce que partout où il est connu il est désapprouvé. Les ministres néanmoins n'ont encore rien refusé avec succès; plus ils en disent, et plus le mécontentement augmente.

Il m'a accusé d'avoir mal représenté les choses : je n'ai rien dit hors de cette Chambre de différent de ce que j'y ai déclaré. Je désire qu'au lieu d'amender le bill, il soit présenté en entier, qu'il soit adopté sans altération; car

facile d'y reconnaître le respect qu'il ~~professe pour~~
la constitution, pour le Parlement, et ~~combien il est~~
important de défendre l'un et l'autre.

M. Fox se lève et répond :

MONSIEUR,

Je n'ai jamais douté du talent de l'honorable
membre pour mal représenter les choses : je
me lève donc pour rétablir mes expressions,
et non pour rétracter une syllabe de ce que
j'ai dit. Que mes mots soient consignés sur le
bureau, ce sont ceux d'un véritable Anglais,
ceux pour lesquels nos pères ont versé leur
sang, et sur lesquels a été fondée la révolution ; mais que ces expressions soient bien entendues.

J'ai dit que ce bill peut être adopté par une
portion corrompue de la majorité de la Chambre, sans que, pour cela, il reçoive l'assentiment de la nation. S'il en était autrement,
et que cette majorité de la nation l'approuvât,
je serais loin, sans doute, d'enflammer les esprits et de vouloir les porter à la révolte; mais
si l'opinion générale est que ce bill attaque la
base fondamentale de la constitution, je maintiens alors que la résistance, au lieu d'être une
question de morale, deviendra purement une

question de prudence. On me dira sans doute
que ce sont de bien fortes expressions ; mais
de fortes mesures nécessitent de fortes expressions. Je ne me soumettrai jamais au pouvoir
arbitraire tant qu'il me restera la moindre possibilité de venger ma liberté.

M. Shéridan et M. Grey appuient M. Fox dans
cette déclaration.

1795.

CONTINUATION.

EXPOSÉ.

M. Erskine ayant présenté une pétition des banquiers, négocians et autres habitans de Londres, contre le bill de sédition, sa réception est contestée par plusieurs membres du côté du ministère.

M. Fox prend la parole :

Je ne puis laisser passer, sans y répondre, plusieurs des choses qui viennent d'être dites. On a fait des allusions à la conduite de certains ducs ayant été aux assemblées publiques. La réunion de Middlesex n'est pas la première où on a vu des pairs et des membres du Parlement. En 1780, des réunions de cette sorte ont eu lieu, et on en a reconnu l'utilité. Je suis convaincu qu'elles ont contribué à abréger de deux ou trois ans la plus cruelle des guerres, par l'influence qu'elles ont eue pour relever l'esprit public.

On a dit que ces réunions étaient faites pour exciter le peuple, en ce moment, contre l'effet du bill que l'on propose. Je répondrai à l'ho-

norable ministre, en le priant de se ressouvenir de la manière dont on a, dans le temps,
excité le peuple contre mon bill de l'Inde.
C'est lui-même qui a avoué les moyens qu'il
employait pour alarmer le peuple, disant en
outre, dans cette Chambre, qu'il était de son
devoir, comme membre du Parlement, d'expliquer à ses commettans la nature des mesures qui pouvaient les affecter. C'est parce que
je pense exactement comme il pensait alors,
que je regarde notre constitution comme tom-
bée en désuétude depuis que ce principe est
oublié, et que l'honorable membre lui-même
a changé de langage.

Ce n'est pas sans un grand étonnement que
j'ai entendu parler des tentatives faites pour
balancer le mauvais effet que produit ce bill
dans le public. On dit que des pétitions seront
présentées pour combattre celles qui condam-
nent cette mesure. La Chambre ignore tout,
jusqu'à ce que les choses s'exécutent. Un honorable alderman a entrepris de répondre pour
les banquiers et négocians de Londres, et même
pour les trois quarts de ceux du royaume en
contradiction au vote énoncé dans la pétition
déjà présentée. Je vois que cette assertion est
la sienne, et j'ignore si elle peut répondre à un
fait.

La pétition est déposée sur le bureau.

1795.

25 Novembre.

CONTINUATION.

EXPOSÉ.

M. Curwen propose d'ajourner à huit jours la discussion du bill. Cette proposition est soutenue par M. Fox et plusieurs autres membres. M. Whitebread entr'autres parle avec force contre le bill. Il dit que rien ne l'étonne dans la manière dont on avance que ce bill est fait pour maintenir la liberté et la constitution. Toujours les politiques inhabiles et les bigots furieux ont prétendu, en attaquant sourdement une institution, qu'ils la raffermissaient sur des bases plus solides. Que de choses n'a-t-il pas fallu pour affermir cette religion que nous professons tous ! Il soutient que ce bill est aussi mauvais que les mesures les plus despotiques : au lieu, dit-il, de voir la nation jouir d'un gouvernement juste, libre et humain, nous la verrons bientôt courbée sous le despotisme le plus cruel, le plus sanguinaire ; oui, je le répète, le plus sanguinaire ! et déjà ce bill ne donne-t-il pas le pouvoir de faire des exécutions militaires !

Si quelque chose, ajoute-t-il, peut augmenter le mal que renferme ce bill, c'est de l'adopter sans nécessité.

La motion est vivement combattue par le ministère, et particulièrement par le garde-des-sceaux.

M. Fox se lève et dit :

J'ai écouté, avec un plaisir partagé sans doute par tous les membres de cette Chambre, l'éloquent discours de mon honorable ami. Mais celui du préopinant me paraît d'une adresse remarquable; car on peut facilement souscrire à tout ce qu'il a avancé, et cependant voter contre le bill.

J'éprouve aussi une grande difficulté à répondre à ce discours. Sa proposition principale est que, dans un temps de danger, il vaut mieux abandonner une partie de la constitution, pour sauver le reste. Cette maxime est, en général, incontestable. Cependant il s'agit, avant tout, de prouver le danger, son étendue, sa force; et il faut aussi prouver que le moyen à employer pour sauver ce qui resterait de la constitution, n'expose pas la totalité de cette constitution.

L'honorable membre s'est plaint de l'usage qu'on a adopté d'appliquer un principe quelconque universellement, et d'attacher à la personne qui l'emploie toutes les conséquences absurdes qui peuvent en dériver : j'admets l'observation; et personne n'a plus le droit de s'en plaindre que moi.

L'honorable membre reproche aux membres de ce côté de la Chambre d'avoir établi qu'il y avait un parti de mécontens dans la nation : comme si jamais toute une nation pouvait penser de la même manière, et comme si cette différence n'existait pas partout. Certes, je n'ai jamais prétendu à cette unanimité; mais je pense que l'honorable membre ne niera pas qu'il y ait en cet instant plus de mécontentement qu'avant la guerre. Jamais je n'ai dit ni pensé que l'état des affaires publiques fût entièrement sans danger. Mais, si ce danger augmente, quelle en est la cause? Sans doute, il est naturel de penser que la guerre injuste que nous faisons, que l'incapacité de notre ministère, qui a mis notre commerce dans l'état où il est, et qui nous expose à la famine en cet instant, doivent en être la cause.

Ainsi, il est évident que cette guerre produit un effet diamétralement opposé à celui que les ministres annoncent avec tant de triomphe, et on ne me refusera pas certainement que si cet effet est tel qu'ils le pensent, le danger d'opposition et de mécontentement devant être moindre, les sacrifices que l'on demande pour la sûreté publique ne devraient pas être plus considérables.

Mais, nous dit l'honorable membre, vous parlez du mécontentement qu'occasionnent les mesures des ministres, la continuité de la guerre, et les précautions qu'ils demandent en cet instant; n'y avait-il donc pas d'esprit de mécontentement avant la guerre? les ministres n'étaient-ils jamais blâmés? Je répondrai à cela par un exemple de notre histoire. Sous Charles 1er, il y avait du mécontentement, sans doute; mais la prétention extravagante de ce prince, et la mauvaise politique de ses ministres l'ont augmenté à un tel point, que le résultat en a été fatal à ce prince et à ses ministres.

S'il est reconnu que le parti des mécontens se compose de ceux qui sont contre la constitution, et de ceux qui, par un esprit de mécontentement, se joignent à ce parti, corrigez les abus qui ont fait tant de mécontens, introduisez la modération et l'économie dans les dépenses publiques, détruisez enfin cette corruption qui a gagné jusque dans le corps représentatif. Ce moyen divisera le parti des mécontens, et réconciliera à la constitution ceux qui n'en voient que les imperfections.

A l'égard du danger que l'honorable membre trouve dans les sociétés que l'on attaque, danger qui n'est prouvé par rien, il est difficile de croire qu'il y existe une majorité contre la monarchie. On peut y avoir maintenu le principe de parlemens annuels et de suffrages

universels. Mais je ne pense pas que ces principes aient été pris des Français; ils sont, dans
plusieurs ouvrages, publiés par des hommes
d'un caractère respectable parmi nous; et si
ces principes sont estimés si dangereux, les
Français pourraient au contraire se plaindre
de ce qu'ils ont été importés d'ici chez eux.

Je n'ai jamais été partisan des parlemens
annuels; cependant, depuis des siècles, cette
opinion existe. Les torys en ont fait leur doctrine, et il a été dit que le rétablissement de
ce système a été une partie du plan adopté au
commencement de ce règne. Il me semble
qu'au lieu de délibérer législativement sur ce
sujet, il vaut mieux laisser la nation déterminer elle-même ce qui lui convient le mieux.

L'honorable membre a traité avec bien du
dédain l'opinion de M. Shéridan, qui établit
que la différence des usages du Gouvernement
et du caractère des Français, nullement pré-
parés à la liberté, comparés avec les nôtres, em-
pêchera toujours que nous ne nous portions
à tous les excès dont la révolution française
nous offre l'exemple. Cette réflexion est cependant bien juste. Assurément, le nègre de l'Amérique, le russe ou le turc, ne sont pas capables de jouir de la liberté comme nous. Non,
les idées de l'honorable membre sur la révolution française ne sont pas exactes. Il pense

que tous les maux qui sont arrivés à la France
proviennent des clubs des jacobins; que le
nombre de ces clubs était peu considérable,
que celui de Paris n'était d'abord composé que
de sept membres, et qu'ils ont fait la révolution du 10 août 1792.

L'honorable membre ne peut pas dire cela
sérieusement. La révolution française date de
plus loin, et il ne s'agissait pas de clubs de jacobins quand les premiers principes en ont
été arrêtés. Personne n'est moins l'avocat des
jacobins que moi, assurément, et j'ose penser
qu'il n'est pas un homme libéral qui veuille
m'en accuser. Mais examinons la cause des
succès de ces jacobins. On serait bien dans
l'erreur si l'on pensait que c'est en raison de
leur doctrine que les horreurs dont nous avons
été témoins ont eu lieu, ou si l'on établissait
qu'ils ont été cause de l'horrible catastrophe
du roi de France. Le sort de ce malheureux
prince a tenu principalement au rapproche-
ment qui existait secrètement entre lui et la
noblesse, dont les intentions étaient si diamétralement opposées aux intérêts du peuple. Je
crois qu'il a été entraîné à devenir, ainsi que
ses ministres, coupable de tout ce qui a été
tenté contre la nation. Et même, en admettant que cela ne soit pas, l'apparence de ces
complots devait le rendre coupable aux yeux

du peuple. Voilà des causes pour le 10 août
1792. Les frères du Roi étaient sortis de France,
leurs rapports avec la maison d'Autriche, si
connue pour être l'ennemie de la France, devenaient autant de circonstances aggravantes.
En fallait-il davantage dans un moment d'i-
vresse et d'égarement? Et ne pourrait-on pas
dire que la malheureuse catastrophe a tenu en
quelque sorte plus à ceux qui ont défendu
qu'à ceux qui ont attaqué.

A entendre l'honorable membre, j'approu-
verais tout ce que les Français ont fait. A Dieu
ne plaise! J'ai dit dans le commencement, que
leur révolution était glorieuse pour cette nation, mais je suis loin d'affirmer que le système sur lequel ils ont établi cette révolution
soit solide et raisonnable.

L'honorable membre s'est ensuite livré à un
mouvement pathétique: qu'il me soit permis
de le suivre jusque dans ses égaremens.

Il nous a dit que, s'il existait ici un parti
disposé à attaquer le pouvoir du ministère et
à corriger ses abus, il ne s'arrêterait pas là;
qu'il s'attacherait aussi au Gouvernement et à
tout ce qui en fait partie. Si son intention est
de me comprendre dans ce parti, je lui répondrai franchement en lui répétant ce que j'ai
dit souvent, et qu'il a oublié sans doute: «Que
» si jamais les personnes qui voudront détruire

» la constitution y arrivaient par le crime, le
» meurtre et le carnage, comme en France, je
» m'attendais à être une des premières victimes
» de cette fureur populaire. »

Cependant, je pense aussi que les personnes
qui ont présenté les mesures qui nous occupent, ne seraient pas les dernières à être sa-
crifiées. Je regarde donc l'avis de l'honorable
membre comme ne s'appliquant pas à moi
seul.

Il nous a dit que quand une fois on est en
mauvaise compagnie, on s'y associe tellement
que l'on ne peut plus faire cause à part. Ce
raisonnement ne pourrait-il pas s'appliquer à
la position de l'honorable membre bien plus
justement qu'a la mienne. Il est certain qu'il
peut se trouver étrangement embarrassé, si
effectivement il a reconnu que les principes
d'après lesquels agissent les ministres sont les
plus faux de tous. Il se peut, cependant, que
le temps ne soit pas très-éloigné où ceux qui
ont prêté au ministre ce qu'on veut appeler
une honorable assistance, finiront par reconnaître qu'ils sont devenus ses honorables esclaves. Je m'aperçois au sourire naïf de quelques-uns de mes collègues, qu'ils apprécient
mon observation. Je les supplie, toutefois, de
croire que je n'ai pas l'intention de leur dire
la moindre chose désobligeante; je suis effrayé,

je l'avoue, de ce système qui s'accrédite de jour en jour.

Relativement au danger d'une réunion de ceux qui désirent sincèrement la réforme des abus, avec ceux qui voudraient renverser la constitution, je souhaite que le moyen indiqué par M. Burke lors de la guerre d'Amérique, puisse être employé. Il demandait qu'une ligne de démarcation fût établie, non pas du nord au midi, non pas en séparant Boston de Philadelphie, mais entre ceux qui blâment les abus de la constitution et ceux qui veulent la détruire en entier.

Mais, a dit l'honorable membre, comment traiter avec les mécontens? Je pense en effet qu'il serait difficile de les désigner, mais non de traiter; car ici le mode de conciliation proposé par M. Burke est le plus certain, et comme lui je dirais, il faut d'abord faire la division. Quel en sera le moyen? D'établir clairement la nature des abus, soit dans cette Chambre, soit ailleurs; de cette manière, les partisans de la constitution qui ne veulent que la réforme des abus, seront satisfaits; et dès-lors, la séparation sera faite d'avec ceux qui voudraient anéantir cette constitution.

L'honorable membre s'est reporté, dans une partie de son discours, et seulement dans cette partie, à ce qui a rapport au bill présenté. Il nous a dit que c'était sans doute un sacrifice, mais que ce qui restait à la nation de ses droits, était d'un bien plus grand prix. Je ne puis m'accorder avec lui à cet égard. Ce qu'il appelle un sacrifice est la destruction de la base de notre monument. De quel inté-rêt peut-on voir, après cela, la beauté des autres portions de ce monument, quand on sait qu'il doit immanquablement crouler ? Notre Gouvernement est admirable parce qu'il est libre. Ce qu'on nous demande de sacrifier est la partie fondamentale de ce Gouverne-ment.

Je sais qu'il existe quelque différence d'o-pinion à ce sujet: la mienne est que la liberté ne dépend pas du Gouvernement ni d'aucune branche de l'administration, ni des formes quelles qu'elles soient, de la permission d'écrire ou de parler. Pour cette dernière toutefois, le bill qui nous occupe l'attaque complétement. Il est certain que la liberté de parler est stricte-ment l'essence d'un Gouvernement libre; ce n'est pas dire pour cela que les discours dan-gereux et où l'on abuserait de cette liberté ne doivent pas être soumis à des punitions; mais je veux parler de cette liberté sans abus. La presse en jouit, et, comme tout le monde, je m'en félicite. Tout homme peut dire ou imprimer ce qu'il veut, en restant

toutefois soumis à l'action des lois, s'il abuse
de cette liberté. Voilà ce que j'appelle l'entière
liberté : si cela est nécessaire pour la presse, à
bien plus forte raison ce le sera pour les discours. On a parlé d'un *imprimatur*, et ce serait assez à redouter ; mais un *dicatur* le serait
bien plus encore. Personne n'a osé jusqu'ici
avancer que la presse ne doit pas être libre ;
mais le bill dont il est question ne punit point
celui qui parle, il empêche de parler. Pour moi,
je n'ai jamais entendu se plaindre, dans un
État libre, du danger de la liberté de la presse
ou de la liberté de parler : loin de là, je suis
convaincu qu'il n'existe pas d'État libre sans
l'une et l'autre.

L'honorable membre dit qu'en admettant
ce bill on fait déjà un grand sacrifice à la
liberté : oui, sans doute, c'est un sacrifice immense ; car avec lui nous perdons cette énergie, ce feu, cette hardiesse, qui distinguent si
particulièrement la nation anglaise.

Oui, je le répète, ce n'est pas la loi de la
constitution d'Angleterre, cette loi qui est
consignée dans des livres, qui établit la vraie
liberté ; c'est l'énergie, le courage d'un homme
qui le porte à parler en public, qui constitue,
qui crée cet esprit de liberté. Sans ce principe,
l'homme est étranger à la liberté. Si vous souf-
frez que la liberté de parler vous soit enlevée,

de ce moment vous aurez perdu l'énergie du caractère anglais.

On a dit que l'honorable ministre n'était monté à la faveur et au pouvoir que par l'influence populaire, et que, maintenant qu'il y est arrivé, il renverse l'échelle qui lui a servi pour y monter. J'ignore comment il y est arrivé; mais je maintiens que si le bill passe, c'est l'Angleterre elle-même qui renverserait l'échelle au moyen de laquelle elle est parvenue à la prospérité. Elle compromettrait ainsi, avec sa liberté de penser et de parler, sa propre situation, son bonheur, la dignité de son caractère, et ce qui la distingue si éminemment des autres nations.

— *Sic fortis Etruria crevit,*
Scilicet et rerum facta est pulcherrima Roma.

Nous pouvons en appeler à la prospérité de cette grande cité, à laquelle le poëte fait allusion. Quand la liberté de parler fut interdite à Rome, tout ce qui l'avait constituée la maîtresse du monde fut aussi évanoui. Je ne doute nullement que sous Auguste, il existât des personnes qui, loin de vouloir reconnaître cette vérité, ne parlaient que de la splendeur et de la prospérité de cette grande métropole, et qui feignaient de reconnaître cette ancienne liberté, parce qu'elles possédaient encore les

titres et les charges qu'elles avaient acquis sous
la république; que ne disaient-elles pas alors de
la prospérité de l'empire !

Tum tutus bos prata perambulat.

C'était une flatterie pour Auguste, pour ce
grand destructeur de la liberté, pour cet homme
plus ennemi de tous principes libéraux qu'aucun des tyrans qui lui ont succédé.

De même nous nous plaisons à dire que
notre Gouvernement est composé du Roi, des
Pairs et des Communes.

Eadem magistratum vocabula.

De même qu'aujourd'hui, il existait alors
des personnes qui disaient que la liberté et
l'énergie n'étaient pas anéanties à Rome; et,
tout en admirant cette grande cité, qui avait
été convertie de briques en marbre, ils ne ré-
fléchissaient pas que cet esprit d'indépendance
qui animait jadis les Romains était perdu, et
que la splendeur de leur cité ne faisait que
cacher sa destruction et sa ruine.

Il en sera de même ici si le bill passe : vous
pourrez, pendant quelque temps, conserver
votre institution du jury et les formes d'un
Gouvernement libre; mais la base aura été rui-
née, l'édifice devra immanquablement crouler

un jour. Semblable à un arbre attaqué dans ses racines, il peut conserver des feuilles, avoir encore quelque temps une apparence de fraîcheur; mais sa perte est inévitable : ôtez la liberté de parler et de publier la pensée, et toute la base de votre liberté est anéantie; vous tomberez bientôt, et serez l'objet du mépris du monde entier par votre propre folie et votre faiblesse, pour n'avoir pas su conserver ce qui constituait votre grandeur, votre opulence et votre prospérité.

Toutefois, avant que ce malheur, le plus grand de tous, nous arrive, cherchons, encore une fois, à connaître l'opinion de la nation. J'appuie dans ce sens la motion, et je demande tous les délais qu'il sera possible d'accorder.

Spatium requiemque furori.

La Chambre met aux voix l'ajournement :

Pour, 70.   Contre, 269.

Le 27 novembre, l'ordre du jour étant de former le comité sur le bill de sédition, M. Fox demande quand la troisième lecture de ce bill aura lieu.

M. Pitt lui répond qu'immédiatement après que le bill aura passé au comité, il en proposera l'impression et la troisième lecture.

M. Fox, M. Grey, M. Lambton, M. Whitebread, le général Tarleton, et autres membres opposés au bill, à l'exception de M. Shéridan, se lèvent et quittent la Chambre.

M. Sheridan déclare qu'il ne reste pas afin de proposer des amendemens, car il ne vote que pour le rejet en entier du bill ; mais il est curieux, dit-il, de voir ce qui va se passer, et quels sont les amendemens que l'on proposera.

~~~~~~~~~~~~~~

1795.

3o Novembre.

CONTINUATION.

EXPOSÉ.

Sur la proposition de former le comité sur le bill de sédition, M. Erskine prend la parole pour s'y opposer. Il observe que ce bill attaque la liberté des sujets, sans augmenter la sûreté de la personne du Roi. Il a toujours été, dit-il, de principe politique que le meilleur des gouvernemens est celui qui produit le plus de sécurité avec le moins d'inconvéniens, et que le pire de tous est celui qui augmente les moyens de répression sans une cause bien démontrée.

Une autre maxime, ajoute-t-il, est de maintenir les anciennes lois, jusqu'à ce que l'expérience en ait démontré l'insuffisance.

Après de longs argumens, tous tendant à prouver l'inutilité de ce bill, et le danger dont il peut être, il dit que le crime de haute-trahison, d'après l'expression de ce bill, s'étend à une telle multitude de cas ordinaires, qu'il sera à la fin impossible de ne pas voir partout le crime de haute-trahison.

Le procureur-général répond à M. Erskine, après quoi,

M. Fox prend la parole :

D'après le discours de l'honorable préopinant, il paraîtrait que la liberté n'a aucun danger à redouter de ce bill. Il m'a paru d'abord reprocher à mon honorable ami d'avoir dans son discours, si remarquable par son éloquence et par les lumières qu'il renferme, confondu deux bills ensemble. Cependant je ne pense pas que personne puisse avoir écouté ce discours avec plus d'attention que moi, et j'ai entendu qu'en blâmant le bill qui nous occupe, il nous a montré quel système les ministres emploient pour enchaîner toutes les libertés du royaume : je partage entièrement son opinion.

Le bill présenté au Parlement est incontestablement ce qui doit nous occuper en ce moment; mais la Chambre ne peut nier que le préambule d'un bill, on sa publication, ne soient deux choses bien différentes. Si cela est vrai pour un bill conçu dans cette Chambre, à bien plus forte raison le sera-ce pour un bill qui tire son origine d'une autre Chambre du Parlement; et si le bill dont il est question, non-seulement provient d'une autre Chambre, mais aussi de personnes soupçonnées de n'être pas fermement attachées à la constitution, alors, sous ce point de vue, quand je n'en aurais pas d'autre, je serais autorisé à demander qu'il fût rejeté; car rien ne peut me faire varier sur la nécessité pour la Chambre de faire une enquête sur la situation de l'État, d'examiner avec pré-

caution et avec prudence tout ce qui peut
tendre à affecter les droits des sujets; et, par
suite de ces deux recherches, prendre des mesures pour la sûreté de l'État, si, en dernier
résultat, elles sont jugées nécessaires.

Je ne connais qu'une manière de bien examiner le mérite d'un bill qu'on ne peut pas
repousser au premier abord. c'est d'en peser
avec soin le préambule. J'avais pensé le bien
connaître depuis que nous nous en occupons;
mais le discours du préopinant m'a prouvé
que j'étais loin de l'entendre. Quelqu'un qui
n'aurait pas connaissance de ce bill, en écou-
tant ce discours, devrait imaginer qu'il n'est
qu'une proposition de loi pour renforcer celles
déjà existantes contre le crime de haute-trahison. Il eût supposé sans doute que le préambule dirait : *attendu qu'il existe des doutes
sur la force de la loi contre le crime de
haute-trahison;* au lieu de cela, il est uniquement question de faits présentés récemment devant les cours de justice, rendant nécessaire une loi provisoire: or, je le demande,
si elle n'a que ce but, pourquoi lui donner le
caractère déclaratoire ?

La vérité n'est qu'une : si le bill repose sur
la vérité de sa déclaration, il ne peut être temporaire, il devrait être permanent; il n'en est
pas cependant ainsi : ce bill n'est qu'une expé-

rience que l'on veut faire pour savoir comment la nation le supportera. Mon honorable ami M. Erskine a répondu à cette objection d'une manière si claire, que je n'entreprendrai pas d'ajouter un seul mot.

J'admettrai que la personne du Roi n'est pas aussi bien gardée qu'elle pourrait l'être; mais les lois préservent sa personne, comme Souverain, autant qu'il est possible de le faire. Il peut avoir une garde d'une autre nature, s'il le veut; mais, certes, ce n'est pas le Parlement qui peut le proposer constitutionnellement. A l'égard du pouvoir politique de S. M., il est moins important de le garder, parce que ce pouvoir ne peut être attaqué par un seul homme; il faut la réunion d'un certain nombre, et l'action de ce nombre contre le Gouvernement, pour opérer sa destruction, nécessite des actes réitérés, et une coopération qui n'est pas facile. Ainsi, la personne du Roi peut être assassinée par un seul individu, dans un seul moment, tandis que la constitution ne peut être assassinée que par une série d'actes commis par plusieurs personnes. C'est pourquoi nos ancêtres avaient établi la différence entre une attaque à la vie du Souverain, et celle qui tendait à renverser la monarchie.

Mais je demande la permission de faire une question à l'honorable membre : je suppose que A et B aient conspiré pour former un parti contre la personne du Roi, et que, par suite de leurs actes, ils arrivent à le faire déposer; que le jury, consulté sur ce cas, reconnaisse bien la conspiration, mais qu'il ne puisse prononcer l'intention de mettre le Roi à mort: me dira-t-il que les délinquans seront condamnés pour crime de haute-trahison, en conséquence de la loi? S'il me répond dans l'affirmative, alors je conclurai que l'expression de la loi est mauvaise; mais non, il ne me fera pas une semblable réponse. L'essence du crime de trahison est d'imaginer la mort du Roi; et si le jury ne reconnaît pas ce cas, le verdict est nul et sans effet. Telle est la loi en ce moment; mais si le bill projeté passe, telle ne sera plus la loi : alors, le simple verdict suffira pour convaincre une personne de haute-trahison, et c'est sous ce rapport que je maintiens la chose de la plus haute importance. La Chambre, dans tous les cas, doit sans doute prendre toutes les précautions pour n'être pas induite en erreur; mais, principalement quand il s'agit de crime de haute-trahison, elle doit se ressouvenir qu'à ce crime est attaché la peine capitale. Elle doit aussi mettre le plus grand soin à juger une mesure qui annulle les fonctions des jurés; car, seulement sous ce rapport, le bill est un grand empiètement à

la loi : dorénavant, le jury n'aura plus à considérer la nature de la personne accusée, il ne
devra plus que s'occuper du fait seul énoncé
dans l'accusation.

On a parlé des actes rendus sous les règnes
d'Édouard III et de Charles II : le statut d'Édouard n'est autre que la loi constitutionnelle
sur la trahison ; l'autre a été rendue à l'époque
de la restauration, quand la nation était fatiguée de tout ce qu'elle avait eu à souffrir sous
l'usurpation, et par conséquent disposée à
abandonner jusqu'à sa liberté pour la mettre
dans les mains de la couronne. Que la Chambre
examine cet acte, et qu'elle examine l'esprit
qui prévalait alors, elle verra que le Parlement,
que celui-ci désire imiter, avait donné au Roi
le pouvoir de créer une force militaire à lui,
et l'argent pour la payer, force qui devait être
employée ensuite sans le consentement du Parlement. Il a donné au Roi un pouvoir qu'il
devait conserver : faute impardonnable, pour
laquelle la nation a eu tant à souffrir ! Ce règne
a été affreux pour le peuple ; mais, parmi tous
les motifs que l'histoire a eus de le peindre ainsi,
le plus grand, sans doute, est l'immense quantité de poursuites qui ont eu lieu. Il est certain
que depuis un siècle la justice est administrée
d'une manière bien plus douce, et sûrement
bien plus humaine que dans tout autre pays.

Il faut néanmoins se mettre sur ses gardes pour éviter que les excès de ce temps ne reparaissent, puisque la même soumission aveugle existe. On veut adopter des lois semblables à celles de cette époque; et quelle époque, grand Dieu ! le règne de Charles II, l'époque de toute notre histoire où la justice a été le plus honteusement rendue !

Une des choses qui parle surtout contre cet abominable règne, c'est le nom de ceux qui ont péri sur l'échafaud pour crime supposé de haute-trahison. Ces noms seront toujours chers à des Anglais; ceux qui admirent ce règne ne doivent pas examiner quels étaient les ministres ou les juges, mais qui a péri sur l'échafaud.

Ces lois toutefois expirèrent avec le prince qui les avait autorisées. Richard II voulut aussi avoir des lois d'exception, et bientôt après il fut déposé et assassiné. Charles II eut un règne long et que quelques personnes appellent florissant; il suffit de considérer la moralité de sa cour et la profusion des mesures publiques, pour reconnaître que ce règne est une honte pour l'Angleterre, et qu'il est extraordinaire qu'il ait continué jusqu'à l'époque de la mort naturelle de ce souverain.

L'honorable membre nous a parlé des procès qui ont eu lieu, et il a avancé que la manière dont les accusés avaient été acquittés

devait accroître l'esprit de mécontentement
qui existe : je prétends, moi, au contraire,
que cela doit produire le meilleur effet. S'il
existe des personnes animées contre la constitution, leur animosité doit être tempérée par
cet acte de tolérance; et, certes, il est glorieux
pour cette constitution de voir ces personnes
acquittées. Je dirai plus, cela est fait pour
changer leur animadversion en admiration :
c'est ainsi que je regarde l'effet qu'ont dû causer
ces jugemens, et non pas, ainsi que le dit l'honorable membre, comme devant augmenter
le mécontentement.

Mais, Monsieur, relativement à l'autre partie
de ce bill qui a rapport à un simple forfait, il
est affreux en ce qu'il est bien plus probable
que ce cas arrivera, que celui de haute-trahison. Mon honorable ami M. Erskine a développé à ce sujet des idées bien lumineuses; je
me bornerai à observer que désormais celui
qui se plaindra de l'inégalité de la représentation nationale et demandera des réformes dans
le Parlement, peut, en conséquence de ce bill,
être envoyé à Botany-Bay pour sept ans.

Certes, la mort ne serait pas plus sévère,
et la loi serait plus facile à comprendre. Cependant déjà MM. Muir et Palmer ont été envoyés à Botany-Bay, pour s'être exprimés avec
trop de chaleur sur ce qu'ils ont pensé être des

griefs. Quel effet les ministres pensent-ils que
cela puisse produire? imaginent-ils que cela
fasse respecter la loi davantage, et produise la
cessation des pamphlets et des libelles? Non,
bien au contraire, et on m'a assuré que le
nombre de libelles s'était accru depuis de
beaucoup. Quelle est donc la nécessité de la
mesure? Si déjà elle a manqué, n'est-ce pas
un exemple suffisant ?

Le meilleur moyen d'attacher les individus
à un gouvernement, est la douceur et la modération de ses lois, et nous devons apporter
la plus grande circonspection à créer un nouveau code de lois pénales, et à imposer des
restrictions oppressives au-delà de ce que le
peuple peut supporter.

Je le répéterai donc encore, mes objections
au bill proposé sont qu'il restreint le pouvoir
du jury dans le cas de trahison, et qu'il établit, pour les cas autres que celui-là, des punitions trop sévères ; que loin de faire diminuer
le nombre des libelles, l'expérience nous prouve
qu'il tend à l'augmenter, et que bientôt nous
aurions une quantité considérable d'auteurs
de ces libelles à envoyer à Botany-Bay.

Je ne parle pas toutefois de ces libellistes
contre la personne de S. M., et autres d'un
rang élevé. Ceux-là, je le pense, ne sont pas
assez punis; je voudrais que les calomniateurs

d'individus, qui attaquent le caractère des personnes, fussent punis le plus sévèrement possible, et autant je voudrais de modération pour les autres, autant je demanderais de rigueur contre ceux-ci. Je voudrais que les discussions politiques concernant le Gouvernement, autant qu'elles n'attaquent le caractère d'aucun fonctionnaire ou individu, fussent entièrement libres. C'est cette liberté et le respect pour la presse qui établit la justice naturelle et le mépris que chacun fait de ce qui est méprisable; et je suis convaincu que si cette marche avait été adoptée plus tôt, les choses ne seraient pas dans l'état où elles sont en cet instant : les auteurs de ce bill pensent au contraire qu'il faut effrayer au nom du Gouvernement.

Je m'oppose donc entièrement à ce bill.

On met aux voix la troisième lecture.

Pour, 203.　　　　Contre, 40.

1795.

3 Décembre.

CONTINUATION.

EXPOSÉ.

À la troisième lecture du bill, un débat s'établit.
M. Grey et M. W. Smith s'opposent violemment à
son adoption.

M. Abbot, qui soutient le bill, s'écrie :

«Nous devons toujours avoir présente à la mémoire
la déclaration de l'honorable M. Fox, que si ces
lois sont sanctionnées par S. M., et que la nation
demande ce qu'elle doit faire, il lui dira : « Ce n'est
»plus une question de devoir ni de morale, c'est
»une question de prudence de savoir si vous devez
»obéir ou résister. »

C'est avec une peine extrême, ajoute-t-il, que je répète ces expressions. Je le supplie de nous donner,
il en est temps encore, l'explication de ces paroles,
et je lui demande si, avec les amendemens appor-
tés à ces lois, il persiste encore à recommander
l'enquête de la nation, et continue à la porter à la
rébellion.

M. Fox répond :

Je suis appelé à répondre, d'une manière
qui n'est guère parlementaire. L'honorable

membre aurait dû prendre note de ce que j'ai
déjà dit dans une précédente séance; il eût
pu alors établir la proposition telle que je l'ai
faite. Je dirai seulement que cette manière
d'attaquer un membre du Parlement, pour ce
qu'il a dit dans une autre séance, est totalement neuve. Le discours du préopinant, tout
éloquent qu'il puisse être, tout honnête et poli
qu'il ait cherché à le rendre, n'aurait cependant pas été toléré dans des Chambres précédentes. J'ignore même quel avantage on peut
espérer pour la chose publique, en élevant
ainsi, d'individu à individu, de semblables
questions. Autant elles sont utiles à un des
membres du cabinet, autant elles me paraissent futiles dans le cas actuel. Je sais qu'il y a
un art fatal de rechercher ainsi, dans une
question, ce qui a été dit précédemment, afin
d'embrouiller les débats; mais j'espère avoir
assez de sang-froid pour persévérer, sans être
détourné par un tel artifice de l'objet qui nous
occupe.

L'honorable membre m'a fait des questions
non-seulement sur mes expressions, mais aussi
sur ma conduite; et il s'est cru autorisé à me
demander pourquoi je ne suis pas venu au
comité formé pour le présent bill. Je croyais
avoir dit à la Chambre les motifs qui me portaient à m'en abstenir : je vais les répéter. C'est

parce que le principe de ce bill est si détes-
table, si radicalement vicieux, et si dangereux
pour notre constitution, que j'ai cru qu'il était
absolument impossible de l'amender. Je ne
crois pas avoir fait, par cette retenue, la moindre chose de mal ni d'extraordinaire; et mes
honorables amis, qui ont imité ma conduite
en cela, ne pensent pas plus que moi être blâmables. Je ne vois pas que personne ait le droit
de me faire des reproches à ce sujet; et s'il en
était fait, je prierais ceux qui l'essaieraient de
se ressouvenir qu'ils n'ont pas eux-mêmes assisté
au comité sur le bill de l'Inde lorsque je l'ai
présenté. Ils ont donné de même pour motif,
qu'ils ont trouvé ce bill si mauvais, qu'il n'y
avait aucune sorte d'amendement à y faire : il
ne m'est pas arrivé néanmoins de censurer l'honorable ministre, ni sa majorité, pour cet
abandon.

Relativement à l'autre question de l'honorable membre, quoique je sois peu disposé à
le regarder comme autorisé à faire une enquête
pareille, je consens à lui montrer que je ne
redoute pas de lui répondre; parce que je n'ai
jamais proféré une parole, soit ici, soit hors
de cette Chambre, dont je ne sois prêt à rétracter les expressions si on me prouve qu'elles
sont erronées, ou dont je ne sois disposé à
garder l'opinion si je la crois convenable.

L'honorable membre m'a accusé de professer une certaine doctrine que je poursuis journellement, et, sans s'en apercevoir, il a omis
d'établir quelle était cette doctrine; je ne l'imi-
terai pas en cela. Je suppose que cette doctrine
s'applique à ce que j'ai dit relativement à la
juste résistance de la part de la nation. Je n'ai
rien dit à ce sujet que je ne sois prêt à soutenir; et ce que j'ai pu dire en fait de principes,
j'en donnerai l'explication toutes les fois que
j'y serai provoqué. Oui, je répète ici que ni le
Roi, ni les Pairs, ni les Communes, ni la législature tout entière, ne possèdent le droit d'enchaîner la nation, et qu'ils peuvent faire telle
ou telle chose qui justifie sa résistance.

Je ne sais si cette doctrine est fausse; mais
j'imagine toutefois qu'il ne faut l'appuyer d'aucun raisonnement. Depuis que je m'occupe des
affaires publiques, c'est la doctrine que je suis;
elle m'a été enseignée, non-seulement par Syd-
ney et Locke, mais aussi par sir George Saville
et par lord Chatham.

Puis-je donc craindre d'avancer une pareille
doctrine?

Je ne pourrais conserver qu'une crainte, et
ce serait celle que quelques personnes me
supposassent assez pusillanime pour maintenir une pareille doctrine sans en référer à des
autorités; hé bien, je déclare que n'eût-elle au-

cune autorité pour lui donner de la force, je la maintiendrais de mon propre pouvoir; et en cela je ne crois pas différer de tous ceux qui tiennent aux principes de notre constitution.

Je ne pourrais jamais concevoir l'*omnipotence* d'une législature qui se conduirait de manière à ne pas pouvoir justifier la résistance de la nation. Plus que jamais cette doctrine est utile à maintenir ; car l'usage s'introduit insensiblement et de plus en plus d'en référer aux exemples pris dans les règnes de servitude des Stuarts. On fait reparaître à dessein des doctrines qui, dans ce temps d'esclavage abject, étaient populaires; ou s'appuie de l'autorité du grand génie de M. Burke, à qui l'on suppose la disposition de soutenir ces doctrines. J'ai eu souvent, il est vrai, à regretter qu'un talent aussi remarquable fût employé à rendre soutenables des principes aussi odieux. Cependant le caractère et l'énergie des Anglais ne résident pas en totalité dans l'adhésion à l'opinion que ce grand orateur professait, et j'ose croire qu'ils se montreront dans une question de cette nature. Je suis convaincu qu'il ne se trouvera pas un seul homme parmi les plus serviles, qui veuille maintenir que la nation ne peut, dans aucun cas, justifier sa résistance, même à la législature tout entière.

. Mais j'arrive à l'application de cette doc-

trine, dont mes accusateurs ont oublié de
parler. En parlant de résistance, la Chambre
me rendra la justice de bien entendre que je
ne parle pas de la résistance effective que l'on
pourrait apporter en ce moment; mon but est
seulement de bien établir que cette résistance
pourrait être juste; et je demande qu'elle considère bien ce point dans un moment où elle
va adopter un bill qui, s'il reçoit son assentiment, se trouve absolument, par l'opposition
de la majorité de la nation, dans le cas de pro-
vòquer sa résistance. La Chambre me rendra
aussi la justice d'entendre que c'est un avis que
je veux donner aux gouvernans, et non un
conseil aux gouvernés. Je supplie donc que
mes paroles soient bien clairement entendues,
et qu'elles ne puissent pas être faussement in-
terprétées.

J'ai toutefois un grand motif pour faire cette
récommandation, quand nous venons d'entendre la manière fausse et erronée dont on
a représenté l'opinion de mon honorable ami
M. Shéridan, que l'on a accusé de recommander une résistance passive. Il n'a nullement en-
gagé à une résistance ni passive, ni active; il
a seulement dit que s'il existait des personnes
disposées à faire une résistance, il les engage-
rait toutefois à adopter une résistance passive.
C'est ainsi que quand on veut dénaturer le sens

d'un discours, en ne prenant que le résultat
de la sentence, on fait dire à un orateur ce
qu'il eût été bien éloigné de vouloir dire ; c'est
ainsi que moi et mes amis nous sommes représentés, et qu'après avoir porté une atteinte
directe à la constitution, on enveloppe notre
conduite et nos opinions de fausses interprétations.

Je désire, dans cette circonstance, sans vouloir y mettre une trop grande minutie, que
mes expressions soient exactement entendues.
L'honorable membre nous a dit que j'avais
avancé que si le bill passait, la résistance désormais ne serait plus une question de devoir,
mais de prudence. Sans doute j'ai dit cela ;
mais j'ai en même temps dit : *que si ce bill
passait, en dépit de la grande majorité de
la nation, et que si les lois qui doivent en
résulter étaient exécutées d'après la rigueur
de l'esprit de ces lois, alors la résistance ne
serait plus une question de devoir, mais
de prudence.* Voilà ce que j'ai dit et ce que je
répète. Certes, si la doctrine est admise comme
véritable, et si la nation pense, en général,
que ce bill est une invasion directe sur les
droits du peuple, et une tentative positive de
renverser la constitution, l'application de cette
doctrine ne peut pas être fausse. C'est donc à
la Chambre à décider cette question, qui est

la seule qui existe entre l'honorable membre
et moi. J'avoue que je ne pourrais jamais concevoir comment il serait possible à qui que ce
fût de soutenir que, si la Chambre adopte un
bill qui doit porter un coup aussi fatal à la
constitution, la résistance de la part du peuple
ne soit pas un acte de prudence, au lieu d'en
être un de droit et de devoir. L'honorable
membre ne se contente pas de m'accuser de
vouloir décider la question de droit, il veut
aussi que je décide celle de prudence, tandis
que moi je pense que la nation doit décider
elle-même pour ce qui lui convient.

Toutefois je prétends qu'en parlant de résistance il faut se garder de la provoquer; car la
prudence indique que la tranquillité et la sagesse sont la meilleure réponse à faire à l'oppression.

Il est une maxime célèbre de l'un des caractères les plus distingués de l'antiquité,
maxime qui a plus d'empire en ce moment
sur moi que quand j'étais dans l'ardeur de la
jeunesse :

Iniquissimam pacem justissimo bello antefero.

Cela me paraît la chose la plus raisonnable,
et qui explique le mieux le degré de prudence
qui est nécessaire dans cette circonstance.
J'ajouterai que rien ne me surprendrait moins

que de voir la nation, qui sait qu'elle est appelée à être libre, se révolter à l'adoption d'une mesure semblable à ce bill. Si le peuple reconnaît que ce bill renferme la preuve d'une conspiration contre ses droits, et l'intention de l'enchaîner, alors il a le droit de se révolter. Les ministres, sans doute, peuvent le condamner, le Parlement peut le blâmer, les lois même, la prudence, peuvent le condamner; mais jamais la raison ne reconnaîtra qu'il soit coupable.

Je supplie la Chambre de remarquer que je ne désire nullement m'appuyer de l'autorité de noms respectables dans l'opinion que j'avance, je crois avoir la raison pour moi; cependant je ne puis m'empêcher de rappeler le discours du vénérable lord Chatham, lors de la guerre d'Amérique: il disait, ce grand homme d'État, qu'il se réjouissait de la résistance des Américains. Noble élan d'un génie supérieur! opposé comme je l'étais à lui sur plusieurs points, cependant je m'unis à lui en cette circonstance.

Que la discorde soit éternelle, plutôt que d'établir l'esclavage! s'écriait encore ce grand ministre en manifestant le désir, âgé comme il l'était alors, de voir la question jugée entre le Gouvernement et la nation. Le principe était excellent, quoique l'expression en fût peut-être un peu hardie. Certes, sir Georges Savillé

pensait ainsi; et si j'ai été nourri de ces principes fondamentaux, ne faudrait-il pas que je
fusse bien fou pour en professer d'autres en ce
moment de ma vie politique?

« On m'a reproché de n'être pas venu au comité formé sur ce bill, et on y a attaché un
motif des plus extraordinaires. J'avoue que je
n'entends pas comment l'honorable membre
peut établir que j'ai eu un triomphe sur mon
rival en ne venant pas à ce comité. Si j'y étais
venu, et que j'eusse pu y obtenir d'altérer quelques-unes des clauses de ce bill, je concevrais
ce prétendu triomphe; mais c'est la première
fois que j'ai entendu dire qu'en s'abstenant
d'un débat on obtient la victoire. S'il m'avait
accusé de n'avoir pas voulu me rendre coupable de contribuer à ce bill, j'avouerais l'accusation; car je désire en effet que ce bill pa-
raisse dans toute sa difformité; il est impossible
à amender.

Je suis loin de penser, comme quelques personnes l'ont avancé, qu'il était commandé par la
circonstance de mettre des restrictions particulières aux droits du peuple. Je crois que la
nation est plus éclairée qu'elle ne l'a jamais été;
et qu'en conséquence, elle est plus digne de la
liberté qu'aucun autre peuple; car elle entend
ce qu'est la sage liberté. Quand donc on me
demande quelle mesure j'imagine pouvoir être

utile pour prévenir la confusion, je réponds :
allez au-devant du mal, réformez les abus, réformez la représentation nationale; exécutez
enfin la parole que vous avez donnée; montrez
que ce n'est pas en vain que vous promettez;
abolissez la traite des nègres; montrez la constitution dans toute sa pureté et prouvez qu'elle
est favorable aux principes de la liberté, alors
vos ennemis seront en si petit nombre, que
vous pourrez aisément les mépriser; c'est le
meilleur moyen de maintenir la constitution.
Comme tout autre, je prétends que la liberté
est le premier des biens; la paix vient après.

C'est par toutes ces considérations et parce
que je connais bien les dispositions de mes
compatriotes, que je prétends que ce bill peut
les porter à l'alternative de penser qu'avec lui
il n'est plus ni liberté, ni constitution. Pour
moi, quelque chose que l'on puisse faire pour
me calomnier et me rendre odieux au peuple,
je n'en persisterai pas moins à faire mon devoir. Je suis loin de penser que mes efforts à
cet égard peuvent avoir ranimé l'énergie de la
nation; mais je mets mon ambition à défendre
les libertés de mon pays, et en conséquence je
persiste à m'opposer à ce bill.

La Chambre se divise.

Pour, 266.   Contre, 51.

~~~~~~~~~~~~~~~~~~

1795.

CONTINUATION.

EXPOSÉ.

La troisième lecture du bill de sédition et de haute-
trahison est fortement contestée par le colonel
Tarleton, M. Shéridan, M. Fox et autres.
M. Pitt et ses amis en appuient la demande avec
instance.

M. Fox dit:

Je m'accorde avec mon honorable ami
M. Shéridan, sur ce point, qu'il n'existe pas
de terme de réprobation assez fort pour ca-
ractériser l'indignation que doit exciter le
bill proposé par le ministère. Après avoir
écouté le discours du procureur-général avec
toute l'attention dont je puis être capable;
et après avoir examiné scrupuleusement les
amendemens que ce bill a subis dans le comité,
je suis forcé d'avouer que je suis tout aussi
disposé que jamais à m'y opposer. En effet, il
me semble que le but est totalement manqué.

On me dit que ce bill n'est que temporaire; et vu la circonstance, que ce n'est qu'une interprétation qui donne plus de force à la loi. Je réponds que, de toutes les absurdités, c'est sans doute la plus grande que de prétendre faire un bill temporaire qui donne une interprétation plus puissante aux lois.

Je ne m'opposerais pas à un bill explicatif des statuts d'Edouard III, qui tendrait à en rendre le sens plus clair et plus positif. Mais le bill dont il est question ne tend nullement à cela. Je sais qu'on avance qu'il est nécessaire d'augmenter la sûreté de la personne du Roi, mais je prétends que ce n'est pas par une loi pareille que l'on y parviendra, et pour appuyer mon assertion, j'en appelle à l'histoire. Je demande si on y trouve que, dans aucun pays et dans aucun temps, le souverain ait dû sa sécurité à des lois pénales? Je prie la Chambre de réfléchir à ce que j'avance. Elle peut remonter aux plus anciennes époques, ou s'attacher au siècle actuel. La monarchie de France a-t-elle été renversée à cause de la douceur des lois de ce pays, ou en raison de la négligence apportée dans l'exécution des lois?

Selon moi, loin d'obvier aux inconvéniens, ce bill crée de nouvelles causes de trahison, en établissant que la crainte des actes du Parlement deviendrait un acte de haute-trahison.

Mais quel moyen a-t-on voulu imaginer pour effectuer cet acte d'hostilité? Croit-on qu'agir contre la Chambre n'est pas agir aussi contre le souverain? Une nouvelle interprétation des lois n'est donc pas nécessaire, puisque ce cas est déjà prévu.

On nous a bien dit qu'une convention s'était formée dans l'intention de renverser le Parlement, mais on ne nous en a donné aucune preuve.

On a dit, pour atténuer la rigueur du bill proposé, que le souverain avait le droit de pardonner. Il me semble que cette clause est toujours indispensable dans nos lois et avec notre forme de Gouvernement. Mais ce privilége est bien différent quand il s'applique aux choses générales, ou quand il a rapport à des matières politiques. Il est certain, alors, que ce privilége est contrôlé par les ministres. Je conçois leur compassion dans tout autre cas, mais ici je me méfie extrêmement de leur partialité.

On dit que l'esprit de sédition règne généralement aujourd'hui. S'il en est ainsi, je plains les ministres, car il est sûr que les moyens qu'ils emploieront pour le réprimer, ne feront qu'augmenter le mécontentement parmi le peuple, et j'ose assurer que, si la mesure proposée a lieu, les conséquences en seront vraiment redoutables. Déjà nous voyons ce qui arrive en Écosse, les jugemens portés contre M. Muir et autres personnes. Je ne puis y penser sans effroi pour l'avenir. Et le juge d'Écosse qui a osé affirmer qu'il n'était pas de punition assez forte pour ce séditieux, qu'il devrait être livré à des bêtes féroces, mérite sans contredit l'exécration universelle.

Une des choses que je blâme le plus dans le bill proposé, est le pouvoir illimité qu'il donne au Gouvernement d'établir des intrigues et des espions. C'est un pouvoir, celui-là, entièrement inconstitutionnel. Et j'admire la sagesse et la prudence de nos ancêtres de s'en être toujours préservés. Si cet esprit des lois établi en Écosse parvenait jusqu'à nous, ç'en serait fait de nos libertés. Il ne sera désormais pas plus permis de parler en public qu'en conversation particulière : le domestique qui vous sert à table peut vous trahir, et séduit par les personnes qui possèdent le pouvoir, il peut déposer de manière à vous faire arrêter au moment qu'il lui plaira ; c'est ainsi qu'une servante de M. Muir l'a dénoncé, qu'elle a rendu à ses juges les honnêtes et innocentes expressions qu'il avait souvent employées dans ses vœux pour la réforme des abus. Oui, je le répète, ces moyens sont odieux.

On nous a parlé de la possibilité que S. M.

ne donnât pas son assentiment au bill. Je désire fort que la cour emploie ainsi sa prérogative : c'est un privilége que je serais charmé
de voir négatif. Au surplus, si ce bill passe, je
ne doute pas que bientôt il ne soit rapporté.
Le peuple adresserait des pétitions au Roi,
pour le supplier de dissoudre un Parlement
qui se serait mis dans le cas de nécessiter son
intervention. J'aime à voir que l'énergie nationale n'est pas totalement perdue, et les
preuves qui en ont été données récemment
auront, je n'en doute pas, les plus heureuses
conséquences. C'est une crise dans l'histoire
de notre pays que ce bill, en ce qu'il tend à
détruire les principes de la constitution. Il est
entièrement modelé sur l'acte de Charles II.
Selon moi, le peuple d'Angleterre a commis
une faute bien plus grave par la restauration
inconstitutionnelle de ce monarque, que par
la mort même de Charles Ier. Cette mesure a
eu lieu quand le parlement a abandonné au
Roi la disposition de la force militaire, et déposé les libertés nationales aux pieds du trône.
Une clause de l'acte de Charles II montre quelles
étaient les dispositions de ce temps-là. Il était
regardé comme criminel de dire que le Roi
était papiste. Et pourquoi? parce que c'était la
vérité. Il ne serait pas moins nécessaire en ce
moment qu'il y eût un bill qui empêchât le

public de dire la vérité. Celui dont il est question ne défend pas de dire que Georges III est papiste ; mais il empêche de parler des défauts du Gouvernement, et des abus qui de jour en jour détruisent la constitution. Si les ministres n'étaient pas convaincus eux-mêmes de ces défauts et de ces abus, ils n'auraient pas proposé un bill qui défend d'en parler.

J'ai lu quelque part qu'après la défaite de Brutus et de Cassius, on rendit un décret qui défendait qu'Auguste, qui s'élevait aux premières dignités de l'État, fût appelé un enfant.

Puer, ne majestati populi Romani detractaret.

Le bill proposé est une loi qui défend de proclamer les défauts de la constitution, et cela quand le Gouvernement introduit tous les jours de nouveaux abus.

C'est sans doute la dernière fois que j'aurai l'occasion d'en parler, je regarde donc comme de mon devoir de répéter que mes objections restent dans toute leur force. L'un de ces bills est calculé pour empêcher la liberté de parler, l'autre celle d'écrire et de publier. S'ils passent, et que leur influence aille jusqu'à affecter le caractère national, toutes les autres nations pourront nous dire que l'Angleterre, qui en a conquis d'autres, a fait en

dernière analyse, une bien faible conquête
d'elle-même.

La Chambre met aux voix la question de savoir si
le bill sera lu une troisième fois.

Pour, 226.   Contre, 45.

Le bill est lu, et ensuite adopté à une grande
majorité.

~~~~~~~~~~~~~~

1795.

10 Décembre.

MESSAGE *du Roi relativement à une négo-*
ciation avec le Gouvernement de France.

M. Fox soupçonne le ministre d'induire le public
en erreur sur la paix dont on veut donner l'es-
pérance. — Il compare le gouvernement directo-
rial de France avec les précédens, et dit que la
même garantie pouvait être obtenue avant pour
faire la paix. — Il attaque l'emprunt fait par
le ministre, et démontre que le public y perd
5 à 6 p. 100.

EXPOSÉ.

M. Pitt présente le message suivant de S. M.

G. R.

« S. M. comptant fermement sur les assurances qu'elle
a reçues de sa fidèle Chambre des Communes, de
l'aider dans les mesures qu'elle croit convenable
de prendre dans les circonstances actuelles, lui demande d'examiner avec attention les dépenses extraordinaires auxquelles ces mesures doivent l'entraîner.

» S. M. croit convenable de faire observer à la Cham-

bre que la crise qui avait lieu au commencement de
la session a amené en France un changement tel
que l'apparence d'ordre qui y règne porte S. M. à
penser qu'il serait possible d'entamer quelques négociations de paix.

• Les succès des Autrichiens, et la détermination vi
goureuse adoptée par le Parlement d'Angleterre,
ainsi que l'embarras croissant de la France, donnent à espérer que ce but pourra être atteint de la
manière que S. M. le désire. »

Le lendemain ce message est pris en considération.

M. Pitt propose que la Chambre vote une adresse à
S. M. pour la remercier du message qu'elle a daigné
lui faire, concernant la possibilité d'entamer des
négociations de paix avec la France, et pour l'assurer
qu'elle verra avec plaisir le moment où S. M. jugera convenable d'entrer en négociation, et de
conclure un traité général de paix, toutefois en
admettant des bases justes et équitables pour lui et
ses alliés; que jusqu'à cet heureux moment, la
Chambre est déterminée plus que jamais à donner
à S. M. le plus vigoureux appui dans les mesures
qu'elle croira nécessaire de prendre.

M. Shéridan s'étonne du changement de langage des
ministres relativement à la France. Les hommes qui
la gouvernent, dit-il, sont les mêmes qui ont mis à
mort le Roi, et avec lesquels nos ministres ont déclaré qu'il était impossible de traiter. Il craint que
cette apparence de désir de négocier n'ait pour but
de cacher l'intention de ne pas faire la paix, afin
d'obtenir de nouvelles assurances de la Chambre
de coopérer aux mesures qu'on voudra prendre.

Il propose un amendement qui a pour objet de décla-

rer que la Chambre regrette que S. M. ait vu jusqu'à
ce moment le danger d'entrer en négociation avec
la France. Si l'état actuel de ce gouvernement dont
elle parle, est une cause pour entrer en négociation,
un changement dans ce gouvernement doit être
une nouvelle cause pour abandonner cette négociation, ou rompre même un traité conclu. Qu'elle
espère que S. M., en réfléchissant à tous les trésors
qui ont été déjà dispersés, et à la quantité de ses
sujets qui ont été sacrifiés, abandonnera le système
dangereux qui jusqu'ici a été suivi, et que comme
elle a été portée à reconnaître et à déclarer le changement dans le Gouvernement de France, elle donnera des ordres immédiats pour entamer des négociations de paix.

Cet amendement est appuyé par M. Grey.

M. Pitt répond que jusqu'à ce moment-ci aucune
occasion favorable ne s'est présentée pour la paix;
que ce n'est pas l'existence de la république en
France qui en a éloigné, mais l'absence de toute
espèce de gouvernement régulier. Il dit que le changement est sensible, que la nouvelle constitution
de France exclut la doctrine de l'égalité universelle;
que la France a en ce moment un gouvernement
mixte, qui admet des distinctions dans la société,
et que la législature ne repose pas entièrement sur
la démocratie; que ces motifs autorisent les ministres à voir ce pays dans une toute autre disposition;

Que cependant il ne lui semble pas que ce soit un
motif de priver les ministres de leur droit d'agir au
nom du pouvoir exécutif, comme le ferait l'amendement proposé.

M. Fox prend la parole.

Quelle que soit la manière dont je diffère e ce que vient de nous avancer l'honorable embre; quelles que soient les objections que je puis avoir à faire à l'adresse, il est toutefois une chose qui me fait grand plaisir et dont je félicite sincèrement et la Chambre et la nation; c'est le changement qui a lieu dans le langage du Gouvernement. Je le vois avec d'autant plus de plaisir, ce changement, qu'il m'absout de toutes les fautes qu'on m'a jusqu'ici tant reprochées. Les ministres se retractent entièrement de tout ce qu'ils ont dit contre la motion que j'ai faite, et contre les doctrines que j'ai professées depuis le commencement de la guerre. Ils reconnaissent que loin d'avoir été dans l'erreur, mon opinion a été telle qu'ils eussent dû l'adopter.

Il y a trois ans, le 15 décembre 1792, j'ai fait une motion pour entamer des négociations de paix. En juin 1793, je l'ai renouvelée; dans la dernière session, j'ai proposé encore la même chose; et j'ai soutenu l'argument qui se trouve aujourd'hui renfermé dans le discours de S. M. Comme elle j'ai dit qu'il était convenable de négocier avec le Gouvernement de France; toujours j'ai avancé qu'il était sage, prudent et même politique de faire la dé-

claration qui est en ce moment soumise à la
Chambre, que la France pouvait traiter avec
nous. C'est donc pour moi un véritable triomphe de penser que les ministres se rétractent
entièrement des imputations qu'ils ont portées
contre moi, et que quand ils disaient : «Quoi!
traiter avec des hommes qui ont encore les
mains toutes tachées du sang de leur souverain ! » Ils étaient dans l'erreur, puisqu'aujourd'hui ils viennent vous dire qu'ils sont
prêts à traiter avec le nouveau directoire de
France, dont plusieurs membres ont parti-
cipé au jugement du Roi, et sont directement
désignés dans l'acte.

Je regrette infiniment que ceux des membres de cette Chambre qui ont le plus désapprouvé ma conduite soient absens; car, sans
doute, je pourrais recevoir d'eux aussi l'ab-
solution.

D'autres modes d'attaquer ma conduite ont
été encore employés , et le plus remarquable
de tous est sans doute d'avancer que mes amis
et moi nous ne voudrions rien laisser à la discrétion des ministres. Quand nous avons dit à
la Chambre qu'il était digne de son attention
d'examiner et de reconnaître que le Gouvernement de France était capable de maintenir les relations de paix et d'amitié avec ses
alliés, on s'est plaint alors de la discrétion que

nous voulions accorder aux ministres; on a dit entr'autres que notre désir était de livrer les conseillers de S. M. aux chefs du Gouvernement de France. Jamais nous n'en avons autant dit et autant proposé que le message du Roi le fait en cet instant. Nous avons voulu établir que rien dans le Gouvernement de France ne paraissait s'opposer à une négociation de paix. Le message de S. M. dit clairement qu'on est prêt à traiter, et la Chambre est appelée en ce moment à faire ce qu'on trouvait si déshonorant naguères. Toutes ces épithètes sont maintenant désavouées, et justice est donc enfin rendue aux honorables membres de ce côté-ci de la Chambre.

L'honorable chancelier de l'échiquier a accusé un de mes honorables amis d'avoir raisonné contre l'adresse. Je nie le fait positivement, car il n'a pas repoussé cette adresse; mais trouvant qu'elle n'exprimait pas exactement les sentimens de la Chambre, il a seulement proposé un amendement qui lui a paru en rendre le sens plus clair. Au surplus, je ne concevrai jamais cette manière de raisonner, par laquelle une personne ne pourrait approuver une adresse, tout en blâmant des mesures qui ont amené la situation dans laquelle on se trouve en faisant cette adresse. Faire un amendement n'est pas s'opposer à une adresse : ce serait détruire la liberté des opinions et le moyen d'exprimer ce qu'on croit être mieux. Jamais on ne me fera entendre que je suis ennemi de la paix, parce que j'approuve un amendement à un message qui me paraît extrêmement équivoque. Moi, ennemi de la paix! moi qui, depuis le commencement de la guerre insiste pour que l'on saisisse l'occasion la plus opportune de faire la paix. Je n'ai jamais fait d'objection, même à ce qu'elle fût conclue par l'honorable membre; car ce que je verrais de plus heureux serait qu'à l'avantage de la paix se joignît celui de jeter les ministres de S. M. en disgrace; et c'est une disgrace réelle pour eux que de faire la rétractation que nous venons d'entendre. C'est un aveu qu'ils ont eu tort dans les motifs qu'ils ont annoncés pour faire la guerre.

Je sais que ces ministres sont soutenus par un grand nombre de membres de cette Chambre, mais aujourd'hui, pour que ces mêmes membres persistassent, il faudrait qu'ils missent de côté tout esprit d'indépendance et d'orgueil, et qu'ils sacrifiassent leurs principes à des intérêts particuliers. Une telle conduite est indigne d'un représentant du peuple, et incompatible avec leur caractère comme hommes d'honneur. Non, quoiqu'ils puissent donner la paix à leur pays, ils n'en reconnaî-tront pas moins leur incapacité.

Examinons, maintenant, si l'adresse en question nécessite une explication, objet de l'amendement proposé, et s'il n'est pas néces-saire, en outre de la déclaration qu'elle con-tient, de rendre plus exactement encore l'o-pinion de la Chambre sur l'urgence de négo-cier de la paix, quel que soit le Gouvernement de France.

L'honorable membre nous a dit qu'il dési-rait qu'on autorisât les ministres à négocier, mais qu'on ne les y obligeât pas. La question est de savoir si réellement il existe un Gou-vernement en France avec qui on puisse trai-ter? et, dans ce cas, la Chambre est-elle bien d'avis qu'il faut traiter?

L'année dernière, quand mon honorable ami a fait la proposition de traiter de la paix, l'honorable membre s'y opposa et fit un amen-dement qui n'était que la déclaration que nous étions prêts à traiter quand la France aurait un Gouvernement avec lequel on pourrait trai-ter d'une manière sûre et la même qu'avec tous les autres pays. Ce temps est arrivé. S. M. dé-clare, dans son message, que le Gouvernement de France donne cette garantie, pourquoi donc ne pas déclarer tout de suite que nous offrons

de traiter? Pourquoi ne pas agir en conséquence de cette déclaration?

Pourquoi ne pas adopter un principe duquel vous ne puissiez pas départir. Après une
semblable déclaration, il n'y a pas un seul
homme d'État en Europe, autre que les ministres de S. M., qui ne pense que la France
ne soit prête à traiter de la manière la plus
solide. Sa conduite envers les puissances neutres le prouve. La Prusse même a conclu la
paix. Ce fait est positif. Les ministres sont
donc les seuls qui l'ignorent. La Chambre
aura-t-elle la patience de supporter plus long-
temps un tel aveuglement? Non, sans doute,
elle désirera que l'adresse soit précise et claire
si elle veut obtenir la paix. Dans le cas où elle
ne le serait pas, elle adoptera un amendement
qui détruira toute espèce d'équivoque.

L'honorable membre reconnaît donc que
le Gouvernement actuel de France est convenable pour traiter avec lui, et cependant il
accuse mon honorable ami d'avoir laissé entrevoir dans son discours qu'il voulait défendre la constitution française. Jamais ni mon
ami ni aucun de nous n'avons vanté cette constitution; mais nous pensons que, sans être
parfaite pour les Français; elle est néanmoins
suffisante pour les pays voisins de la France,
et telle que l'on peut en espérer sécurité dans

obtenir des réparations, des indemnités, des garanties. Ces conditions ont été offertes. Maret a été envoyé à cè sujet; nous l'avons repoussé : sur quel prétexte? par la demande d'une garantie qui ne pouvait être obtenue que par la destruction du gouvernement français : non que je veuille dire qu'on insistait pour le rétablissement de l'ancien gouvernement; mais toujours y avait-il une intention manifeste, de la part des ministres, de détruire le gouvernement jacobin. A-t-il été détruit? Ce gouvernement, basé sur les droits de l'homme, est-il renversé? Pourquoi donc, si on n'a rien obtenu depuis, n'a-t-on pas traité avant?

Je ne prétends pas dire que l'honorable membre ait voulu affirmer que cette guerre était une guerre d'extermination : mais il a fait une citation qui est toujours restée présente à ma pensée. Il a dit :

Potuit quæ plurima virtus
Esse, fuit, toto certatum est corpore regni.

C'est une déclaration précieuse. Mais aujourd'hui nous pouvons traiter en toute sécurité. Cependant nous sommes loin d'avoir atteint le but qui nous a fait faire la guerre. Si nous parlons de nos alliés, je le demanderai : qu'avons-nous fait pour la Prusse, pour l'Espagne, pour l'Autriche? Sans doute, je n'entrerai pas dans tous les désastres de cette guerre : ce n'est pas de moi que l'on peut attendre la moindre réflexion déshonorante pour l'Angleterre ; et je suis prêt à convenir que la valeur de nos armées a été encore plus grande que l'incapacité de nos ministres.

On nous annonce la paix aujourd'hui ; cela se peut : mais je ne pense pas que ce soit en raison du message du Roi. Je pense que les ministres reconnaissent la nécessité de se plier à l'opinion générale de la nation, et que, malgré tout ce qu'ils ont jugé nécessaire de dire, ils savent au fond que c'est un désir unanime que celui de la paix. Je n'en excepte que les personnes qui sont intéressées à la guerre par des motifs d'intérêts pécuniaires : tels que les contrats avec le Gouvernement, et les fournitures qu'elle nécessite.

Relativement à l'emprunt, l'usage a été de le clore le jour d'avant l'annonce qu'on en fait au Parlement. Dans ce cas-ci, il est certain que le ministre ayant le discours du Roi dans sa poche, il pouvait, en le faisant connaître, obtenir des conditions plus avantageuses. Les banquiers lui faisaient des propositions ; n'était-il pas facile à lui de les rendre bien meilleures, en calculant l'effet que ce message du Roi devait produire ? J'avoue que je ne puis concevoir aucun motif plausible pour excuser en cela l'honorable membre. Le fait est que, d'après le mouvement qui a eu lieu dans les fonds publics, la perte pour le public n'est pas moindre de 150 mille livres sterling. Cette somme est entrée dans la poche de ces personnes qui parlent si hautement de leur indépendance, et de l'appui désintéressé qu'elles accordent aux ministres. Je suis loin toutefois de vouloir spécifier aucune particularité au ministre en ce moment; mais je crois que pour lui-même, comme aussi pour l'intérêt de la nation, il doit expliquer comment la transaction a eu lieu. C'est une perte de 5 à 6 pour 100 pour le public : il ne peut refuser d'en expliquer la cause.

Toutefois, je me réjouis de la déclaration actuelle, et j'espère qu'elle n'aura pas le sort de toutes celles qu'on nous a déjà faites. J'entrevois, avec le bonheur d'obtenir la paix, le moyen de recouvrer nos libertés, qu'on cherche à nous enlever.

L'amendement de M. Shéridan est mis aux voix et rejeté.

~~~~~~~~~~~~~~

1796.

Motion de M. Grey pour faire la paix avec la France.

M. Fox prouve que des négociations de paix peuvent en tout temps être entamées. Il prend les ministres par leurs propres paroles, qu'il met en opposition avec les expressions du message du Roi. — Il condamne les démarches cachées et renfermant une double intention. — Il appuie les propositions.

EXPOSÉ.

M. Grey propose une adresse au Roi, pour lui faire connaître que le désir de la Chambre est que S. M. prenne les moyens les plus convenables pour communiquer directement avec la république française, et lui faire connaître l'intention des ministres de S. M. d'entrer en négociation de paix.

Il fait observer que loin de réaliser l'espérance qu'ils ont donnée au public de la paix, ils sont en ce moment de nouveaux préparatifs de guerre. Elle n'est plus possible désormais, dit-il, cette guerre ; il n'y a plus d'harmonie avec le peu qui reste de la coalition.

M. Pitt combat la motion. Il insiste sur la nécessité d'accorder confiance aux ministres, et ajoute que si la Chambre ne pense pas que cette confiance soit bien placée dans le ministère actuel, elle doit faire une adresse au Roi pour en demander le changement. Il avance que tous les moyens des Français sont épuisés, et que depuis le message du Roi, des mesures ont été prises pour en remplir l'objet.

M. Fox se lève pour répondre :

. Quoique l'honorable membre ait adopté une manière de raisonner totalement incohérente avec le but de la motion, je vais essayer de lui répondre en me renfermant toutefois dans la question qui nous occupe.

Et d'abord, sans vouloir revenir sur le passé, qu'il me soit permis cependant de repasser les événemens qui se sont succédés. Les ministres nous diront-ils, quand les Pays-Bas sont au pouvoir de l'ennemi, quand la Hollande est désormais une province de la France, quand cette nation possède Sainte-Lucie et Saint-Domingue, que nous sommes dans la situation de traiter sur des bases aussi honorables que quand les Français avaient échoué dans les Pays-Bas, que quand ils étaient repoussés de la Hollande, quand ils étaient battus en Flandre, quand enfin ils étaient forcés de se retirer dans leurs anciennes limites? Alors on nous disait qu'il était humiliant pour nous de parler de paix; qu'il fallait attendre que notre ennemi fût à nos pieds.

En 1794 quand j'ai parlé de paix, on m'a répondu que nos triomphes étaient plus éclatans que jamais. Il me semble que celui qui en ce moment pense que nous pouvons traiter honorablement, ne voudra plus désormais m'accuser de chercher à déshonorer mon pays. Au surplus, je ne discuterai pas sur la question de l'opportunité meilleure ou moins bonne de faire la paix; j'adopte le désir de traiter que manifeste l'honorable membre, et je ne m'appesantirai pas sur les erreurs passées.

Mais ici se présente une question : Qui fera les premières avances? Il me semble que dans toutes les guerres elle est de peu d'importance, et que dans celle-ci elle offre encore moins d'intérêt.

Quand les hostilités ont commencé, les Français annonçaient que leur désir était de répandre leurs principes par toute l'Europe. Ce système n'a pas duré long-temps, et bientôt il y a eu une déclaration formelle de la part de la France, abjurant toute espèce d'intervention dans les gouvernemens des autres pays. Nous eussions dû suivre cet exemple; et quand ils nous ont montré des dispositions amicales pour notre gouvernement, nous aurions dû renoncer aussi à intervenir dans le gouvernement qu'ils jugeaient convenable d'adopter.

Il est un mot dans le discours du ministre qui m'a paru signifier que le Gouvernement de France n'est pas encore arrivé à cet état que nous indique le discours de S. M.; savoir, que ce Gouvernement est peut-être disposé à accorder à notre pays, comme compensation de la guerre, l'honneur de la fraternité. Il s'agirait de savoir si ce gouvernement persiste dans cette disposition. J'espère que non; et si ce système est abandonné, comment peut-on le rappeler, et renouveler de semblables causes de discordes, puisqu'elles n'existent plus? Il ne s'agit donc que de décider ce qui en est à cet égard; et certes, les ministres, tout aussi bien que la Chambre, ont décidé la question.

Il nous a dit en outre qu'il avait été de la politique de la France de diviser les alliés, et d'en détacher quelques-uns de la confédération, quand elle s'est vue au moment de succomber. J'avoue que je suis bien moins dans le cas de savoir la vérité que l'honorable membre; mais je ne me rappelle nullement qu'à l'époque où la Prusse s'est détachée de la cause des alliés, la France fût dans une situation plus dangereuse pour elle. De même, je l'avouerai, ma mémoire ne me représente pas les grandes victoires des alliés, qui auraient pu causer cet embarras à la France. J'ai su, au contraire, que l'Espagne demandait la paix et cela quand la France possédait une partie de ses provinces. Je ne vois pas davantage que la demande du roi de Prusse de traiter de la paix soit un excès de générosité, au moment où il s'est vu entouré de victoires. Je le déclare, je ne conçois pas la nécessité d'avoir attaqué ce sujet si délicat. Si l'honorable membre a entamé des négociations secrètes, en dépit de nos alliés, alors je conçois le besoin du secret; autrement je ne verrais pas pourquoi il ne déposerait pas ici toutes les pièces relatives à ce qui a eu lieu jusqu'aujourd'hui.

Et ici, Monsieur, je ne puis omettre de dire qu'il existe une grande différence entre notre situation et celle des alliés. Les conditions de l'emprunt voté l'année dernière pour l'empereur d'Autriche, portaient que nous ne l'obligions pas de persévérer dans la guerre plus qu'il ne le jugerait convenable : on disait que c'était afin de ne pas nous lier nous-mêmes que l'on voulait ne pas le lier. Aujourd'hui on dit que nous ne pouvons pas faire la paix séparément. Laquelle faut-il croire des deux assertions?

L'honorable membre nous a dit que déjà des mesures étaient prises par les ministres, afin de profiter des circonstances favorables qui peuvent se présenter, soit pour faire des

ouvertures, soit pour en recevoir. Je suppose
qu'en parlant ainsi il ne veut pas désigner dans
le nombre de ces mesures les moyens de continuer la guerre? Ce serait un étrange moyen
de négocier ; à moins qu'il ne veuille dire que
pour avoir la paix il faut être ferme dans les
moyens de guerre.

Il est certain que la manifestation des dispositions de traiter la paix est faite pour produire une grande sensation dans le public. On
peut dire aussi que l'Europe n'en serait pas
moins heureuse. Je ne vois donc pas ce qui
changerait la disposition des Français à faire
la paix, s'ils voient le désir que nous en avons;
tandis que dans le raisonnement contraire, il
me semble que l'aliénation de part et d'autre
doit être une cause d'éloignement et de difficultés à faire la paix. Je crains bien que cette
dernière hypothèse ne soit un reproche réel
que nous aurions à faire aux ministres. Mais,
dira-t-on, le langage du directoire était celui
de l'insolence; est-ce donc une raison pour que
l'Angleterre suive son exemple? Le contraire
semblerait plutôt convenable à notre dignité,
et mieux calculé pour opérer la conciliation.

On objecte à la motion de mon honorable
ami, qu'elle mettrait notre Gouvernement dans
l'impossibilité de négocier honorablement. Je
dirai à cela qu'il y a inconséquence. En effet,

quand, il y a quelque temps, on a proposé
de déclarer que l'on désirait traiter avec le
Gouvernement français, on a rejeté cette proposition avec dédain, et aujourd'hui ce sont
les ministres qui la font. Certes, personne ne
doute qu'il ne soit entièrement dans la
prérogative de la couronne de faire la paix
quand il plaît à S. M.; mais personne aussi ne
peut douter du droit de la Chambre des Communes de conseiller S. M., soit pour le temps,
soit pour les conditions de la pacification. Un
exemple se présente dans la guerre d'Amérique. Nous avons entendu un noble pair, pendant le cours de cette guerre, dire que c'était
le comble de l'indiscrétion de la part de la
Chambre, d'intervenir dans la prérogative
royale au sujet de la guerre ou de la paix. Le
Parlement très-sagement a rejeté la proposition du noble lord, et a déclaré que non-seulement l'Amérique était dans un état tel que
l'on pouvait traiter; mais que l'Angleterre devait reconnaître son indépendance, et renoncer
à toute guerre offensive contre elle. Cette déclaration a forcé l'honorable membre et ses
collègues à faire la paix à des conditions inférieures, selon moi, à ce que la nation avait
droit d'attendre.

Plus que jamais le temps est arrivé où le
Gouvernement doit faire attention à l'opinion

d'une nation qu'il prétend gouverner. Je suis
bien convaincu que la moindre disposition,
sincère toutefois, à faire la paix, sera acceptée
avec enthousiasme par la nation, et je ne puis
me refuser à penser qu'en la faisant partager
à la France, on en obtiendra des concessions
avantageuses. Ce serait une chose honorable
pour les ministres de prouver que, par respect
pour la constitution, ils ont pris en considération la disposition où est la nation contre la
guerre. Si les demandes de la France sont
exhorbitantes, répondons-y par la modération.
Ce moyen aura sans doute un effet salutaire.
Je n'ignore pas, toutefois, que la raison a souvent bien peu d'empire sur les Gouvernemens;
le sort de la Pologne nous démontre cette vérité. Cependant, je pense qu'il est toujours
avantageux d'avoir la raison de son côté. Je
sais que l'on m'a souvent accusé d'absurdité,
quand j'ai dit que l'honneur était la seule
cause juste de la guerre; mais je crois encore
que la raison et la justice sont toujours les
meilleurs alliés. Suivons donc ce principe, et
déclarons à l'Europe et au monde entier que
nous voulons garder cet esprit de modération,
et pour le prouver, faisons à l'instant même
une adresse à S. M., pour la supplier de commencer les négociations avec la république
française.

Je dis république, car les mots sont plus importans à maintenir qu'on ne voudrait l'imaginer. Les ministres nous ont toujours parlé *des personnes qui gouvernent la France*, qui *exercent le gouvernement en France*; s'ils sont francs dans leur intention de traiter, il faut qu'ils tiennent le langage convenable. Ils ont envoyé un ambassadeur, lord Macartney, à Louis XVIII. Pensent-ils que ce ne soit pas une insulte au gouvernement français, et qu'une négociation puisse être entamée sans, avant tout, reconnaître ce Gouvernement? Déjà il l'a été par les puissances nos alliées dans l'échange des prisonniers; il n'y a donc aucun danger à le reconnaître plus positivement encore.

A la paix d'Utrecht, les négociations ont manqué échouer parce que Louis XIV a employé une ambassade dans les intérêts du prétendant. Pourquoi aujourd'hui le comte d'Artois serait-il reconnu ici comme envoyé d'un prince infortuné? N'en est-ce pas assez pour prouver qu'il faut absolument que nous fassions une déclaration positive et franche, si nous voulons arriver à la paix?

Mais, disent les ministres, laissez-nous agir. Si la Chambre se mêle de cette négociation, tout est perdu. Quoi! peuvent-ils vouloir nous persuader qu'il existe un seul cabinet de l'Eu-

rope, un seul homme dans le monde qui, si
la motion de mon honorable ami est adoptée,
n'en donne tout le mérite aux ministres? Je
ne saurais entendre d'où pourrait provenir
cette étiquette, que toutes les propositions de
ce genre vinssent des ministres, et même en
adoptant cette idée, il me semble qu'on ne
peut pas mettre en comparaison une déclaration de la couronne avec celle que renferme-
rait la motion proposée. C'est à l'honorable
membre à songer que chaque instant de délai
est un siècle en raison du danger; et dans le
cas où il aurait imaginé que son discours pût
renfermer cette déclaration du danger, il doit
savoir que ce n'est pas un discours qui peut
au-dehors produire cet effet, qu'il faut une
déclaration positive insérée dans le procès-
verbal de la Chambre et votée dans toutes les
formes voulues.

Je ne dirai pas un mot de la situation de
l'Angleterre; on ne me verra jamais contribuer à rabaisser mon pays. Mais si quelque
chose me fait de la peine, c'est d'entendre le
ministre après l'énumération qu'il a été forcé
de faire de notre dette publique, de la charge
énorme de nos taxes et de la misère du peuple,
nous parler de l'état déplorable des finances
de France, qui doit la précipiter nécessaire-

ment dans une destruction totale, et de noüs le présenter comme un motif de consolation.

J'avouerai que le peuple de France est dans une position encore pire que celle de ce pays-ci, mais il me semble que c'est un pauvre dédommagement. Supposons, enfin, que cette nation vienne s'humilier à nos pieds, que Louis xviii soit remonté sur le trône, et que la France nous restitue toutes ses conquêtes, tout cela serait une faible compensation pour tout ce que nous avons souffert.

Selon l'honorable membre, le revenu territorial du royaume s'élève à 25,000,000 st. Les taxes, si elles produisent ce qui est présumé, montent à 21,000,000 st., ce qui, avec la taxe des pauvres, formerait environ la même somme. Il s'ensuit que toutes les taxes pèsent donc sur le revenu foncier, qui, difficilement, peut rester ainsi chargé. On me dit, à cela, c'est bien pire en France : mais encore une fois les causes de ruine d'un pays ne peuvent autoriser à mes yeux celle qui affecte le mien. Je ne puis donc, par toutes ces considérations, entrevoir sans effroi la possibilité d'une continuation de la guerre, je ne puis voir risquer ainsi notre honneur, notre dignité, notre liberté, et jusqu'au dernier instant de mon existence, je m'y opposerai.

Toutefois il ne peut être entendu que je

M. Fox prend ensuite la parole et dit :

J'avouerai qu'à part l'importance de l'affaire
soumise à la Chambre, je voterai pour la proposition originale, d'après l'évidence, qui me
semble positive, et conséquemment contre l'a-
mendement, qui me paraît ne pas laisser sub-
sister la question telle qu'elle doit être. J'aurai
outre le motif de voter pour la proposition
primitive, celui de répondre et de repousser
quelques expressions employées par l'honorable membre qui a fait l'amendement, et
par le ministre lui-même.

L'un et l'autre ont reproché à mon honorable ami d'avoir fait des insinuations de culpabilité sans établir de preuves, en telle sorte,
qu'il avait été obligé de se rétracter. Je ne
pense pas que je puisse jamais être accusé
d'une pareille faute : ce moyen n'est nullement dans mes habitudes. Quand j'accuse, j'ai
des motifs réels de soupçon. Dans la question
dont il s'agit, j'établirai franchement quels
sont mes motifs de soupçon, et pourquoi j'accuse.

Le ministre nous a dit que l'accusation
portée en premier lieu contre lui était d'avoir
établi une négociation en concluant le marché
de l'emprunt; que le but en était sans doute
d'avoir les moyens de corrompre certains mem-

bres de cette Chambre, afin de les porter à
voter pour lui. Ce n'est ▓▓▓ exactement cela :
celui qui a proposé la r▓▓▓▓tion n'en a jamais
accusé directement le ministre. J'ai moi-même
acquitté le ministre d'une pareille accusation.
J'ai entendu que l'honorable membre vient de
dire qu'il ne m'en savait pas gré. J'avoue que
cela m'est fort indifférent : je ne cherche pas
sa reconnaissance. Je l'ai fait, parce que j'ai
cru devoir le faire. Je l'accuse, comme déjà je
l'ai accusé, d'avoir fait un marché onéreux au
public. L'imprévoyance même est un crime
pour un ministre des finances ; et je m'étonne
de l'entendre nous parler de cette imprévoyance comme d'une misère. L'imprévoyance
dans un chancelier de l'échiquier, une misère !
Non, certes ; c'est une chose grave, et qui doit
avoir les conséquences les plus sérieuses. Et
en effet déjà, nous le voyons, ce marché a été
fait dans des circonstances tellement suspectes,
que la Chambre ne peut y être indifférente.

Je ne puis adopter la doctrine, qu'un ministre
ne peut être accusé dans ses motifs, quand on
ne peut pas les prouver. Moi je maintiens que,
dans ce cas-ci, quels que soient ses motifs, ils
ne peuvent être bons, puisque les conséquences
en sont si mauvaises et si suspectes.

L'honorable membre se défend d'avoir influencé les membres de cette Chambre ; et je

le reconnais; car la position politique de l'État fait qu'il n'a null___t besoin de cette influence pour aug___er sa majorité dans la Chambre. Si donc cet emprunt a donné lieu à une influence, elle doit être d'une autre nature. S'il existe une inconséquence dans la conduite du ministre, ce qu'il est de l'intérêt de la Chambre d'examiner, c'est d'avoir cherché par ce moyen à augmenter sa puissance par l'appui qu'il s'est donné d'hommes puissans. Cet emprunt a été donné à une classe d'hommes, de qui le ministre, en lui supposant même les intentions les plus innocentes, devait retirer les plus grands avantages.

Il est donc important pour la Chambre d'examiner la manière dont l'emprunt a été négocié. L'honorable membre a toujours professé l'opinion, qu'un emprunt devait être donné à la concurrence. Cependant, en 1793, il a fait un emprunt si extravagant et si onéreux au public, qu'il a cherché à le défendre; en disant que c'était le résultat d'une libre concurrence. Cela prouvait déjà, à cette époque, combien le ministre était peu partisan de cette concurrence. Il m'est donc impossible de ne pas soupçonner maintenant un emprunt où le principe a été abandonné, quand surtout je vois qu'il a été aussi extravagant que tout autre. La Chambre voit donc clairement que ce mi-

nistre, dans aucun cas, n'a suivi le principe
qu'il avait avancé comme règle générale; et
il me semble que, quels que puissent être ses
motifs, il doit mériter la censure de la Chambre.

Maintenant, examinons si en effet une préférence n'a pas été donnée à la maison Boyd :
j'ai voulu savoir la vérité, j'ai questionné
M. Boyd, et j'ai eu des réponses qui se con-
tredisent avec les déclarations du ministre. Il
m'a dit que, dès le mois d'octobre, il a présenté ses affaires au chancelier de l'échiquier,
lequel convaincu de la justice de ses demandes, lui avait promis de lui accorder la préférence. Il me semble que les nombreuses affaires
du ministre n'auraient cependant pas dû lui
faire oublier cette circonstance importante.
N'est-ce donc rien que de faire une promesse
de préférence semblable, et ensuite d'annoncer au gouverneur de la banque son intention
de soumettre cet emprunt à la concurrence
qu'il savait ne pouvoir soutenir, et qu'en effet
il a été forcé d'abandonner?

Je dirai que, si les propositions de M. Boyd
étaient mauvaises, alors la faute devient encore plus grave; mais fussent-elles bonnes et
des plus avantageuses, c'est toujours une faute,
et il paraîtra bien plus étonnant que le chancelier de l'échiquier les ait entièrement ou-
bliées.

Si M. Boyd avait des droits particuliers à
cet emprunt, en raison des pertes qu'il avait
éprouvées dans un autre, il fallait établir ces
droits, les faire connaître, les avancer comme
motif de compensation, et non pas les cacher,
promettre la préférence et annoncer au gouverneur de la banque la concurrence.

On a parlé de M. Morgan et de l'humeur
qu'il mettait à représenter les opérations du
ministre sous un jour défavorable. Rien, je
l'avoue, ne me paraît plus excusable. Il me
semble naturel qu'un homme d'honneur se
trouve froissé d'être ainsi le jouet d'un ministre qui annonce publiquement la concurrence dans un emprunt, pour l'écarter ensuite
de cet emprunt. M. Morgan dit qu'il eût fait
des conditions meilleures que celles adoptées.
Ici est la preuve la plus forte, l'*evidentia rei*
que le marché a été imprudemment fait.

Que dire à cela? sinon que le ministre a eu
quelques motifs particuliers, lesquels paraissent de nature a ne pas lui faire honneur;
qu'il a certainement opéré au détriment du
public, et attaqué même le crédit public de
ce pays.

Il me semble facile de reconnaître que la
hausse des fonds dont le ministre nous a parlé,
et à laquelle il a attribué des causes toutes particulières, a été opérée par le message du Roi,

fait à la Chambre le lendemain du budget. Il nous a parlé des nouvelles arrivées concernant les succès des Autrichiens, et attribue cette hausse à ces nouvelles. Ces victoires étaient déjà connues bien avant la hausse.

L'état désastreux des finances de France en a été ensuite, selon le ministre, une autre cause; et je répondrai à cela que ce motif existait aussi long-temps avant; que déjà, depuis long-temps, il nous en entretenait comme d'un sujet d'espérance.

Toutes ces raisons sont bien puériles et méritent à peine d'être réfutées : elles sont mises en avant pour servir de voile (et c'est un bien faible voile) à la conduite suspecte du ministre. Rien, selon moi, ne parle plus contre lui. Je persiste, en conséquence, à déclarer que cet emprunt est blâmable, non pas comme étant plus onéreux qu'aucun de ceux qui ont été faits, mais comme ayant pu être infiniment plus avantageux, si la concurrence annoncée avait effectivement eu lieu. Je conclus à déclarer le chancelier de l'échiquier coupable de s'être écarté de son devoir, et en conséquence j'appuie la proposition primitive.

Cette proposition de M. W. Smith est rejetée par une majorité de 171 contre 23.

L'amendement est adopté.

————————

1796.

ACCUSATION *des ministres par M. Grey, relativement aux dépenses publiques.*

M. Fox établit en principe que jamais des sommes ne doivent être employées à des objets pour lesquels elles n'ont pas été votées. — Il montre l'avantage de voter des crédits et d'exprimer surtout la spécialité. — Il appuie la proposition d'accusation.

EXPOSÉ.

M. Grey présente plusieurs chefs d'accusation contre les ministres. Il prétend qu'ils ont violé les droits d'appropriation, le premier des priviléges pécuniaires du Parlement, en employant les fonds votés à tout autre objet que celui indiqué. Il ajoute que si la nécessité des circonstances a pu les porter à s'écarter ainsi de leur devoir, ils devaient solliciter un bill d'indemnité.

Après de longs développemens dans lesquels M. Grey entre, il établit son accusation en quinze articles séparés, prouvant tous que les ministres sont coupables d'avoir présenté des comptes faux, calculés uniquement dans le but d'induire la Chambre en erreur, et de masquer l'emploi scandaleux qu'ils ont fait des deniers publics.

M. **Pitt** réplique, et dit que quoique les ministres
soient obligés d'employer les sommes votées pour
l'objet qui a été annoncé, il existe néanmoins une
multiplicité de cas où on est forcé de s'écarter de
cette règle; que les besoins du service, ou des
événemens imprévus obligent souvent de dévier de
ce principe; que l'expérience des temps prouve
qu'en cela ils ne sont pas plus coupables que leurs
prédécesseurs.

M. **Fox** se lève aussitôt et dit :

MONSIEUR,

J'ignore si l'honorable membre verra avec
plaisir que je prenne la parole; mais j'annonce
que je traiterai cette question dans le sens où
elle me paraît devoir l'être. J'ai écouté ce qu'il
vient de nous dire avec toute l'attention dont
je suis capable, et je m'étonne encore de voir
toute la peine qu'il a prise pour établir des
argumens sur les points qui en méritaient le
moins. En cela il a fait tout le contraire de
mon honorable ami, qui a présenté la motion,
et a mis beaucoup d'importance à ce que celui-
ci avait traité légèrement, tandis qu'il a ho-
noré de son dédain ce que mon ami a cru être
le plus important. Toutefois je le suivrai dans
la marche qu'il a adoptée.

Il s'est attaché principalement à prouver
que toutes les fois que le Gouvernement s'est
écarté de l'ordre établi, ç'a été par suite d'une

nécessité absolue. Il en résulte que quelqu'un
qui aurait entendu la défense de l'honorable
membre sans avoir entendu l'accusation, pourrait et devrait en conclure nécessairement que
les sommes votées n'ont jamais été appliquées
au but pour lequel on les a demandées. Sans
doute il est des cas extraordinaires en temps
de guerre, et il est bien impossible de les
prévoir; mais la Chambre et la nation savent
que cela est indispensable : le ministre convient en même temps que c'est un mal nécessaire, et qu'il faut tâcher d'atténuer, comme
étant contraire à notre constitution. C'est le
devoir d'un bon gouvernement d'éviter ces
inconstitutionnalités.

Le ministre établit toutefois que quand les
dépenses d'une année excèdent, par des causes
ainsi indispensables, ce que le Gouvernement
exécutif avait prévu, nous devons payer ces
dépenses que la nécessité a commandées, sans
pour cela nous écarter de l'acte d'appropriation.
Sans doute, en parlant généralement, ce principe est incontestable, mais il s'applique à
tout.

L'honorable membre nous a cité un exemple
arrivé en 1744, lorsque la Chambre des Communes a demandé qu'il fût fait une enquête
de l'emploi d'une somme de 40,000 liv. st. à
un tout autre objet que celui pour lequel elle

avait été votée; que la décision de la Chambre
avait été que loin de mériter la censure, les
ministres devaient être loués de leur conduite.
Je répondrai à cela que, sans vouloir parler
contre cette décision que je respecte, si j'avais
été membre de cette Chambre, j'eusse certainement voté dans la minorité; que la question
a servi à prouver que cent quarante-cinq
membres des Communes ont pensé que la
moindre déviation à l'ordre méritait la censure,
et néanmoins j'ajouterai qu'une personne pour
la mémoire de laquelle je conserve le plus
profond respect (mon père), a voté dans la
majorité; tandis qu'une autre pour laquelle je
n'ai pas moins de vénération (lord Chatham),
s'est montrée dans la minorité; et conséquemment je pense que les ministres d'alors avaient
encouru la censure de la Chambre.

Mais quelle est donc l'accusation? Il ne s'agit
pas de dire que telle ou telle somme assignée
à telle ou telle dépense nécessaire pour le service ne sera pas payée; mon honorable ami
est incapable d'avoir présenté une semblable
assertion; mais il a voulu établir en principe
que les dépenses extraordinaires étaient depuis trop long-temps cachées, ou servaient de
prétextes à d'autres emplois, au lieu de les
faire connaître, comme elles doivent l'être,
quand les circonstances l'exigent.

J'observerai que le ministre a pris pour sa défense l'exemple de la guerre de l'Amérique : certes, cela est assez singulier, surtout de la part de l'honorable membre ; mais, il est bon que la Chambre le remarque, la question reste celle-ci : comment, quand la Chambre a voté une somme quelconque, l'emploi en a-t-il été différent de celui annoncé ? Le ministre répond : Parce que l'urgence du service a exigé que ce qui était, par exemple, destiné au paiement des troupes, fût employé à une chose bien autrement utile. Mais comment ce changement de disposition et d'emploi des sommes n'a-t-il pas été connu de suite ? Comment les ministres répondent-ils à cela ? en avouant un système de confusion dans nos finances, plus fort qu'on ne saurait l'imaginer. Ce système est que de nouveaux votes pour d'anciennes désignations puissent, au gré du Gouvernement, être employés à payer de nouvelles désignations de dépenses, de telle manière qu'il ne puisse jamais y avoir de certitude dans l'emploi de l'argent voté. Comment serait-il possible à la Chambre d'y voir jamais clair ? quel moyen aurait-elle de prévenir la confusion ? pourquoi ne pas appliquer l'argent à l'objet spécial pour lequel il a été voté ? comment, enfin, nous y reconnaître, si on repousse ce système de spécialité ?

Enfin, pourquoi le ministre n'a-t-il pas dit clairement à la Chambre : Quand je vous demande de voter pour une somme nécessaire à tel ou tel objet, j'ai néanmoins l'intention de l'appliquer à un autre? Il me semble qu'il serait temps qu'un système fût adopté, avec lequel on pût y voir clair; et que si enfin cela était nécessaire, la Chambre pût voter accidentellement pour le déficit des moyens accordés l'année d'avance, et avec spécialité. Tout extraordinaire que ce mode puisse paraître, ce serait néanmoins un grand moyen d'amélioration dans nos finances : on verrait chaque année quel a pu être le déficit de l'année précédente, et il en résulterait beaucoup de clarté.

Sans doute il serait plus clair encore de faire une plus juste estimation des dépenses, de manière à ce que le vote des sommes demandées fût suffisant. Il en résulterait le double avantage de n'être plus en contradiction avec la loi, et d'apporter une grande clarté dans les affaires publiques.

Mais examinons le danger de laisser les arriérés de côté pour faire plus tôt de nouvelles demandes; la Chambre verra facilement quelles peuvent en être les conséquences.

Le ministre dit : Souvent de nouvelles demandes sont plus urgentes à remplir que l'arriéré : je l'admets. Le crédit est augmenté de nouvelles demandes sont faites à la Chambre; l'arriéré, qui d'abord pèse sur ceux qu'il concerne, puis sur le pouvoir exécutif, finit, en résultat, par être une charge pour la masse, qui doit, tôt ou tard, le payer. Il en résulterait alors évidemment que ni la Chambre, ni la nation, ne connaîtraient exactement si l'argent accordé a été employé à l'objet pour lequel on l'a demandé; on irait d'arriéré en arriéré, on augmenterait la dette continuellement; et quoique la Chambre puisse successivement voter des crédits pour payer les déficits occasionnés par des dépenses extraordinaires, elle verrait encore les arriérés venir grossir la masse des engagemens.

Il m'est impossible de ne pas blâmer la conduite des ministres, qui tous les jours agissent ainsi d'une manière si opposée à la loi, et cela encore à une loi faite avec connaissance de cause. Le ministre dit qu'il est impossible de suivre cette loi; qu'il faudrait pour cela que le Gouvernement payât avant d'en avoir les moyens: je lui accorderai tout cela; mais néanmoins c'est une loi faite par un Parlement dont lui-même était membre. Cet acte a été passé pour remédier aux abus. Un ministre ne doit-il pas faire attention aux lois? a-t-il une excuse même, puisqu'il a contribué à former ces lois? Si elles sont inexécutables, comment a-t-il contribué à les faire? pourquoi n'en pas prouver l'inutilité ou la difficulté d'exécution? Comment cette loi aurait-elle été utile pendant un temps, et aujourd'hui impraticable? pourquoi ne s'en est-il pas plaint en 1794 et 1795? quelle étrange prétention aujourd'hui !

Je ne saurais déterminer quelle influence il doit avoir dans la Chambre, mais ce qui me paraît certain, c'est qu'il lui est impossible d'avoir la confiance du public, si elle ne prend pas tous les moyens en son pouvoir pour que les ministres obéissent aux lois et aux actes du Parlement.

Le ministre nous a bien dit que cette question nécessite de grandes explications, mais il ne nous en a donné aucune, si ce n'est que, d'après lui, l'acte du Parlement auquel il a fait allusion, doit être nul; en ce que jamais il ne lui serait possible de dire exactement à quelle somme peuvent se monter les dépenses de l'année; que d'exagérer ces dépenses est nuisible à la chose publique, et que le meilleur moyen est de porter l'estimation aussi haut que possible, afin que l'extraordinaire puisse être aussi faible qu'il se peut; j'avoue tout cela avec lui, mais je reconnais qu'il n'a pas fait ce qu'il dit.

Tout cela me porte à penser que voter un crédit au lieu d'allouer les dépenses extraordinaires, est bien préférable, en ce que d'abord les intérêts de la dette que vous établissez sont assurés, et que par un crédit vous ne désobéissez pas aux lois existantes. Ce système me paraît recevoir son application par la question qui nous occupe.

Mais, revenant uniquement à cette question, je pense comme mon honorable ami, que les ministres sont blâmables en ce qu'ils ont désobéi à la loi; en ce qu'ils n'ont pas informé la Chambre de ce qu'ils voulaient faire et de ce qu'était la situation de l'État. Je n'admets pas que les antécédens invoqués par l'honorable membre soient de nature à pouvoir le disculper d'avoir désobéi aux lois. Je répète donc, et c'est avec peine que je le fais, que les ministres ont, avec connaissance, de leur plein gré, par leur propre volonté, et d'après leur propre aveu, inutilement méprisé l'acte du Parlement qui devait être leur loi.

En conséquence, j'appuie la proposition de mon honorable ami.

On demande la question préalable sur cette proposition.

Elle est mise aux voix.

Pour, 209.   Contre, 38.

~~~~~~~~~~~~~

1796.

10 Mai.

Motion *de M. Fox relativement à la manière dont la guerre avec la France a été poursuivie.*

M. Fox passe en revue tous les événemens de la guerre ; il prouve combien les ministres abusent de la confiance de la nation, en rapportant leurs actes et leurs opinions précédentes. — Il ne croit pas plus à leur sincérité en ce moment, où il est question de pacification.

En conséquence de l'avis qu'il en avait donné, M. Fox se lève et dit :

MONSIEUR,

Ayant déjà eu l'occasion, tant au commencement de cette guerre que pendant sa durée, d'adresser à la Chambre quelques propositions qui ont été rejetées, et ayant, principalement à la dernière session, demandé qu'il fût fait une enquête sur la situation de la nation, sans obtenir davantage l'attention de la Chambre, il paraîtra sans doute bien présomptueux de

ma part de prétendre encore une fois occuper
la Chambre du même sujet. J'avoue que sans
les événemens qui ont eu lieu l'année dernière, événemens remarquables, j'aurais, sans
doute, quoique à regret, acquiescé aux décisions de la Chambre, après toutefois avoir
protesté solennellement contre le plan adopté
et contre les mesures que l'on a voulu suivre.
Ces événemens sont de nature à avoir paru
ébranler l'opinion de ceux avec lesquels jusqu'ici j'ai différé, en affermissant de plus en
plus celle de mes honorables amis et de moi-
même.

Tout le monde entendra que je veux ici
parler de la négociation ouverte à Bâle, et de
la communication qui en a été donnée aux
puissances étrangères. Je me réserve d'y revenir ; je dirai seulement en cet instant que,
malgré la manière dont on a vanté cette mesure, elle doit attirer l'attention de tout homme
raisonnable sur la situation des affaires publiques, et les engager à empêcher ceux qui
agissent sans y voir (quoique j'espère bien qu'il
n'y a pas de tels hommes dans cette Chambre),
d'approuver aveuglément la conduite du Gouvernement.

Déjà nous avons entendu une chose : que
les ministres aient agi sagement ou non, il est
sûr qu'il ne nous reste plus d'espérance de

faire la paix. Il ne s'agit pas de savoir si la faute en est à l'exagération des demandes de l'ennemi, ou à la mauvaise conduite des ministres de S. M.; le fait est clair que nous ne pouvons avoir la paix, et qu'il n'est pas possible à ces ministres d'obténir de l'ennemi les conditions qu'ils osent offrir à la nation. Quelles que soient les opinions sur les causes qui ont amené cette situation, nous devons en reconnaître les effets; et personne, je le suppose, ne disconviendra que notre position en cela ne soit moins avantageuse que quand, par des conquêtes ou des concessions, nous avions la possibilité et l'espoir d'une paix prochaine.

Ayant établi ce premier point, sur lequel, je pense, il ne peut pas y avoir de difficulté, j'entrerai dans quelques détails des circonstances qui, selon moi, nous ont réduits où nous en sommes. Je n'ignore pas tout ce que les ministres ont dit à ce sujet, tout ce qu'ils diront encore; c'est leur intérêt de dire que notre devoir n'est pas de rechercher la cause du mal, mais d'y trouver le meilleur remède. Et moi je pense, au contraire, qu'il n'y a pas de meilleur moyen de sortir du danger où nous sommes, que d'en examiner les causes. La première chose à faire est donc de repasser tous les événemens avec impartialité; mon but est plutôt de revenir sur le passé que d'examiner l'avenir. Toutefois je ne remonterai pas plus loin que la guerre d'Amérique.

Chacun des membres de cette Chambre se rappellera sans doute les malheurs qui, à cette époque, nous ont accablés, et ensuite les conditions de paix que nous avons été forcés d'accepter. On se ressouviendra aussi des discussions qui ont eu lieu à cette époque, et combien le ministère ne cessait de répéter que nous ne devions pas revenir sur le passé, mais nous occuper seulement de l'avenir. Il ne s'agissait pas de savoir comment le feu avait pris à la chambre, mais comment il pouvait être éteint. A cela nous avons toujours répondu par un raisonnement solide et fondé sur des principes : nous avons dit qu'en reconnaissant les erreurs passées, on en serait plus disposé à adopter des amendemens, et qu'un changement de mesure changerait la situation. L'expérience a prouvé la vérité de cette assertion. Tant que l'on a insisté pour ne pas examiner le passé, la guerre a continué, et nos malheurs en ont été augmentés; mais dès que la Chambre a bien voulu faire l'enquête des erreurs qui avaient eu lieu, des mesures ont été adoptées, capables d'amener la paix et avec elle la prospérité.

Mais toutefois, avant d'entrer dans des recherches particulières, examinons d'abord si les maximes de politique adoptées, ainsi que les principes d'après lesquels on agissait, n'étaient pas fondamentalement faux.

Démosthène, le plus grand des orateurs à mes yeux, se servait d'un argument qui me paraît entièrement applicable à notre situation. Il disait, en examinant la conduite et le sort des Athéniens, et en comparant leurs malheurs avec les fautes de ceux qui les gouvernaient, que ces erreurs, loin d'être une cause de désespoir, étaient un motif d'espérance. Si ces malheurs étaient la suite d'événemens naturels et irrémédiables, alors il y aurait lieu à désespérer ; mais n'étant que le résultat d'erreurs et de fautes, en les faisant cesser, tout peut se réparer.

Je dirai ici absolument la même chose : Si tous les malheurs qui nous accablent ne provenaient pas de la mauvaise marche que les ministres ont suivie, de leur imprudence, de leur ineptie, de leur opiniâtreté à adopter des mesures déplorables, alors sans doute notre situation serait effrayante ; mais en corrigeant les erreurs, et détruisant les causes de ces erreurs, nous pouvons entretenir un espoir, qui tient presque de la certitude, que nous ferons changer notre position. Ce n'est pas la première fois que je parle ainsi : j'ai toujours répété le même argument ; et l'expérience nous prouve qu'il était plausible.

Je ne remonterai pas plus loin qu'au budget de 1792, époque où le ministre nous a fait le tableau le plus flatteur de notre situation. Sans doute ce moment a été agréable pour le ministre et pour la Chambre ; alors, c'est-à-dire trois ans après la révolution française, le ministre nous parlait tantôt d'une paix permanente, tantôt il la fixait à quinze ans. C'était cependant quelque temps après que le roi de France avait été forcé de retourner à Paris ; que l'assemblée nationale avait annulé les titres, détruit les droits féodaux, la noblesse; qu'elle avait confisqué les propriétés du clergé, après en avoir banni la majeure partie, et forcé l'autre à un serment contraire à sa conscience; c'était, dis-je, alors, que le ministre nous osait parler d'une longue paix : en telle sorte qu'on pourrait en conclure que dans son opinion l'annulation de la noblesse, des titres, des ordres, l'exil du clergé et la confiscation de ses propriétés, l'attaque directe faite à la prérogative royale, l'insulte même au souverain, rien de tout cela ne devait altérer la perspective d'une longue paix. J'avoue que sans croire au danger provenant de la révolution française, je n'ai vu dans cet événement aucun obstacle à la paix. Mais on dira peut-être qu'à cette époque la France professait des vues pacifiques. A cela je répondrai que j'ai vu si souvent les personnes possédant le pouvoir le plus étendu, faire cette profession au moment même où elles combinaient les moyens d'effectuer leurs vues d'agrandissement, que je crois peu à ces protestations, et je ne puis supposer même que les vues de nos ministres aient pu être influencées par ces dispositions de la part de la France.

Je ne m'arrêterai pas à décider quel a été l'aggresseur entre la France et l'Autriche; mais je dirai seulement qu'à cette époque les limites de l'Autriche étaient sans défense, et qu'il était naturel de supposer que bientôt ce pays serait envahi. Cependant on nous parlait encore d'une paix de quinze ans, et tout en nous tenant ce langage, on faisait savoir à la France que si elle entreprenait la moindre hostilité contre la Hollande, l'Angleterre, son alliée, serait forcée de la défendre en rompant la neutralité qu'elle désirait garder. Quelques personnes ont pensé, en ayant connaissance de ce message, que réellement nous ne voulions prendre aucune part à la guerre. D'autres ont imaginé que nous voulions dire à la France : Faites de l'Autriche ce que vous voudrez; mais

ne passez pas les limites de la Hollande ; notre
alliée.

Telle était notre position lors de la fin de la
session en 1792. Les événemens de l'été de
cette même année amenèrent de grands changemens. Le 10 août, si remarquable pour la
France, eut lieu. Je ne chercherai pas à com-
menter cet acte de la révolution française, je
me bornerai à en parler comme législateur
Anglais et d'après le rapport qu'il peut avoir
avec mon pays. La France de ce moment fut
changée en république : certes, pour les Français, ce changement était effrayant. Mais ce
n'est pas sous ce point de vue que cette révolution doit être considérée par rapport à la
politique de notre pays : il s'agit d'examiner
l'influence qu'il a pu avoir sur notre nation
par l'exemple qu'il lui donnait, et si les principes des jacobins devaient prévaloir dans
toute l'Europe.

Or, je le demande, la destruction de la noblesse, l'abolition des titres, le système d'égalité établi jusqu'à l'excès, étaient-ils des actes
capables d'affecter notre monarchie ? Non : pas
plus que la monarchie française, avant le 10
août, n'était un moyen de fortifier la nôtre.
Dieu me garde de me réjouir de la disgrâce
d'une famille régnante ; mais, si j'écoute mes

anciens préjugés comme Anglais, préjugés que chacun de nous conserve intérieurement, la chute de la maison de Bourbon, comme rois de France, comme gardiens de la destinée d'une grande nation, m'a paru loin de pouvoir attaquer la tranquillité et la prospérité de mon pays. Nous savons tous trop bien que toutes les guerres précédentes, justes ou injustes, ont néanmoins eu pour cause l'ambition insatiable de la maison de Bourbon. Qui pourrait donc voir dans le renversement de cette monarchie des causes d'alarmes pour l'Angleterre?

Mais il faut énoncer ma pensée toute entière sur la conduite des ministres. Je l'approuve en 1792, en tant qu'ils ont pensé que la révolution française n'était pas un motif pour nous d'intervenir dans la guerre, et aussi long-temps qu'ils ont agi d'après la détermination de conserver la neutralité. Je diffère avec eux toutefois sur les moyens employés pour conserver cette neutralité. Je pense qu'il y a eu un moment où il eût été de la dignité de ce pays-ci de jouer le noble rôle de médiateur. Il me semble que l'événement de l'année précédente le traité de Plinitz, par lequel la Russie et la Prusse annonçaient la détermination d'intervenir dans les affaires de France, si elles étaient soutenues par les autres puissances de l'Europe, était une agression directe contre la France; et que c'était bien le cas de jouer le rôle honorable de médiateur. C'était la circonstance de la transaction, plus que la transaction elle-même, qui rendait ce rôle honorable. Toutefois je ne crois pas que jamais ce traité ait été intérieurement dans la pensée des puissances qui l'ont contracté. L'empereur était obsédé à cette époque par les émigrés et le clergé français pour intervenir dans les affaires de France. L'Autriche n'osait pas le faire sans la coopération de la Prusse, et la Prusse hésitait à souscrire au hasard à cette demande. C'était alors que l'Angleterre pouvait être médiatrice : c'était alors qu'il lui eût été possible, en proposant des conditions raisonnables d'accommodement, d'assurer la paix de l'Europe au moins pendant quelque temps. La seule question n'eût plus été que celle de la Lorraine et de l'Alsace. Alors, sans doute, il eût été facile de la décider, moyennant notre médiation, à la satisfaction de toutes les parties.

Je ne pourrai jamais penser que les ministres aient pu être dirigés dans leur conduite par une idée assez impolitique et assez honteuse pour désirer de voir l'Europe en feu, afin de montrer l'Angleterre plus florissante. La neutralité est l'idée que je leur suppose; et sans doute c'était déjà un grand bien. Mais, pour une nation commerçante comme la nôtre, la tranquillité de l'Europe est encore un plus grand bien. Je ne puis donc entendre pourquoi ils ont refusé la médiation qu'il leur était. si naturel et si profitable d'ambitionner; et comment ils sont arrivés à vouloir intervenir dans le gouvernement intérieur de la France.

Ayant prouvé, comme je crois l'avoir fait, que l'événement du 10 août n'a apporté aucun changement dans notre situation relative, j'espère n'avoir pas besoin de parler des scènes horribles du mois de septembre. Si j'en fais mention, c'est uniquement afin qu'il ne soit pas dit que je les ai passées sous silence, ou sans exprimer l'horreur que j'ai partagée avec tout le monde pour de semblables atrocités. Horribles comme elles sont, elles n'ont toutefois aucun rapport avec la question qui nous occupe. Ce sont des scènes pareilles aux massacres qui, dans des temps passés, ont eu lieu à Paris, et pour lesquels l'Angleterre a été, à juste titre, bien plus affectée encore que par ceux-ci, sans pour cela vouloir intervenir. L'histoire seule dira un jour comment des scènes de cette nature ont pu produire des effets si différens.

Maintenant, nous arrivons à l'invasion de la Belgique par le général Dumouriez. Je ne, raisonnerai pas sur le danger qui aurait résulté de laisser les Français en possession de cette clef de la Hollande : je dirai seulement que ce qui est arrivé en octobre, était prévu en avril; et qu'il eût été sage et prudent, sans contredit, de prévenir cet événement par une médiation. Et qu'on ne me dise pas que l'on comptait sur les forces de l'Autriche pour s'opposer à cette invasion; ce serait la preuve de la fausseté et de l'ineptie de la politique qu'on a prise pour guide. De tous les côtés nous pouvons voir des exemples de cette politique.

Mais revenons aux causes de la guerre. Elles sont au nombre de trois : 1° la manière dont certains individus de la société de correspondance ont été reçus à Paris; 2° le décret du 19 novembre; 3° les représentations faites par la France contre le monopole exercé par les Hollandais relativement à la navigation de l'Escaut.

La première est de nature à ne pas mériter seulement une réponse; car il eût fallu prouver d'abord qu'il existait un gouvernement en France à qui on pouvait s'adresser et demander raison d'injures faites. Relativement à la seconde, y a-t-il jamais eu de plaintes portées contre ce décret, soit pour le révoquer, soit même pour l'expliquer? Si vous refusez de reconnaître le gouvernement de France, vous n'avez plus le droit d'exiger des explications ou conciliations ; les choses alors sont portées à l'*ultima ratio regum*. Refuser les moyens de s'expliquer, c'est déclarer la guerre.

Et cependant, tout en refusant avec arrogance de reconnaître le Gouvernement français, vous permettiez à M. de Chauvelin de rester ici, et de profiter de ses relations avec les ministres du Roi pour montrer, de la part des Français, le désir d'expliquer ce décret. Par tout ce que j'ai lu et entendu des lois des nations, une insulte ou une agression n'est pas une cause suffisante de guerre jusqu'à ce que l'explication demandée par l'une des parties soit refusée; ce qui la rend de droit l'agresseur : or, le moyen de donner cette explication a été refusé aux Français, et, d'après ce principe, l'Angleterre serait donc l'agresseur.

Relativement à l'Escaut, personne, je crois, ne doute que si une négociation avait été entamée, les choses ne se fussent passées à la satisfaction des deux parties. La Chambre elle-même pensait ainsi : on y disait que l'Angleterre était le dernier pouvoir d'Europe que la France dût attaquer; et pour qu'elle l'attaquât, il fallait qu'avant elle eût soumis l'Europe entière.

Je ne puis me dispenser ici de parler d'un orateur célèbre, quoiqu'il ne soit plus parmi nous (M. Burke); la part qu'il a prise dans la

politique de mon pays, et l'effet que son éloquence a toujours produit, me rendent impossible de parler de l'histoire de ce temps-là sans
faire mention des doctrines et des opinions de
cet homme respectable. Il a charmé le monde
entier par l'éclat de son génie, fasciné les yeux
de ses concitoyens par le pouvoir de son éloquence, et a contribué d'autant plus active-
ment à attirer toutes les calamités qui sont la
conséquence des guerres. J'admire son grand
talent, j'admire les efforts qu'il a toujours dé-
veloppés pour la chose publique; je regrette
seulement que quand un aussi grand génie a
agi dans le sens que je regarde comme utile à
mon pays, il ait aussi peu réussi à communiquer la persuasion, tandis qu'en agissant plus
tard dans le sens opposé, tous ses efforts ont
été couronnés de succès. Ce grand homme n'a
pas connu de bornes à son opposition à ma
proposition de reconnaître le Gouvernement
français: il l'a représentée comme une pétition
adressée à la France pour implorer la paix en
nous jetant à ses pieds, et en livrant la tête
de notre souverain à l'échafaud; enfin, il y a
vu l'abandon total de notre constitution. C'était,
disait-il, traiter avec des régicides, quoiqu'à
cette époque encore l'événement affreux que
nous déplorons tous n'eût pas eu lieu. La suite
des événemens a prouvé combien on différerait

aujourd'hui d'opinion avec lui, et j'en atteste l'aveu même des ministres.

Pour revenir à l'ouverture de l'Escaut, je ne pense pas que cette navigation soit aujourd'hui si importante à la Hollande. Mais, dit-on, nous ne sommes pas les juges de ce qui peut convenir à la Hollande : je partage fort l'avis que les Hollandais, comme toute autre nation, doivent juger pour eux-mêmes de ce qui leur est utile : aussi ont-ils décidé cette question pour eux; aussi les avons-nous entraînés dans la lutte qui nous occupe. Et que n'a-t-on pas dit lorsque cette question a été agitée? Nous ne devions pas, selon les uns, reconnaître la république française, de crainte de déplaire à nos alliés; voyons quels étaient ces alliés : le stadhouder était du nombre, et alors le système des États-généraux était l'aristocratique, quoique si divisés, que l'on rejetât avec indignation tout ce qui tendait aux principes français, avançant même qu'une invasion de leur part ferait disparaître toute espèce de divisions de partis intérieurs. Cependant, plus d'une fois j'ai entendu affirmer que la Hollande n'a pas été conquise par les armes françaises, mais par le mécontentement intérieur qui régnait dans son propre sein.

Nos autres alliés sont l'Autriche et la Prusse. Je n'entreprendrai pas de retracer la conduite de cette dernière puissance, la Chambre doit avoir une opinion fixe à ce sujet; je me bornerai seulement à demander si, dans le cas où nous eussions reconnu la république française avant la guerre, la Prusse nous en eût abandonné davantage, et si elle eût dévoré nos trésors de la même manière? Quant à l'Autriche, certainement chacun sait que cet acte n'eût apporté aucun changement à sa position envers nous.

Mais, nous dit-on, reconnaître la république, c'est approuver tout ce qui s'est passé : je nie toujours cette proposition, comme déjà je l'ai fait.

Tout me porte donc à penser que nous sommes les agresseurs; parce que, d'après les lois établies entre les nations, nous avons refusé de donner à la France l'occasion de réparer ses torts envers nous.

J'arrive maintenant à l'époque où nous avons pris une part active dans cette guerre, et où nos armées paraissant sur le champ de bataille, l'ennemi a été forcé de se retirer en nous laissant maîtres de toute la Flandre française : à cette époque, on nous dit que M. Maret fit des propositions de paix qui ne furent pas écoutées des ministres de S. M.

Cependant, je le demande, l'ennemi était en déroute, n'était-ce pas le cas de faire la paix? Oui, sans doute; mais il eût fallu suivre un plan fixe, et se renfermer dans un système de garantie pour nous et nos alliés : au lieu de cela, les succès ont enivré; on a voulu penser à des indemnités, et de ce moment de refus sont provenues toutes les calamités qui nous ont accablés. Je ne puis dire autrement, sinon qu'il y a eu, dans ce refus de négocier, un esprit d'inconséquence qu'il m'est impossible de passer sous silence. On me répondait, à cette époque : Quoi! vous voulez vous jeter aux pieds de votre ennemi quand vous obtenez des succès! et plus tard, lorsque nos alliés ont eu aussi leur chance de victoire, on m'a répondu que nous ne devions pas traiter quand nos alliés étaient triomphans de tous côtés. N'a-t-on pas même été jusqu'à parler de pousser la victoire jusqu'aux portes de Paris? Je ne reviendrai pas sur cette idée de faire une contre-révolution; je me borne en ce moment à prouver que les grandes fautes commises dans la guerre ont tenu au défaut de plan fixe et invariable pour obtenir l'objet que l'on se proposait; car je maintiens que l'on n'a pas eu plus pour objet dans cette guerre de rétablir la monarchie en France, que de fonder un système qui tournât à notre avantage. Tandis que l'empereur prenait l'Alsace au nom du roi de Hongrie, nous prenions Valenciennes au nom de l'empereur; nous proclamions la constitution de 1791 à Toulon, et nous nous emparions de la Martinique au nom du roi d'Angleterre. Quelle inconséquence ! aussi le résultat a été que la France s'est convertie en une nation armée. Les royalistes en France ont si peu entendu vos intentions, qu'ils ne vous ont pas rejoints; et la raison en est simple, ils ignoraient si vous aviez l'idée de rétablir la monarchie en France, ou si vous n'agissiez que pour enlever, à votre profit, les possessions de la France.

On aurait pu penser toutefois que nous aurions voulu nous concilier le corps des constitutionnels : non, tout au contraire. Le malheureux La Fayette, qui à tous les yeux passera toujours pour l'homme le plus intact, qui a eu le mérite de rester ferme entre les deux partis extrêmes qui agitaient son pays; cet ami zélé et ce ferme appui de son souverain comme de son pays, a émigré à l'époque du 10 août; il a été saisi sur le territoire neutre par des monstres au service de la Prusse; il a été enfermé dans un donjon, pendant des années entières, par ordre de ce souverain. Si, comme on l'avait annoncé à Toulon, vous eussiez voulu vous concilier le parti des constitutionnels, vous eussiez cherché à faire finir un si horrible traitement. On eût dû penser, au moins, qu'en raison des énormes subsides accordés à

la Prusse, elle se serait déterminée à relâcher
son prisonnier. Loin de là, quand mon honorable ami, le général Fitzpatrick fit sa motion
à ce sujet, on lui répondit qu'il était impossible que le Gouvernement intervînt. Peu
après, le roi de Prusse le livre à l'Empereur,
sous le prétexte qu'il appartient à tous les alliés, et par ce nouveau souverain il est maintenu dans la même captivité. Il cherche à s'é-
vader, et cette entreprise n'a rien que de bien
naturel, mais elle ne sert, quand il est repris,
qu'à rendre son esclavage plus cruel encore:
Madame de La Fayette, après avoir éprouvé
des cruautés dignes de Robespierre, s'enfuit
de France, vole à Vienne pour solliciter la permission de voir son mari et de lui donner les
consolations que son malheur réclame. L'Empereur la lui accorde d'abord, mais à peine
arrivée à Olmutz, l'officier chargé de la garde
de M. de La Fayette, lui dit froidement que,
si elle veut voir son mari, elle doit se déterminer à rester avec lui dans le cachot profond
où il est enfermé.

(Un mouvement d'indignation se manifeste dans la
Chambre).

Rien ne l'arrête ; elle descend dans cet horrible repaire, et se décide à s'enterrer vivante

avec l'objet de son affection, victimes l'un et
l'autre de la barbarie des hommes. Ce n'est
pas tout; elle s'adresse à l'autorité pour obtenir
la faveur d'avoir une femme de chambre auprès d'elle; elle ajoute que l'implacable Robespierre ne lui avait même pas refusé ce secours,
quand elle avait été par lui emprisonnée. Cette
demande est rejetée. Et loin de voir les ministres de S. M. intervenir pour empêcher un
traitement aussi cruel, ils semblent chercher
de nouvelles occasions de faire coïncider leur
conduite avec celle de l'Allemagne et de la
Prusse. M. Alexandre Lameth, sorti de France
avec La Fayette, emprisonné de son côté, obtient aussi, après un long séjour dans les pri-
sons de la Prusse, la liberté de venir rétablir
sa santé aux eaux de Bath. Quinze jours s'écou-
lent à peine, qu'il reçoit l'ordre supérieur de
quitter le royaume, et cela, avec une telle
promptitude d'exécution, qu'il est au moment
d'être amené à Calais, ce qui eût été l'envoyer
à la guillotine. Est-il une conduite plus inju-
rieuse pour l'honneur de notre pays?

Quoi! M. Lameth un objet dangereux à notre
Gouvernement! M. Lameth un objet de terreur! Oui, sans doute, si l'on considère que
l'état malheureux de sa santé est la conséquence de la justice de ce qu'on appelle un
gouvernement régulier; l'exemple de l'animo-

sité politique et de la vengeance sévère qu'exerça
la puissance.

Ainsi, il est clair que nous ne protégeons
que les émigrés cherchant à rétablir l'ancienne
tyrannie, le système féodal, et nullement ceux
qui ont pris les armes en faveur de la monarchie limitée.

La conduite de nos ministres n'a pas été
moins blâmable relativement au général Dumouriez, que je suis loin, toutefois, de mettre
sur la même ligne que les deux personnes
dont je viens de parler; cependant, je maintiens que le traitement qu'il a reçu des alliés
n'est rien moins que politique; car, très - certainement, offrir asile et protection aux personnes qui abandonnent le parti qu'ils servent,
c'est en engager d'autres à imiter cet exemple.

On a dit que le but réel de l'Angleterre était
d'obtenir une paix juste et équitable; que c'é-
tait aussi celui des alliés. Pourquoi donc n'a-
t-il pas été essayé? Pourquoi la Prusse et l'Espagne ont-elles eu la liberté de se retirer de la
confédération? Direz-vous que ce n'est pas
votre faute, et que vous ne pouviez pas prévoir
ce que feraient ces puissances? Je dirai que
quand des hommes d'État prennent sur eux
de faire des alliances, ils doivent s'informer du
caractère des princes avec lesquels ils se lient;
et combien ils peuvent offrir de garantie pour

le maintien des engagemens qu'ils prennent.
Il n'était pas difficile de savoir quelle serait la
conduite du roi de Prusse ; et, pour l'Espagne,
il était évident que refuser de faire la paix avec
la France, était exposer la monarchie espa-
gnole. Les ministres pouvaient donc prévoir ces
circonstances.

Mais, dit-on, le gouvernement de France
n'était pas tel que l'on pût traiter avec lui. Si
cependant le meilleur gouvernement pour inspirer de la confiance, est le gouvernement
absolu, quand a-t-on jamais vu la France avoir
un gouvernement plus absolu que sous Robespierre? Mais on objecte qu'il faut que la France
ait une constitution. On a ajouté, l'année dernière encore, qu'elle était à son agonie : l'année
s'est écoulée, l'agonie dure encore ; et réellement cela est sans exemple.

On a parlé ensuite de ses finances, et de
l'impossibilité où elle était de continuer la
guerre. Cependant tous les efforts dirigés contre
elle l'ont mise dans l'obligation de tirer parti
de toutes les propriétés afin de soutenir sa cause.

Mais, Monsieur, dans le message de S. M.;
au commencement de la session, elle montre
la disposition d'entrer en négociation ; elle l'a
répétée le 8 septembre. Pourquoi donc les
ministres n'ont-ils pas mis à exécution cette
heureuse disposition ?

On a dit dans cette Chambre, et les ministres du Roi ont particulièrement soutenu cette
opinion, que la contagion des principes français était extrêmement à craindre. Ces principes, et les personnes qui les professent en
France, ont été traités avec mépris et indignation. La première chose que les ministres eussent dû faire, était de détruire cette fausse impression ; et pour cela, le meilleur moyen eût
été de reconnaître la république française. Loin
de là, la note de M. Wickham ne laisse pas
même entrevoir la moindre condition accep-
table, et annonce au contraire au directoire
que votre ambassadeur n'a pas de pouvoirs
pour négocier. N'est-ce donc pas avoir dit assez
que l'on ne voulait rien de ce qui eût pu arrêter les dispositions fâcheuses dans lesquelles
nous nous trouvons entraînés ?

Il n'est pas convenable, je le sais, de faire
mention de ce qui s'est passé dans une séance
précédente : néanmoins, si j'en atteste ce qui
a été dit ici relativement aux subsides accordés
au roi de Sardaigne, la Chambre reconnaîtra
les véritables intentions des ministres, en faisant de prétendues offres de paix par le canal
de M. Wickham. N'a-t-on pas dit en effet, positivement, que les ouvertures faites étaient en
raison des circonstances et afin de connaître
uniquement les dispositions des Français ; *car*

le but n'était nullement de faire la paix? Il me semble que ces expressions sont claires et positives.

Je conviens que la réponse des Français, de ne pouvoir distraire aucun territoire réuni à la république, rend une paix solide et honorable difficile; et je vois d'ici le triomphe qu'en retire l'autre côté de la Chambre; mais c'est un motif de plus pour augmenter mon indignation, de ce que les ministres ont laissé les choses arriver à ce point. Il est évident qu'ils ont différé les ouvertures à faire, ou à accepter, jusqu'à ce qu'il ne leur fût plus possible de les faire honorablement. Et on me dira que cette marche est propre à inspirer à la France de la confiance en notre sincérité : non sans doute. Pourquoi n'avoir pas suivi la marche tenue dans d'autres traités? Pourquoi n'avoir pas, avant tout, reconnu la république?

Quand lord Chatham, ce grand homme d'État, fut consulté sur le meilleur mode de terminer la querelle avec l'Amérique, envoya-t-il pour savoir quelles étaient les conditions des Américains? Non : il pensa que rien ne pouvait mieux opérer une réconciliation qu'un changement complet du ministère. (Éclats de rire du banc des ministres.)

Ces messieurs peuvent rire; mais j'avoue que je concevrai difficilement comment les calamités qui nous accablent peuvent être pour eux un sujet de joie et de plaisanterie. Oui, pour obvier à ces calamités, un changement de ministres, je dirai plus, un changement du conseil du Roi serait nécessaire. Il ne nous est pas possible de supposer que les ministres changeront de système.

Le ministère qui existait lors de la guerre d'Amérique, n'a pas pu rester en faisant la paix : et cependant lord North, dont je ne parlerai jamais, comme homme privé, qu'avec le plus profond respect, avait l'esprit le plus conciliant ; il aurait pu faire ce dont les ministres actuels ne seront jamais capables ; et cependant il a fallu qu'il quittât le ministère.

Mais, Monsieur, le changement d'opinion de nos ministres est bien soudain. Naguère, ils ont fait une expédition sur les côtes de France, qui, si elle avait réussi, eût fait proclamer Louis xviii. Si l'île de Noirmoutier avait été prise, c'était au nom de Louis xviii. Comment les ministres auraient-ils pu reconnaître la république ? Ces changemens de système et d'opinion sont ordinairement fort suspects. Non ; jamais ils n'ont eu l'intention sincère de négocier avec la république. Certes, s'il en eût été ainsi, ils réduisaient la maison de Bourbon à ce qu'est aujourd'hui la maison des Stuarts. Ils auraient rappelé lord Macarte-

ney d'auprès de Louis xviii; ils auraient déclaré
faire la guerre à la république française, ce qui
était en reconnaître l'existence. Alors la sincérité eût été de le déclarer à Louis xviii, et de
prouver par-là au directoire que le système
était entièrement changé.

Je dois demander pardon à la Chambre d'entrer dans une digression sur la conduite trom-
peuse qui a été tenue envers les émigrés français; et elle me permettra de me réjouir de ce
qu'en aucune circonstance je n'y ai contribué
en rien. N'était-il pas en effet bien naturel que
ces émigrés entendant dire que l'Angleterre
n'était pas elle-même sans danger, à moins
qu'ils ne fussent rétablis dans leur ancienne
propriété; sachant que jamais on ne ferait la
paix avec des républicains, à moins de vouloir
exposer tout, jusqu'à la tête de notre souverain; connaissant les déclarations par lesquelles
l'Angleterre dit qu'elle a pris les armes pour
sa propre défense, n'était-il pas naturel, dis-je,
que les émigrés disent à leur tour : nous pouvons nous aventurer dans la même barque que
César; nous pouvons courir la même chance
que l'Angleterre. Les royalistes ont tous été
trompés de toutes les parties de l'Europe, et
du sein de la France même, par ces insidieu-
ses déclarations. Loin de combattre avec nous
pour le rétablissement de la monarchie, et

pour rentrer dans leurs propriétés, ils n'ont fait que servir les vues ambitieuses des ministres qui n'ont jamais attaché la moindre importance à tout ce qu'ils semblaient promettre. Il serait donc juste, au moins aujourd'hui, de leur dire, nous ne cherchons pas à rétablir l'ancienne monarchie, nous n'avons pas l'idée de vous remettre dans vos propriétés ; notre seul but est de regagner le territoire que nous avons perdu. Tel devrait être le langage, si tel est le changement de système des ministres, et sans doute des déclarations de leur part nous l'annonceront. Si, au contraire, c'est encore une erreur, alors il est du devoir de la Chambre de supplier S. M. de changer son conseil.

Je sais que l'on me dira : vous demandez un changement de ministère afin d'arriver à être ministre. Je répondrai à cela que, dût-on me le proposer, je suis déterminé à ne prendre aucune part dans le ministère, tant que le plan de conduite adopté ne sera pas totalement changé.

Nous avons totalement erré dans cette guerre, tout le but que nous nous proposions a disparu. La Hollande est perdue, le Roi de France est exilé, et l'agrandissement de la république française est alarmant. Nos alliés nous ont abandonné pour faire leur paix sé-

parément; la balance des pouvoirs est rom-
pue. La Russie n'a eu d'autre objet que de
se faire aider par l'Angleterre pour obtenir le
pillage de la Pologne, et, sous le faux prétexte de la destruction du jacobinisme en Pologne, ce malheureux pays a été partagé.

Il est temps de revenir à d'autres principes
si nous voulons sauver notre pays. C'est en
conséquence de cette opinion que je fais la
proposition suivante.

Une humble adresse sera faite à S. M. pour
lui déclarer l'opinion de sa fidèle Chambre des
Communes sur la conduite de ses ministres,
depuis le commencement de la guerre jusqu'à
ce jour; que tant qu'il lui a été possible de
douter des causes de détresse, la Chambre a
fait ses efforts pour augmenter la force du
gouvernement de S. M., mais que, désormais,
son devoir; et comme conseiller de S. M. et
comme représentant du peuple, impose à chacun de ses membres l'obligation de déclarer
que la mauvaise conduite des ministres en est
la seule cause.

Il est pénible pour la Chambre de rappeler
à S. M. combien il eût été possible de profiter
des circonstances qui se sont présentées pour
interposer sa médiation aux calamités qui sont
venues dans cette guerre affliger l'Europe entière. Les ministres ont pensé, au contraire,

devoir conseiller à S. M. d'adopter un système
opposé, en s'appuyant de ce qu'ils ont appelé
les insultes du gouvernement français. La
Chambre ne détermine pas combien ce système a été faux, et combien les causes en ont
été exagérées, mais elle est forcée de reconnaître en principe que le pouvoir qui refuse
toute négociation de conciliation, reste agresseur. La Chambre croit devoir dénoncer à S. M.
l'obstination que ses ministres ont mise à continuer ce système de versatilité qui a contribué
de plus en plus à plonger la nation dans la
position pénible où elle est en ce moment.

La Chambre déclare à S. M. qu'elle a reçu
avec la plus grande satisfaction son message
du mois de décembre dernier, par lequel elle
lui annonce que la crise des événemens de la
guerre met S. M. à même de disposer une négociation pour traiter de la paix; qu'à cette
déclaration, l'espoir d'arriver au terme des
calamités qui accablent la nation, s'est fait
sentir généralement; que ce n'a pas été sans
une grande surprise et un grand chagrin, que
trois mois se sont écoulés sans voir encore
aucune mesure prise à cet effet, ni aucunes
ouvertures faites à cet égard de la part des
ministres de S. M.; qu'au contraire elle a re-
marqué depuis, que loin d'adopter une conduite franche, ouverte et loyale, telle qu'il

convient à une grande nation, des moyens insidieux ont été employés de manière à créer
les soupçons et l'inquiétude de la nation française; que loin de vouloir reconnaître le Gouvernement actuel de ce pays-là, on a évité jusqu'aux moindres expressions qui pouvaient le
faire entendre, en telle sorte, qu'il est vrai de
dire que l'état actuel des choses tient plutôt
à une rupture de négociations qu'à l'esprit de
conciliation si nécessaire à la paix que l'on
voudrait avoir.

C'est en conséquence de ces diverses observations que la Chambre croit de son devoir de
déclarer à S. M. qu'il n'y a qu'un changement
total de système qui puisse mettre fin aux calamités présentes; qu'à moins d'une déclaration formelle de ce changement de système
de la part des ministres de S. M., la Chambre
ne croira pas à leurs dispositions pacifiques.
Elle pense, en outre, que dans la situation où
sont les choses en ce moment, le système adopté, comme les personnes qui le suivent, sont
odieux à l'Europe entière, et capables d'exas-
pérer de plus en plus l'ennemi.

C'est en considération de ces motifs que la
Chambre supplie humblement S. M. d'ordonner à ses ministres d'adopter une autre marche,
de faire connaître ce changement de principes,
et d'employer tous les moyens en leur pouvoir

pour obtenir la paix, objet des désirs constans
de ses sujets.

M. Pitt répond à ce discours de M. Fox, qui a duré
plus de trois heures, par un discours remarquable.
Celui-ci demande à répliquer encore, et dit :

MONSIEUR,

Quoique j'agisse contre l'usage reçu, en demandant de répliquer, je prie la Chambre de
m'excuser en raison de l'importance du sujet.

L'honorable membre, dans le début de son
discours, semble m'accuser d'inconséquence
dans mon opinion émise précédemment relativement à la Turquie menacée par la Russie,
et en ce moment relativement au démembrement de la Pologne. Il me semble qu'il n'y a
aucun rapport entre les deux questions : la
Turquie, après une lutte, a été maîtrisée par
la toute-puissance de la Russie, et j'ai blâmé
l'idée de l'intervention arrogante de nos ministres pour l'empêcher de réclamer les indemnités auxquelles elle croyait avoir droit de prétendre. J'ai dit, d'un autre côté, que si la
France avait été dans la position de pouvoir
agir, j'aurais demandé son intervention pour
empêcher l'horrible injustice commise envers
la Pologne; que c'était même dans l'intérêt de

a balance de l'Europe. L'honorable membre
paraît ne pas croire que cette balance en souffre;
il me semble qu'il est facile de prouver le contraire, si on observe que la population de la Pologne est égale à celle de ce pays-ci, et que sa ri-
chesse foncière est de la plus haute importance.

A l'égard de la défense que l'on me reproche
d'avoir faite pour la communication entre le
Gouvernement français et la société de correspondance ici, je demanderais encore comment
il serait possible, sans reconnaître la république
française, de trouver mal ou bien ce qu'il peut
faire. J'ai dit et je répète, que les causes de la
guerre ne sont pas les excès de la révolution,
car au moment où les ministres ont parlé de
paix, la plupart des événemens dont il a été
tant question avaient eu lieu.

Je suis fâché d'apprendre que l'honorable
membre, qui a eu tant de fois l'obligation d'intervenir dans les affaires du Continent, n'ait
eu aucun pouvoir dans l'affaire de La Fayette;
mais que peut-il dire relativement au traitement qu'a subi Lameth de la part du Gouvernement anglais? Il répond, je le sais, que,
quels que soient les motifs du ministère pour
la conduite qu'il a tenue, la Chambre n'est
pas le lieu où il pourrait les expliquer. Mais
néanmoins, lorsqu'il a été question de cet
alien bill, j'ai dit tous les abus qui en ré-

sulteraient, tous les inconvéniens qui en naî-
traient : on m'a répondu que les ministres en
auraient la responsabilité. Il en devrait donc
résulter une enquête sur leur conduite à ce
sujet? Je demanderai pourquoi M. Alexandre
Lameth a été renvoyé d'Angleterre? Il était du
parti constitutionnel, d'un parti que nous avons
toujours soutenu, de ce parti qui n'a jamais
voulu porter les armes contre son pays. Si jamais un homme devait être protégé par nous,
certes, c'était celui qui avait tout fait pour établir la monarchie limitée, qui a été injustement arrêté par les Prussiens, et qui a pensé
être victime des mauvais traitemens qu'on lui
a fait éprouver : et c'est celui que nous mar-
quons aux yeux de l'Europe du sceau de notre
réprobation !

En soumettant mes propositions à la Chambre, Monsieur, je désire offrir à la nation une
occasion de se laver de l'affront qui lui est
fait par la conduite des ministres; je souhaite
ardemment qu'elle prenne une décision qui
amène un changement de système. Je n'ai pas
parlé de nos finances, car je désapprouve for-
mellement l'idée de comparer le mauvais état
des finances de France, afin d'en tirer une
comparaison avantageuse. Je sais que nos ressources sont encore grandes, et je suis glorieux de le reconnaître; mais je pense aussi

que les efforts que les Français ont faits jusqu'ici prouvent qu'ils sont loin eux-mêmes d'être dans l'état où on se plaît à les représenter.

La Chambre va aux voix sur la motion :

Pour, 42.   Contre, 216.

La motion est rejetée.

~~~~~~~~~~~~~~~~~~~~~~

1796.

6 Octobre.

ADRESSE *au Roi, relativement à son discours pour l'ouverture de la session.*

M. Fox recherche dans ce discours quelle est la vé. ritable intention du ministère. Il montre qu'il parle de paix pour obtenir ce qu'il désire et accroître sa puissance.

EXPOSÉ.

Le Roi ouvre la session du nouveau Parlement, en manifestant le désir de consulter encore l'opinion de la nation sur les moyens de salut de tout ce qui lui est le plus cher.

Il dit avoir pris tous les moyens pour parvenir à une négociation capable de procurer une paix honorable et durable, ou de prouver quelles sont les véritables causes de la prolongation de la guerre. Il annonce son intention d'envoyer quelqu'un à Paris; mais il fait observer que rien ne peut mieux appuyer ses efforts que la détermination de manifester les ressources de l'Angleterre, principalement dans un moment où il est question d'un projet de descente de la part de l'ennemi.

Il parle des opérations de la campagne passée; des succès obtenus par la marine anglaise, et surtout de l'appui qu'il a reçu par la vaillante conduite de son allié l'empereur, dont les armées sont commandées par le prince Charles.

Il demande l'appui de la Chambre des Communes pour voter les sommes nécessaires.

Après l'adresse ordinaire proposée,

M. Fox se lève et dit :

MONSIEUR,

Je n'ai pas l'intention d'abuser des momens de la Chambre sur la proposition de cette adresse; cependant, si je donnais mon vote en silence, je m'exposerais à voir ma conduite peut-être encore mal interprétée.

La chose qui m'a frappé le plus dans le discours de S. M., c'est de voir qu'à la fin elle a été conseillée d'agir d'après des principes que je ne cesse, depuis trois ans, de répéter à ses ministres : sous ce rapport, je ne puis que donner mon entière approbation à l'adresse. Je puis, sans doute, regretter que ce conseil ne soit suivi qu'après avoir dépensé des centaines de millions et des milliers de mes compatriotes; mais enfin, tardif comme il est, je ne l'en adopte pas moins. Je ne parlerai donc pas plus ici, ni de l'époque, ni des moyens qu'on a employés, ni des invectives déplacées qui ont été, dans le temps, lancées contre moi, en prétendant que traiter avec la France c'était livrer la tête de notre souverain; je me bornerai à dire à ce parlement-ci ce que je répétais dans le précédent, *que proposer des négociations n'est pas implorer la paix*; et en cela, je demande à être bien compris. Je pense qu'il n'y a pas d'espérance de conquête qui puisse me faire départir de ce principe. Je préfère *la négociation de paix* à tout, et en conséquence j'appuie, sous ce rapport, la proposition de l'adresse.

Il est néanmoins dans cette adresse des expressions que je ne puis entièrement approuver : il est dit que S. M. *n'a omis aucune occasion d'entamer une négociation.* A moins que cette expression ne se rapporte au temps écoulé depuis la dernière session, je ne puis l'approuver; autrement, il est impossible que les ministres prétendent faire accepter cette expression par ceux qui, comme moi, ont sans cesse blâmé les mesures impuissantes qu'ils ont adoptées pour arriver à ces négociations. Si, au contraire, les efforts dont il est question se rattachent à l'espace de temps depuis la session, je suis disposé à y croire; mais je désire en être toutefois convaincu.

Je loue cependant les ministres d'avoir omis dans ce discours les phrases, trop habituelles depuis la guerre, comme : *ayant été entreprise pour la cause de la religion, de l'hu-*

manité et de l'ordre social; phrases qui sont plutôt calculées pour aigrir les deux partis que pour amener à une négociation. Ils ont agi sagement en adoptant le langage de la modération dans un moment où ils veulent arriver à traiter de la paix, quoiqu'à une grande distance encore.

Il est d'autres expressions, qu'en adoptant en ce moment, nous avons la liberté de rechercher et d'approfondir plus tard. Telles sont les assurances de la prospérité de notre commerce et de nos manufactures. J'aime à croire à la vérité de cette assertion, et je n'ai aucun motif de la révoquer en doute sans preuves. Bientôt, je le pense, il nous sera facile de connaître les détails de cette prospérité. Ainsi, en adoptant l'assurance qui nous en est donnée, nous ne nous retirons pas la liberté d'enquérir.

On nous y parle aussi de la tranquillité générale : rien au monde n'est plus l'objet de mes désirs. Mais quand nous voyons que cette tranquillité est due à la sagesse des lois passées dans le dernier Parlement, qu'elles nous ont fait triompher de l'anarchie, je ne puis cacher mon étonnement. Jamais je n'ai pensé qu'il y eût un nombre suffisant d'individus voulant troubler l'ordre et la tranquillité pour attirer l'attention de S. M., ou de cette Chambre : je ne puis donc souffrir l'insinuation, que ce sont ces lois qui, seules, s'y sont opposées. La tranquillité publique provient toujours de l'obéissance du peuple à des lois sages. Si on veut dire que la tranquillité est le résultat de lois abominables et faites uniquement pour jeter le trouble dans la nation, alors je ne puis me réjouir de cette tranquillité, fruit de l'effroi et non du contentement. Personne plus que moi, Monsieur, ne chérit la constitution; et c'est en raison de cela que je n'aime point à jouer avec ce mot. Mon attachement est pour cette constitution, sous laquelle je suis né, sous laquelle j'ai été élevé; et non pour celle du dernier Parlement. Il m'est donc absolument impossible d'accorder mes louanges à ces lois, auxquelles on semble rapporter la cause du bonheur dont nous devons jouir. Je désire certainement la paix autant que personne; mais, à ce prix, je n'en voudrais pas. J'ai cru, en conséquence, devoir m'expliquer, afin que mon vote ne fût pas mal compris dans l'assentiment que je donne à l'adresse.

J'ai annoncé que je blâmais les opérations de la guerre, et toute la politique intérieure adoptée depuis qu'elle a lieu. Je pense donc que, quel que soit le résultat des négociations que S. M. a fait entamer, il est néanmoins du devoir de la Chambre d'examiner les causes des maux qui nous accablent. La paix est sans

doute le premier point à obtenir ; mais je doute
fort que la paix seulement, sans une renoncia-
tion totale à tout le système que nous suivons,
puisse nous garantir de nouvelles calamités.
Elle peut nous porter à souffrir plus long-temps
les maux que l'on a accumulés sur nous ; mais
ce ne serait qu'un palliatif, et non un remède.

Le noble lord qui a voté l'adresse, a été un
peu plus loin que le discours de S. M. dans
ses expressions, en disant que le gouvernement
français *offre des garanties, et tout ce qui
peut inspirer le désir de traiter.* Je pense
comme lui, que, quand on veut traiter avec
une puissance, il faut parler d'elle dans des termes respectables. J'eusse donc désiré qu'il y eût
dans le discours de S. M. quelques expressions
convenables pour le directoire. Il me semble
qu'il n'y aurait eu aucun inconvénient à nous
dire qu'elle envoyait quelqu'un près du directoire de la république française. Au surplus,
si cette omission est faite par inadvertance, je
retire mon observation.

Je ne parlerai pas ici des conditions de paix ;
je sais que nos ressources sont grandes ; et que
s'il faut, après nos efforts pour obtenir la paix,
recommencer la guerre, ces ressources vien-
dront au-devant des besoins.

A l'égard des triomphes de l'Autriche, il faut
sans doute s'en réjouir. Mais je ne puis jamais

oublier que nous sommes appelés appelés à nous réjouir de ce qu'ils ne peuvent recouvrer qu'une
portion de ce qu'ils ont perdu dans la dernière
campagne. Il est certain qu'au milieu de toute
cette joie, il nous restera toujours de grandes
causes d'enquête; qu'un jour viendra pour
proposer cette investigation. C'est en raison de
cet espoir qu'aujourd'hui je vote pour l'adresse
sans amendement, et avec la réserve de proposer plus tard l'enquête nécessaire.

L'adresse est adoptée *nemine contradicente*.

1796.

INVASION. *Augmentation de la milice.*

M. Fox montre le danger de l'invasion dans son véritable jour. Il prouve que les ministres se servent de ce moyen pour augmenter l'influence de la couronne au détriment des libertés du peuple.

EXPOSÉ.

En conséquence de l'article du discours de S. M., où elle parle des dangers d'une invasion, M. Pitt propose de lever 15,000 hommes pour le service de la marine, et autant pour le recrutement de l'armée. Dans sa proposition, il distingue le service de terre propre à s'opposer à une invasion, sans que l'agriculture, le commerce et l'industrie en souffrent. Il demande que la milice soit portée à 60,000 hommes, non pas appelés immédiatement au service, mais disponibles. Il demande pour la cavalerie que chaque personne ayant dix chevaux, soit obligée de fournir un cheval et un cavalier pour faire partie de la milice. Au-dessus de dix on fournirait à proportion. Au-dessous, au contraire, plusieurs personnes seraient réunies en classes, et tireraient au sort pour savoir qui serait chargé aux frais communs de fournir un cheval et un homme. Il dit que la cavalerie qui peut être ainsi formée s'élèverait à 20,000.

M. Shéridan dit qu'il ne s'oppose pas à cette proposition, pourvu que cette milice ne soit pas destinée à être envoyée aux colonies.

M. Fox prend la parole :

Dans la position où nous sommes, il me semble impossible d'apporter aucune opposition raisonnable à la proposition ; cependant, autant que j'ai pu concevoir le plan qui est formé, j'y trouve quelques objections, que l'éloquence même de l'honorable membre n'a pu m'empêcher d'apercevoir.

Il a été dit, en réponse à mon honorable ami, que, quoique dans le cas d'invasion, les Français ne puissent pas débarquer de la cavalerie, il est cependant nécessaire d'en avoir une à leur opposer. Certes, mon honorable ami n'a pas pu contester ce fait : il est convenu aussi que continuant la guerre, et nous voyant exposés à ce nouveau danger, il était de notre devoir de faire tous les préparatifs possibles. Cette vérité est la même pour toutes les guerres quelconques. L'honorable membre eût dû arriver à la question essentielle : La proposition actuelle est-elle convenable à adopter dans les circonstances présentes? Jusqu'ici nous n'avons, pour établir cette vérité et cette convenance,

que l'assertion des ministres du Roi; et j'avoue
que je n'y attache pas, pour ma part, grande
confiance : il faut, pour le Parlement, quelque
chose de plus positif, avant d'adopter des mesures aussi extraordinaires. Je supplie le comité
d'apporter à ce qu'a dit le chancelier de l'échiquier la plus sérieuse attention. Rien ne repose
sur un fait positif : tout ce qu'il propose est
applicable à toutes les guerres. Comme trop
souvent il lui arrive, il a employé l'éloquence
la plus persuasive pour proposer des choses
sans en faire l'application, qui toutes tendent
à prendre l'argent de la nation, afin d'augmenter de plus en plus le pouvoir de la couronne.

J'ai bien entendu que l'honorable secrétaire
d'état, M. Dundas, a fait l'éloge du dernier
Parlement, en recommandant à celui-ci de
l'imiter. Mon opinion à moi, au contraire, est
qu'il a fait plus de mal à mon pays et à sa prospérité, qu'aucun Parlement, depuis qu'il en
existe en Angleterre. Je suis donc loin de désirer cette imitation : j'aime trop, pour cela,
les principes de la liberté. Et je ne puis me
dissimuler que ce Parlement nous a enlevé tout
ce qui nous était cher. Il n'existe aucun Parlement qui ait attaqué aussi fortement les droits
du peuple, sans lui procurer aucun avantage
en compensation; aucun Parlement, depuis

1688, époque de notre révolution, qui ait autant abusé de son pouvoir pour enlever au peuple ses droits, afin d'augmenter le pouvoir de la couronne : il m'est donc insupportable de l'entendre proposer comme un exemple à suivre.

Je regarde ce dernier Parlement comme le plus grand fléau qui ait pesé sur mon pays; puisque ses principes ont été d'amener le despotisme, en accordant une confiance aveugle aux ministres de la couronne; et s'il fallait que celui-ci prît le premier pour exemple, nous serions bientôt dans une situation où il devient peu important qu'il y ait un Parlement ou non. Enfin, sans la conduite de ce Parlement, nous n'entendrions pas la mesure qu'on nous propose en ce moment.

Je sais qu'on me reprochera de parler avec beaucoup trop de chaleur : mais je ne conçois pas comment un homme qui aime son pays pourrait faire autrement.

Les ministres nous disent que la mesure qu'ils proposent est nécessaire. S'il en est ainsi, c'est leur conduite qui a amené cette nécessité; c'est la confiance aveugle du dernier Parlement qui nous a jetés dans cette situation. Enfin, cette mesure, quelle est-elle? une réquisition; l'imitation du système français, contre lequel on a tant crié : cependant les ministres disent qu'elle est indispensable; qu'il faut se préparer: sans doute; mais ne doivent-ils pas nous dire pourquoi?

N'avons-nous pas eu souvent des craintes d'invasion? En 1794, les ministres nous en ont parlé; ils ont demandé à ce Parlement par ex- cellence des mesures qu'on leur a accordées. Les Français sont-ils donc aujourd'hui plus dangereux?

Je suis trop habitué aux manœuvres des mi- nistres pour m'effrayer beaucoup de cette invasion.

Mais, nous dit l'un des membres de l'autre côté, comme il serait possible que nous fussions forcés d'adopter le système d'une guerre offen- sive, il me semble que la mesure aurait un double avantage. Je ne nie pas le fait; mais je dis aux ministres : parlez-nous donc franche- ment; ce à quoi je m'oppose, c'est votre sys- tème de duplicité. Si vous avez besoin de cette force, et que la guerre offensive me soit prou- vée, je suis prêt à voter pour ce que vous de- mandez : donnez-moi seulement des raisons.

On nous annonce que la responsabilité des ministres nous donne une garantie de l'appli- cation de la mesure qu'ils proposent : examinez pour cela à quoi nous entraîne cette mesure. Vous introduiriez une marche qui tendrait à priver le peuple de ses droits et de ses propriétés. Et si, après tout, il était reconnu que cette prétendue invasion n'eût qu'un prétexte pour obtenir la mesure proposée, et que son but est tout autre, où serait' la responsabilité des ministres? par quel· moyen les· rendriez-vous responsables? Ne diraient-ils pas, si l'invasion ne s'effectue pas: cela est dû aux mesures que nous avons proposées, et que vous avez adoptées. La responsabilité, dans ce cas, est nulle. Et c'est ainsi qu'en adoptant les mesures proposées, vous pouvez arriver, les adoptant toutes, à la destruction totale de la constitution. C'est là un des grands inconvéniens d'une constitution libre, je le sais; plusieurs auteurs l'ont démontré. Je ne suis cependant pas convaincu qu'ils ne soient, en somme totale, plus que balancés par tous les avantages qui en résultent. Mais ceci n'est pas une question. La nation a choisi son gouvernement; et c'est votre devoir de le maintenir, même avec ses imperfections. Si donc, quand les ministres vous parlent d'une alarme, vous leur accordez tout ce qu'ils demandent, lors même qu'il ne peut pas y avoir de responsabilité; alors, loin de suivre la marche de vos ancêtres, vous adoptez ce qui vous paraît à vous, et certes pas à moi, les avantages du despotisme. Vous trompez la nation, qui compte sur vous pour le maintien de ses droits.

et ses griefs ; il faut, enfin, rapporter les lois qui déshonorent le dernier Parlement ; il faut rendre à la constitution toute sa force primitive ; c'est alors que nous verrons l'énergie du peuple, et qu'il n'y aura plus besoin de créer une force militaire pour repousser un ennemi audacieux, si toutefois il osait l'être assez pour tenter une invasion : voilà vos véritables ressources ; le reste est imaginaire.

Je me résume, et ne m'oppose nullement au plan général proposé ; mais je crois que dans les détails il est de mon devoir d'en empêcher l'adoption.

M. Pitt réplique, et finit par obtenir la permission de présenter le bill en question.

~~~~~~~~~~

1796.

31 Octobre.

CONTINUATION.

EXPOSÉ.

L'ordre du jour appelle la discussion sur le bill pour une augmentation de la milice.

Après un discours de M. Pitt , M. Fox prend la parole , et dit :

Je me lève, Monsieur, pour faire quelques observations sur la doctrine que veut établir l'honorable ministre; doctrine qui, si elle est adoptée, nous doit amener à faire effectivement ce que jusqu'ici on ne nous annonce qu'en paroles. Oui, dans ce cas, il faut déclarer que notre constitution est bonne à vanter comme une superbe chose, mais qu'elle n'est nullement convenable pour le bien de l'État. Nous devons annoncer que quand les ministres ont mis le pays en danger, ce danger est un motif de plus pour leur accorder confiance entière; en un mot, pour suspendre la constitution, et faire du Gouvernement une menarchie armée. Il doit suffire que le Roi nous dise que le danger existe pour que nous décidions de mettre la nation dans le cas d'y apporter résistance; enfin, nous devons nous soumettre à tout, à moins de paraître en rébellion envers le Roi.

Le discours de S. M., que je considère uniquement comme le discours des ministres, nous dit qu'il y a danger d'invasion. Nous pouvons suspendre pendant un temps l'enquête sur la vérité de ce danger; nous pouvons même suspendre notre enquête sur la conduite de ceux qui ont amené ce danger; mais pouvons-nous donc l'ignorer totalement? Nous ne sommes pas assez neufs dans le Parlement pour imaginer qu'approuver le discours du Roi ce soit adhérer à toutes les mesures qu'il peut plaire aux ministres d'adopter. Désigner une si grande quantité d'hommes pour les mettre sous la loi martiale, à la disposition du Gouvernement, sans garantie, et cela dans un moment où d'avance, on élève de toutes parts des casernes et des baraques pour cette force militaire extraordinaire, me semble, je l'avoue, une mesure bien oppressive. Ce n'est pas peu de chose que d'insinuer l'esprit militaire à toute une nation. J'avoue mon effroi; je suis alarmé de toutes ces mesures, parce que je n'y vois que l'accroissement de la puissance royale au détriment des libertés du peuple. Mais l'honorable membre nous dit que douter du danger d'une invasion, c'est douter de l'évidence : eh bien, je le répète encore, j'ai demandé, il y a quelque temps, une enquête sur cette existence, elle a été refusée. Je reste dans mon doute, et dans ma persuasion que si elle était ordonnée, on reconnaîtrait que ce danger n'est pas plus réel en ce moment que celui prétendu en 1792.

Cette mesure d'appeler la milice me paraît, à moi, des plus dangereuses, et de nature à passer à la postérité comme une époque de malheur pour mon pays. Il me paraît qu'elle peut produire plus de sacrifices d'hommes et d'argent que jamais guerre entreprise sous le despote Louis xiv.

Je parle ici toutefois du danger d'appeler des régimens dans la capitale, de celui de fortifier la tour de Londres comme si une insurrection était au moment d'éclater; et cela dans le moment où tant d'innocentes victimes sont soupçonnées du crime de haute-trahison; dans le même temps où les magistrats ne peuvent pas trouver assez de preuves pour les convaincre et satisfaire le jury. Je ne croyais pas être forcé d'entrer dans ces détails; c'est un voile que je soulève malgré moi, et parce que j'y suis forcé par l'assertion de l'hono-

rable membre, que je ne veux pas me rendre
à l'évidence.

M. Yorak rappelle M. Fox à l'ordre, comme s'écar-
tant de la question. Le président dit qu'il ne croit pas
M. Fox hors la question. Il pense qu'il entre dans des
détails trop minutieux , mais que néanmoins tout ce
qu'il dit se rattache à la question.

Je ne puis être satisfait, continue M. Fox,
de la manière dont j'ai été rappelé à l'ordre.
Il me semble que nous n'en sommes pas encore arrivés à établir dans nos usages parlementaires ni sonnette, ni marteau, pour ouvrir ou clore nos débats, et cependant une
interruption de cette nature nécessiterait un
moyen semblable. Je crois que mes allusions se rattachaient à la question. Mon opinion, quoi qu'en puisse dire l'honorable ministre, est que le danger d'invasion n'est pas
réel; et je soutiendrai cette opinion, encore
que, comme il le prétend, elle aille contre
l'évidence. Je me flatte peut-être quand je
crois être dans une minorité bien différente
de ce que se figure l'honorable ministre :
j'ignore dans quelle position je suis dans cette
Chambre, j'ignore celle où je suis placé dans
la nation; mais je puis dire que dans la portion de la nation qui m'est connue, je suis dans
une immense majorité.

On nous annonce qu'il y a dans la nation une grande tranquillité, je conviens qu'il y a un grand amour de la constitution, mais je crois, cependant, que le peuple la préfère telle qu'elle était avant la guerre. Je ne crois pas du tout à l'existence de *ces 80,000 incorrigibles jacobins* dont a parlé M. Burke dans un ouvrage trop célèbre; encore moins puis-je imaginer être du nombre de ces incorrigibles. Je crois qu'il serait bien difficile d'en trouver qui méritassent exactement ce nom. Mais si les hommes ainsi désignés sont ceux qui blâment la conduite des ministres, qui pensent qu'elle a entraîné la nation dans une suite de calamités dont elle aura peine à se relever, qui croient une enquête sur cette conduite indispensable, alors je suis bien heureux d'apprendre que le nombre s'en élève si haut : je ne puis que désirer qu'il s'augmente.

~~~~~~~~~~~~~~

1796.

14 Décembre.

Motion *de M. Fox pour censurer les ministres relativement à l'emprunt fait sans
le consentement du Parlement.*

*M. Fox montre combien la conduite des ministres
est inconstitutionnelle. Il s'adresse à un nouveau
Parlement, et cherche à lui prouver que le but
du ministère est de renverser la constitution.*

EXPOSÉ.

En conséquence de l'avis qu'il en a donné, M. Fox
fait sa motion.

Il dit :

MONSIEUR,

Malgré tout ce qui a été dit dans cette Chambre dans une séance précédente, toutes les ru-
meurs qui occupent le public, et la décision
même prise par le conseil de la commune de
la cité, sur les mesures projetées; je demande
à la Chambre la permission de faire précéder
ma motion de quelques observations qui y ont
rapport.

Le principe fondamental de la constitution est que notre Gouvernement est une monarchie limitée et non une monarchie absolue, et qu'en conséquence de ce principe, un des premiers priviléges de la Chambre des Communes est, non-seulement de voter l'impôt, mais aussi de juger les dépenses de l'État, la manière dont elles sont faites, et celle que l'on doit employer pour trouver l'argent nécessaire. Il me semble que ce principe ne peut rencontrer de contradicteurs.

Dire qu'une monarchie absolue ne renferme pas des avantages d'exécution qui n'existent point dans un Gouvernement libre, j'en suis loin; mais en ne considérant même pas les bienfaits d'une sage liberté, en n'ayant pas égard à l'énergie qu'il peut procurer, je dirai que, quand il n'y aurait que la faculté d'examiner les causes d'une guerre, les avantages d'un Gouvernement libre sont encore bien préférables. Je dois donc penser que ce principe est généralement reconnu, et raisonner en conséquence.

Déjà il a été parlé, dans une séance précédente, des dépenses extraordinaires et des moyens de les régulariser. On a reconnu, je crois, ou du moins je reste bien d'avis que c'est un mal souvent nécessaire dont il fallait être avare; que c'est enfin une exception aux principes de la constitution.

. La mesure dont il s'agit ici renferme deux questions: est-ce une dépense indispensable? Devait-elle être faite sans l'aveu du Parlement?

. Je supposerai, d'après ce que je viens de dire plus haut, que c'est une dépense indispensable, et qu'il était sage et prudent de remettre à l'empereur d'Autriche 1,200,000 l. st. il ne reste plus qu'à déterminer si cette dépense pouvait être faite sans l'agrément du Parlement.

Et, d'abord, j'observerai que ce n'était pas une dépense incertaine, et qu'il a été facile de prévoir ce qui devait être accordé, soit à l'Empereur, soit au prince de Condé.

. Ici, je demanderai comment, quand nous avons entretenu depuis si long-temps un corps d'émigrés d'année en année, avec approbation du Parlement, des sommes ont été envoyées au prince de Condé, sans que le Parlement le sût? Quand on nous dit que, dès le mois de décembre 1795, 200,000 liv. st. ont été envoyées au prince de Condé, comment n'ajoute-t-on pas que cette somme a été prise sur tel ou tel crédit? Loin de là, ces sommes sont portées sur le crédit de 1796.

Ainsi donc, le ministre vient sérieusement

nous dire: « Après toutes les taxes que j'ai im-
» posées au peuple, je dois encore avoir un ex-
» traordinaire de 2,000,000 st., pour dépenses
» imprévues. » On lui accorde ce crédit extraordinaire.

Le premier emploi qu'il en fait est d'envoyer
200,000 liv. st. au prince de Condé, sans que
le Parlement en sache rien.

Ce n'est pas tout, Monsieur; et cependant
quelle erreur déjà ! Il y eut quelques difficultés
élevées par mon honorable ami, M. Grey, sur
la manière dont le crédit avait été employé.
On l'accusa, je m'en souviens, d'être soupçon-
neux; tandis que, dans l'ancien langage parlementaire, on l'eût loué d'être vigilant. Il demanda, ainsi que moi, des détails; on refusa
de les donner. Or, je le demande, n'est-ce pas
un vol public? Si les membres de cette Chambre se reportent aux débats du dernier Parlement, ils verront que la question des emprunts
a donné lieu à de violens débats; que l'on a
reconnu que ce n'était pas seulement un emprunt, mais qu'il y avait aussi dans les sommes demandées une portion pour la marine.
Il s'ensuivait que la Chambre ne pouvait pas
ignorer quelle était la somme destinée à l'empereur; que des ministres ne pouvaient pas
envoyer des secours à une puissance sans consulter la Chambre, afin que ceux qui n'approu-

veraient pas ce secours pussent s'y opposer.
Plusieurs questions directes ont été en conséquence adressées à l'honorable ministre dans
le cours de la dernière session : les réponses
ont été évasives. Le Parlement enfin n'a pas
été consulté; et l'instant arrive où nous voyons,
dans le budget qui vient d'être présenté, que
des sommes énormes ont été envoyées en Allemagne.

Mais encore une fois, j'admets que tout a
été bien fait; que la chose était nécessaire pour
le salut de l'Allemagne, et que le salut de l'Allemagne était nécessaire au salut de l'Angleterre : toutes ces circonstances ont eu lieu pendant l'intervalle d'une session. Pourquoi les
ministres n'ont-ils pas convoqué le Parlement
pour l'informer de ce qu'il était indispensable
de faire, et pour demander un bill d'indemnité? diront-ils que cela pouvait se faire aussi
bien à la réunion ordinaire de la session; que
c'était la suite d'une mesure adoptée?

Le Parlement a été convoqué le 27 septembre
dernier : nous attendons encore cette communication. Et maintenant que le Parlement est
assemblé, comment les ministres oseront-ils
envoyer de l'argent clandestinement hors du
royaume?

Je demande si ce ne serait pas affronter ouvertement la constitution. J'espère que nous

entendrons pas avancer l'argument usité :
qu'il faut, dans une mesure de cette nature,
le secret ; que c'est le meilleur moyen de relever le crédit.

Quels sont donc les motifs des ministres?

Le premier me semble être, qu'ils ont été
bien aises de profiter de la joie occasionnée
par le succès des armes de l'Autriche, pour
établir un antécédent contre la constitution,
en disposant ainsi d'une somme inconstitu-
tionnellement : le second, de donner un exemple aux ministres avant d'employer l'argent du
peuple, comme ils le veulent, sans consulter
le Parlement. Ils pensent sans doute que les
ministres sont de meilleurs juges de toutes les
mesures publiques, que la Chambre des Communes.

Il me semble qu'une justification semblable
est une aggravation de l'offense. La Chambre
ne peut la souffrir. Si le ministre a pensé que
la Chambre approuverait l'emprunt, pourquoi
ne le lui a-t-il pas soumis? Si au contraire il
craignait un refus, comment a-t-il osé le faire
sans son aveu?

La question que je soumets à la Chambre
n'est pas de savoir si cette attaque à notre constitution est plus ou moins forte que les précédentes, il s'agit uniquement de déterminer
si on souffrira cette nouvelle atteinte : car dans

ce cas, si le Parlement la sanctionne, je déclare qu'il n'existe plus de constitution.

Et avant tout, je demande que l'acte qui établit qu'on votera des droits, soit lu.

L'acte demandé étant lu, M. Fox continue :

Je m'oppose, en conséquence de cet acte, à l'acte d'indemnité demandé par quelques personnes ; et je propose de déclarer : « que les » ministres de S. M. ayant disposé des deniers » publics sans l'autorisation du Parlement, ont » violé par-là l'acte constitutionnel des privi- » léges de la Chambre, et doivent être respon- » sables de cette conduite.»

M. Pitt répond que cette mesure est autorisée par des antécédens.

La Chambre va aux voix sur la motion de M. Fox.

Pour, 81.   Contre, 285.

La motion est rejetée.

~~~~~~~~~~~~~~~

1796.

3o Décembre.

Message *du Roi concernant la rupture des*
négociations de paix avec la France.

M. Fox expose de nouveau la conduite des minis-
tres pendant la guerre. Il les accuse de duplicité,
et pense que c'est la preuve de ces dispositions qui
a porté les Français à rompre les négociations.

EXPOSÉ.

M. Dundas présente le message annonçant la rupture
des négociations de paix.

M. Pitt, après être entré dans le détail de la conduite
des ministres, propose une adresse au Roi, pour
le remercier de son message, et de la communication qu'il a faite à la Chambre des pièces concernant les négociations; pour assurer S. M. que la
Chambre partage ses regrets de voir les négociations rompues; que cette opération prouve que S. M.
a employé tous les moyens en son pouvoir pour obtenir le bienfait de la paix; que les prétentions de
l'ennemi sont la seule cause de rupture; que dans
cette conviction où est la Chambre que les calamités
nouvelles de la guerre ne peuvent être attribuées
qu'à l'ennemi, elle s'empresse d'offrir à S. M. son

zèle et son appui , en se reposant sur la Providence
et sur le courage et l'énergie de la nation , pour écarter des dangers si inquiétans pour la tranquillité
générale de l'Europe.

M. Erskine répond par un discours très-éloquent.

M. Fox lui succède et dit :

MONSIEUR,

Je m'accorde entièrement avec l'opinion de
mon honorable ami, sur la conduite coupable
des ministres de S. M. Ils ont attiré sur notre
pays par cette imprudente conduite toutes les
calamités imaginables, et l'ont amené au pen-
chant de sa ruine. Il est impossible, à tout
homme qui aime son pays, de ne pas examiner
avec la plus scrupuleuse attention les malheurs
qui nous menacent; et quoique nous ne devions pas désespérer, nous ne saurions y apporter un intérêt trop profond.

Après une guerre de quatre ans, que l'on
dit avoir été accompagnée de toutes les circonstances les plus honorables et les plus glo-
rieuses pour la valeur anglaise; après les dépenses énormes dans lesquelles nous avons été
entraînés ; après avoir augmenté la dette publique de 200 millions sterling , et avoir établi
des taxes en permanence pour 9 millions ; après
avoir sacrifié tant de nos braves compatriotes,
nous nous trouvons avoir gagné si peu, que

le ministre même, par un discours des plus étonnans, vient de convenir que les seuls résultats obtenus, ont été de voir l'ennemi encore plus acharné dans ses prétentions, et que tout espoir de paix est anéanti pour ce moment. Il faut des changemens que nous ne pouvons prévoir, pour voir renaître cet espoir ; et la guerre avec toutes ses calamités devient de nouveau nécessaire.

Ç'eût été une consolation, au moins, si l'honorable ministre, après nous avoir fait pompeusement l'énumération des prétentions exorbitantes de l'ennemi, nous avait présenté quelques moyens de les réduire. Mais, hélas ! loin de là ; tout ce discours n'est que la répétition de ce qu'il nous a dit d'année en année. Nous n'avons aucune autre perspective. Il ajoute cependant que jusqu'ici il n'avait parlé de l'état déplorable des finances de France que d'après des documens incertains ; tandis qu'aujourd'hui le rapport même du directoire est une autorité incontestable. Ainsi, l'honorable ministre établit ses conclusions sur ce rapport, et sur la ruine probable des Français. Je suis étonné qu'il ne nous parle pas de la conversation qui a eu lieu entre lord Malmesbury et M. Delacroix, quand celui-ci a parlé des moyens immenses et des ressources de l'Angleterre. Il est remarquable de voir que, tandis que le directoire reconnaît notre puissance financière et nos richesses, il avoue à notre ambassadeur la pauvreté de la France et son embarras; que l'armée n'est pas payée; que toutes les branches de l'administration souffrent. Et c'est à l'Europe entière que les Français font cet aveu!

Quel étonnant contraste entre cette position et leur conduite énergique dans cette guerre! quel parallèle avec la conduite de nos ministres, conduisant les affaires d'un pays que l'on représente dans l'abondance des moyens! Tandis que, partout, nous sommes forcés d'abandonner les places les unes après les autres; tandis que nous sommes forcés de perdre ce que nous avions regardé comme nécessaire à la balance des pouvoirs, la France, sans ressources, ajoute à chaque instant à ses possessions et agrandit continuellement son empire. Elle paraît en ce moment dans l'attitude d'une nation conquérante : la Belgique est réunie à son territoire; l'Italie est soumise; la Hollande fait partie de la république: et nous, il ne nous reste que la liberté de vanter nos hauts faits; de représenter par les discours les plus adroits toute notre supériorité. voire même d'oser faire les menaces les plus présomptueuses.

Dès le commencement de la guerre, je n'ai cessé de demander qu'il fût envoyé un ambassadeur à Paris. Ma faible voix a été sans cesse étouffée. Le temps est venu cependant où il faut que cette question soit décidée d'une manière plus positive.

Les ministres se plaignent du traitement fait à notre ambassadeur : ils oublient donc que M. de Chauvelin a été renvoyé de ce pays-ci. En cela, comme en tout, la conduite de nos ministres me paraît inexplicable ; ils ont été enfin jusqu'à répondre à toutes mes demandes de négocier et de traiter, qu'il fallait continuer la guerre jusqu'à ce que nous pussions dire :

Potuit quæ plurima virtus
Esse, fuit : toto certatum est corpore regni.

Si l'honorable membre a quelques motifs de soupçonner la sincérité du directoire, la France doit-elle plutôt se fier à nos promesses ? Quand je vois que lord Malmesbury, en s'adressant au ministre français, lui fait la profession de sa profonde considération, je ne puis m'empêcher de penser que lord Auckland a été fait pair, pour avoir déclaré que ces mêmes hommes devaient être regardés comme *traîtres et parjures à toute l'Europe.*

L'honorable membre, dans son projet d'adresse, a omis une circonstance du message du Roi, que je crois nécessaire de relever. S. M. dit, ou du moins le ministre lui fait dire,

qu'elle n'a rien négligé pour terminer la guerre.
Quand, il y a quelques années, j'avais proposé
d'ouvrir des négociations de paix, l'honorable
membre m'a répondu, que les Français n'é-
taient pas capables de maintenir les relations
de paix et d'amitié. Il n'en a jamais, il est vrai,
donné les raisons. Or, je demande ce qui les
en rend aujourd'hui plus capables. Dira-t-il
qu'alors il n'existait qu'un gouvernement provisoire, et qu'en ce moment il y a une constitution permanente? Non; il ne voudra pas
s'engager dans un semblable motif. J'ai donc
lieu de conclure que l'expression du message
n'est pas exacte. J'ai pensé qu'il était convenable, à cette époque, de ne pas m'élever contre les assertions et contre la conduite de l'honorable membre. J'ai cru que les événemens
parleraient avec bien plus de force que moi :
ces événemens sont arrivés; ils prouvent la
conduite de l'honorable membre, et la confiance qu'il peut inspirer. La nation doit choisir
entre la possibilité de faire la paix, ou le bonheur de continuer de voir à la tête de l'administration l'honorable chancelier de l'échiquier.

Il nous a parlé de ses efforts pour procurer
la paix, et de la sincérité de ses intentions en
proposant des négociations. Qu'il me soit permis d'examiner succinctement l'histoire de

cette négociation, et d'y suivre l'honorable membre.

Le premier pas a été la communication, à Bâle, faite par M. Wickam comme agent du gouvernement britannique. Comme cet agent n'a jamais eu aucun pouvoir de s'engager, ou de faire faire un pas au Gouvernement, on ne peut attacher beaucoup d'intérêt à cette circonstance ; et elle ne tend pas à prouver la sincérité du ministre. La mission de lord Malmesbury est sans doute plus positive. Il nous est difficile de connaître les détails de cette négociation par les pièces déposées sur le bureau. Nous ne connaissons en tout que le manifeste du Roi ; et quand j'ai voulu consulter les pièces, je l'avouerai, je n'ai jamais vu de pièces officielles parler si peu de l'objet pour lequel on les soumet à la Chambre. Je vois quelques détails sur un passeport refusé, quoique la demande en ait été faite par l'intervention de l'ambassadeur de Danemarck : du reste, rien qui puisse m'instruire.

On nous a dit comme explication de ce que ce manifeste avait paru avant la présentation des pièces, que cela tenait au temps nécessaire pour préparer et mettre en ordre ces pièces. J'avoue que j'ai eu l'honneur d'être ministre ; et je ne puis croire que les personnes employées dans les bureaux soient moins capables qu'elles

n'étaient de mon temps ; mais je puis certifier
que, pour les pièces qui nous sont soumises,
en étant arrivées le matin du continent, elles
pouvaient être communiquées le soir même.
Je crois plutôt qu'il y a eu un motif tendant
à faire prendre le change à la Chambre.

Il est curieux d'examiner la nature des pouvoirs de lord Malmesbury. Il a été envoyé pour
négocier la paix, avec plein-pouvoir de la conclure, mais sans aucune latitude pour traiter :
nulle instruction de ce qu'il devait proposer,
ni sur ce qu'il devait accepter. Quand on lui a
demandé s'il venait traiter pour le roi d'Angleterre séparément, il a répondu que non ; quand
on a voulu savoir s'il était chargé de traiter
pour les alliés, il a répondu que non ; quand
on lui a demandé quelles étaient ses propositions, il a dit qu'il allait réclamer des instructions. Ainsi, il paraît qu'il était chargé de conclure la paix pour le Roi, mais pas de traiter ;
et que, chargé de traiter pour les alliés, il
n'avait pas pouvoir de conclure : est-il possible de voir une jonglerie plus ridicule ?

Si nous examinons néanmoins les bases,
nous voyons qu'elles étaient si insignifiantes,
si générales, que les Français les ont acceptées
en principe, mais en en demandant l'application. L'objet qui embarrasse toujours dans des
bases de négociations, est de savoir si elles

seront réglées par le *statu quo ante bellum*
ou le *uti possidetis*.

Quand les Français ont eu reconnu le principe et ont demandé à lord Malmesbury ce
qu'il proposait, il s'est trouvé forcé d'envoyer
ici pour avoir des instructions. Voilà la bonne
foi des ministres, voilà leur désir de traiter.
Ne pourrait-on pas en conclure qu'ils voulaient fatiguer les Français, les rebuter, et
faire cesser ainsi les négociations? Si les Français s'étaient regardés comme offensés par cette
duplicité, et eussent rompu sur-le-champ toute
négociation, auraient-ils été si blâmables? C'é-
tait évidemment le désir des ministres : ils voulaient, de cette manière, jeter sur les Français
l'odieux d'une rupture de négociation. Les
Français, au contraire, ont reconnu les bases;
les ministres ont été trompés dans leur attente. Lord Malmesbury a demandé de nouvelles instructions : les ministres ont eu à chercher alors un nouveau moyen de faire une insulte; lord Malmesbury reçut des instructions si extravagantes, qu'elles ne purent être
acceptées.

Mais, après avoir opéré ainsi, il a bien fallu
se reporter toutefois au traité d'alliance conclu
en 1793 avec l'Empereur, traité par lequel
nous nous engagions à ne pas mettre bas les
armes sans son consentement. A cette époque,

je m'élevai contre ce traité, en disant que la
Chambre ne pouvait pas sanctionner un enga-
gement qui tendait à créer un obstacle à la
paix. Aujourd'hui, si nous mettons en avant
ce traité pour ne pas conclure la paix, nous
justifions les objections faites par les Français.
Je suis loin de vouloir opposer la constitution
française aux droits publics de l'Europe; mais
les Français ont le même droit de prendre en
considération nos engagemens que nous pouvons le faire des leurs; et si l'honorable membre me demande ce que nous devrions faire
si les Français avaient résolu de réunir la cité
de Westminster à la république, je lui répondrai: Absolument la même chose qu'ils feraient,
si dans notre traité avec l'Empereur, nous nous
étions engagés à le mettre en possession de Paris.
Ces suppositions, l'honorable membre le sait,
ne sont que ridicules.

Il a été beaucoup question de la constitution
française et de l'objection de M. Delacroix,
que pour changer la limite du Rhin, acquise
à la France, il faudrait convoquer les assemblées primaires. Le ministre la regarde comme
une exagération de M. Delacroix; moi, au contraire, je l'explique comme une stricte observance des principes. Il me semble que c'est la
même chose qu'ici pour conclure un traité de
subsides : il faut consulter la Chambre des

Communes, et non pas, comme l'honorable
l'a fait, accorder des emprunts sans son aveu.
Il y a loin de là à reconnaître la constitution
française ; c'est reconnaître seulement que,
comme chez nous, ce pays a une borne au
pouvoir de son Gouvernement.

L'honorable membre rejette sur les Français tout l'odieux de la rupture des négociations : il a dit que nous ne sommes pas liés
par un *sine quâ non* ; mais le monde entier,
en dépit de ce qu'avance l'honorable membre,
jugera la question par le mémoire de lord Malmesbury, comme le *sine-quâ non* de l'Angleterre relativement à la Belgique. Il dit qu'elle
peut être reprise par le sort des armes : grand
Dieu ! quelle probabilité ! Quels moyens avons-
nous ? ne serons-nous pas trompés dans cet
espoir, et notre ennemi ne s'élèvera-t-il pas en
proportion de ce que nous tomberons ?

Et pourquoi faut-il donc que toujours nous
en soyons réduits à savoir si on peut réussir
à induire en erreur, à tromper ? le temps de
la duplicité est passé, il faut enfin de la franchise et de la loyauté. La question unique est
guerre ou paix. Quoique le ministre dise, et
qu'il veuille persuader à la majorité de la
Chambre que son intention est de faire la
paix, je suis sûr que l'examen des pièces prouvera au public que la guerre est le seul moyen.

d'obtenir une garantie. Peut-être en retournant, dans les comtés, les membres de cette Chambre tiendront-ils un langage différent à leurs commettans. Ils ne seront plus crus, le *sine quâ non* de la Belgique balancera les assertions des membres du Parlement. Le temps n'est plus ou le Parlement avait un tel crédit.

Je le répète donc encore, la question est guerre ou paix. les propositions de négociations sont pour la paix, l'adresse est évidemment pour la guerre. Cette question ne peut pas se décider par des amendemens insidieux, comme toute autre motion. Mon honorable ami, M. Grey, a fait une motion sur un fait, le ministre n'a pas pu le tirer, mais il s'en est tiré par un amendement. Si la Belgique est considérée par cette Chambre comme un objet suffisant pour établir un *sine quâ non*, alors il faut qu'elle décide d'ajouter à nos trésors dépensés, au sacrifice énorme de nos compatriotes, d'autres sacrifices encore, encore de nouveaux millions. Si, au contraire, elle pense comme moi que nous ne devons pas, pour rendre la Belgique à l'Empereur, qui peut-être bientôt ne sera plus notre allié, faire de nouveaux sacrifices, alors elle agira d'une manière convenable à sa propre dignité, et prouvera à la nation qu'elle ne veut pas participer à des actes aussi blâmables.

Il est à remarquer, Monsieur, que dans toutes ces négociations il n'a jamais été question de la Corse. Cependant, qu'ont dit les ministres quand ils ont pris la Corse? Ont-ils annoncé aux habitans qu'ils pouvaient se former un Gouvernement à leur choix et être libres? Non, ils ont envoyé un vice-roi représentant S. M., lequel leur a établi une constitution partie française, partie anglaise, en cherchant à les détacher des principes qu'ils avaient adoptés en faveur de la France. Les ministres ont représenté les Français comme une bande d'assassins. Supposons, maintenant, que les Corses eussent choisi le roi d'Angleterre pour leur souverain, en nous suppliant de ne pas les abandonner à cette bande d'assassins, auriez-vous pu dire, dans la négociation de paix, que la Corse devait être rendue? Je ne l'imagine pas. Les Français ne peuvent-ils donc pas en faire de même à l'égard de la Belgique.

L'honorable membre nous a parlé de la rupture des négociations comme d'une chose fâcheuse, mais non comme d'un motif de désespoir. Certes, je suis loin de désespérer de mon pays; j'en connais toutes les ressources: je vois seulement tous les jours que nous approchons de plus en plus de notre perte. Je crois que la paix seule peut nous sauver, et je pense qu'apportant à tout notre système la

plus grande économie, la plus sévère attention à nos finances, et en encourageant nos
manufactures et notre commerce, nous pouvons sortir de la position difficile où nous
sommes; mais si la guerre doit être continuée,
Dieu seul sait où nous irons. Loin de moi,
toutefois, de vouloir porter la moindre atteinte
à la constitution, mon désir ne serait que de
la perfectionner, de rendre au peuple le droit
qui lui appartient, de n'écouter que la voix de
ce peuple, et non celle des ministres. Oui, je
ne le cache pas, je souhaite le changement de
ministère, et cela, parce que je pense que c'est
le seul moyen de sauver mon pays.

Je termine en priant la Chambre d'excuser
la longueur de mon discours, je la supplie
d'apporter la plus sérieuse attention à la question. Si elle n'est pas d'avis de continuer la
guerre, je la supplie de mettre toute considération de côté, et d'ôter sa confiance aux personnes qui en abusent. Je propose en conséquence l'amendement suivant.

« Dans une crise aussi fatale que celle-ci, votre
fidèle Chambre des Communes croit qu'il est
de son devoir de parler franchement à V. M.,
afin de garantir l'honneur de sa couronne et
les intérêts de son peuple. Toutes les pièces
qu'elle a daigné nous communiquer relativement à la négociation, comme aussi les diffé-

rens mémoires qui paraissent avoir été cause de sa rupture, nous ont convaincus que vos ministres n'ont jamais été sincères dans leurs démarches de négociations de paix, si nécessaire à l'Angleterre. Nous ne pouvons nous refuser à blâmer de la manière la plus positive l'injustice et la hardiesse des ministres qui vous ont conseillé de renoncer à toutes les négociations de paix sous de vains prétextes, qui ont plus rapport encore à nos alliés qu'à l'Angleterre. Nous supplions V. M. d'ordonner la plus sérieuse investigation pour connaître les causes de toutes nos calamités, afin que nous puissions alors lui donner tous les avis que notre sagesse pourra nous suggérer dans les circonstances présentes. »

On met aux voix l'amendement.

Pour, 57.   Contre, 212.

L'adresse est adoptée.

~~~~~~~~~~~~~~~~

1797.

MOTION *de M. Harrison pour la rédilction de toutes les places et sinécures inutiles.*

M. Fox appuie cette proposition. Il prouve que ce moyen d'augmenter l'influence de la couronne doit être arrêté.

EXPOSÉ.

M. Harrison fait observer que l'énormité des dépenses de l'année ayant obligé à une augmentation considérable de taxes, il est du devoir de la Chambre de rechercher tous les moyens de soulager le peuple de ce fardeau; la réduction des places et sinécures inutiles lui paraît un des meilleurs moyens d'y parvenir.

MM. Shéridan, Fox et Tierney soutiennent cette proposition, qui est combattue par MM. Pitt, Wyndham et autres.

M. Fox à cette occasion dit :

On m'a particulièrement interpellé d'expliquer ma conduite en 1782, et la démonstration que je fais en ce moment, en soutenant la motion; je crois de mon devoir de répondre.

Et d'abord, qu'il me soit permis de répondre à quelques observations de l'honorable M. Wyndham, qui tendent à réprouver le moyen d'avoir recours aux propriétés des particuliers dans des temps de calamité publique. Je suis entièrement de son opinion, et j'admets qu'un pareil système ne tend à rien qu'à une déprédation totale. Mais je lui demanderai en quoi cette observation est applicable à la question. J'aurais cru que l'honorable membre répondait plutôt à quelque discours qui aurait pour but d'enlever au duc de Bedfort des propriétés qu'il a pu recevoir de Henri VIII, ou au duc de Richemond, des possessions que son père aurait reçues de Charles II. L'honorable membre nous a dit qu'il avait autant de droit à son traitement comme secrétaire d'état, qu'à l'héritage de son père. Je ne puis admettre cette assertion; car si une motion était faite à S. M. pour demander le renvoi des ministres, motion que j'appuierais sans contredit, je ne me croirais pas aussi coupable que si je demandais à S. M. de priver l'honorable membre de l'héritage de son père. Il n'y a donc pas de rapport entre le principe général et l'exemple dont il est question.

La question se borne à savoir si, dans un temps de calamité comme celui-ci, les émolumens de places inutiles ne doivent pas être

retranchés des charges imposées au public?
Il ne faut pas oublier que c'est l'énorme quantité de moyens d'influence mis dans les mains
de la couronne, qui a contribué à l'agrandissement incalculable de la France; que sans
elle la France ne posséderait pas le Brabant,
n'aurait pas l'Italie, et que l'honorable membre lui-même n'aurait pas eu l'occasion de
parler de son agrandissement. J'en appelle à
M. Burke lui-même, et à son ouvrage : *Pen-
sées sur une paix régicide*, où il convient
lui-même que la minorité de la Chambre exprime le vœu de la majorité de la nation. Sur
quoi porte cette observation? Sans doute sur
les places, pensions et indemnités de toute
espèce qui forment l'influence et le patronage
des ministres.

Il en est de même de la splendeur et du
luxe de la cour. Je sais que l'un et l'autre sont
nécessaires; que même il est de la dignité d'une
grande nation de les soutenir ; mais dans des
temps de calamités comme ceux-ci, et quand
le peuple ne peut pas supporter le fardeau qui
l'accable, ils deviennent une insulte au peuple;
et, au lieu d'afficher la gaîté, l'aisance et l'a-
bondance, le chef d'une nation dans cette position doit montrer la même détresse que le
peuple qu'il gouverne.

Je suis loin sans doute de m'élever contre

les pensions accordées à des services réels ;
mais il en est beaucoup, et on le sait bien,
qui ont été données à l'esprit de parti, et
comme récompense des tentatives faites pour
renverser le parti où l'honorable membre, ainsi
que moi, a joué un rôle.

J'en appelle aux sinécures dont jouissent
M. Pitt et M. Grenville, dans un moment où
ils accablent le peuple de charges. Cela n'est-
il pas honteux ? Je n'ose m'appesantir sur cet
objet.

L'honorable membre nous a exprimé ses
craintes que le public ne fût induit en erreur
par la mesure proposée ; mais, certes, le moyen
le meilleur de ne pas le tromper , est de discuter cet objet publiquement.

Je termine en m'opposant à la formation du
comité ; et, quoique je n'en connaisse pas la
composition, je ne puis m'empêcher de songer que si le ministre est de ce nombre, ce
sera un comité d'illusions et de tromperies.

. M. Pitt ayant demandé la question primitive de la
motion ;

Pour, 77.   Contre, 169.

La motion est rejetée.

~~~~~~~~~~~~~~

1797.

23 Mars.

Motion de M. Fox sur l'état de l'Irlande.

M. Fox rejette sur la conduite des ministres la cause des troubles d'Irlande. — Il développe les causes du mal ; il demande que les moyens de concilia-tion soient adoptés.

D'après l'avis qu'il en avait donné, M. Fox fait sa motion :

MONSIEUR,

L'objet dont j'ai à occuper la Chambre, est non-seulement de la plus haute importance, mais aussi d'une urgence incontestable. Mon but n'est pas d'entrer ici dans le détail des causes qui ont produit l'inquiétude de l'Ir-lande, inquiétude qui a passé chez nous; mais il est nécessaire de remonter à une époque déjà éloignée, afin de mettre la Chambre à même de se former une opinion juste du sujet, et de la porter à voter pour la motion que j'ai à proposer.

En 1782, il existait déjà de grands mécon-

téntemens en Irlande; et je pensai, à cette
époque, que le Gouvernement devait employer
tous les moyens en son pouvoir pour arrêter
le mal. Je proposai donc de reconnaître l'indépendance de l'Irlande. Il n'est pas nécessaire
en ce moment de définir si cette déclaration
dérivait du droit de la justice, ou si c'était un
moyen employé par la politique. Comme c'est
moi qui ai proposé cette mesure, je dois dire
que le principe qui me guidait était de rendre
ce pays libre et indépendant; de le faire jouir
de tous les avantages de l'indépendance en ré-
tablissant l'union entre les deux pays, union
si nécessaire à la prospérité générale. Il doit
paraître extraordinaire que, depuis cette époque, le mécontentement de l'Irlande ait toujours été en croissant, et qu'en ce moment elle
soit dans l'état le plus pénible. Il est donc naturel que la Chambre veuille rechercher les
causes qui ont fait que ces concessions n'ont
pas produit les heureuses conséquences qu'on
devait s'en promettre; et je crois de mon devoir
de provoquer cet examen.

Personne ne peut nier la situation malheureuse où est l'Irlande. Le Gouvernement croit
même nécessaire d'adopter des mesures pour
y remédier. Nous devons nous adresser au Roi,
avec un avis fixe sur les moyens d'obvier au
mal. Mais avant il faut examiner comment, au

moyen des concessions faites à l'Irlande, elle
a joui des avantages d'une législation indépendante; si, d'après cette constitution libre qu'elle
a obtenue, le peuple jouit du droit politique
auquel chacun est appelé, et si sa voix et son
influence ont gagné par le changement qui
s'est opéré. En examinant la population de
l'Irlande, nous voyons que les cinq-sixièmes
sont catholiques romains. Il est vrai que la majeure partie de leurs plaintes a été entendue,
que des concessions leur ont été accordées;
mais il faut voir si ces moyens ont été suffisans.
Si on reconnaît que les moyens employés pour
opérer ces concessions, de la part du pouvoir
exécutif, ont produit les persécutions les plus
sévères, alors on sentira que, loin d'avoir accordé des redressemens aux Irlandais, ils ont
été mis dans une positon pire que celle où ils
étaient avant. Telle est la première chose qu'il
faut bien examiner.

« Un autre objet doit nous occuper aussi. Les
habitans du nord de l'Irlande sont considérés
comme une classe différente des autres, et leurs
plaintes sont entendues avec moins d'intérêt.
C'est une distinction qui n'est pas excusable,
quand il s'agit de plaintes. Ces habitans réclament contre les malheurs de la guerre, dans
laquelle ils ont été entraînés sans aucun intérêt
réel, et les souffrances qui s'ensuivent pour

leur commerce. Ils ajoutent aussi, qu'il existe dans la constitution des abus dont ils se plaignent.

Cette constitution d'Irlande ne ressemble pas à celle de l'Angleterre : les Irlandais n'ont pas une législation par laquelle le peuple soit virtuellement représenté; et ils jouissent d'une moindre portion de liberté.

Il a été reconnu que, quelle qu'ait été l'intention du Gouvernement en adoptant la mesure de 1782, l'indépendance d'une législation libre n'a pas eu lieu; et que les avantages d'une constitution libre ont été balancés par l'influence du cabinet britannique. Il serait heureux même que ceci fût le seul sujet de plaintes et de reproches que les Irlandais eussent à faire. Sans entrer dans le détail de leurs justes motifs de réclamation, qu'il me soit permis d'en citer quelques-uns des plus frappans. A l'époque de la maladie du Roi, la législature d'Irlande prit une part très-active aux affaires : le Parlement d'Irlande censura le lord-lieutenant d'Irlande (vice-roi) pour la conduite qu'il avait tenue, et déclara son opinion positive sur les affaires publiques. Peu de temps après, et pendant l'administration de ce même vice-roi, une occasion se présenta, par laquelle l'influence de la couronne fut considérablement accrue; et le Parlement fut influencé au point de se rétracter de l'opinion qu'il avait énoncée. Un système fut présenté, par lequel il est de notoriété publique que l'Irlande devait être enchaînée.

Une personne d'un rang élevé a dit qu'on avait dépensé un million pour apaiser les dissensions d'Irlande, et qu'il en fallait encore autant pour amener cette législature à un état convenable. Le système fut adopté. Il fut reconnu et dénoncé en plein Parlement; et, quand je prononce le nom de Grattan, je n'ai besoin, je pense, de rien ajouter. On prouva que la moitié de la Chambre des Communes était composée des créatures de la couronne; la nation irlandaise déclara donc qu'on lui avait bien donné une législature indépendante de notre Parlement, mais dans la dépendance de notre Gouvernement.

Une autre preuve non moins forte de cette dépendance, est la manière dont les réclamations des catholiques ont été traitées. Non-seulement une immense majorité de la Chambre des Communes rejeta leurs doléances, mais elle y attacha la marque d'une espèce de réprobation.

L'année suivante cependant, quand la guerre fut déclarée, et qu'on eut résolu de suivre une marche plus prudente, une pétition de la même nature fut présentée et accueillie; le Gouver-

nement lui-même demanda qu'elle fût prise
en considération. J'approuve le résultat de ce
changement de conduite, sans doute ; mais je
n'aime pas la faiblesse et l'ineptie qu'il prouve
dans les ministres.

Quand lord Fitz-William fut envoyé comme
lord-lieutenant, il fut dit qu'il emportait l'approbation du ministère, en faveur de l'émancipation des catholiques ; et quoiqu'il n'y eût
aucun vote à cet effet dans le Parlement, on
ne douta pas que cette mesure ne dût avoir
lieu avec l'appui du Parlement. Quelle que soit
la différence d'opinion entre le noble lord et
moi, il n'en est pas moins vrai qu'il est le plus
populaire de tous les lords-lieutenans. Quel a
donc été l'étonnement de voir, malgré cela, le
système que l'on semblait avoir adopté, renversé en entier ; et la question, qui peu de temps
avant aurait été accueillie, rejetée par une
grande majorité ! N'est-ce pas là la plus insultante preuve de la dépendance de la législature d'Irlande ? Tout le bien de la mesure de
1782 n'était-il pas détruit ? N'est-ce pas la
preuve la plus incontestable de ce système de
duplicité ?

Avant d'aller plus loin, qu'il me soit permis d'exprimer l'horreur que m'inspire la
maxime de *dividé et impera*, et que ce soit

par un système pareil que l'Irlande soit con-
damnée à être gouvernée; tandis que je pense
au contraire qu'il faudrait le système le plus
conciliant, afin d'établir l'union entre tous les
rangs. J'en dis assez pour prouver combien je
désapprouve la conduite du Gouvernement.
Les conséquences de ce système ont été une
désunion complète de tous les rangs. Des soupçons s'établirent envers les catholiques d'une
classe inférieure que l'on semblait vouloir détacher de ceux d'une classe supérieure. Quelques-uns furent traduits devant les tribunaux,
comme accusés de haute-trahison, et quand
les juris les eurent acquittés, il fut prouvé
qu'il n'existait même aucune cause de soupçons contre eux. Des animosités particulières
eurent lieu et finirent par établir ces troubles
dont on a tant parlé. Les moyens employés
pour arrêter ce mal ne firent que l'augmenter.
L'autorité des lois fut suspendue. On arrêta
toutes les personnes suspectes, et on en dé-
porta un grand nombre sans même les juger.
Un acte d'instruction fut passé afin de donner
encore plus de moyen au Gouvernement. Enfin, contre toute idée de politique et de pré-
voyance, on arriva jusqu'au point d'ordonner
le désarmement du peuple d'Irlande, ce qui
fut fait par les moyens les plus vexatoires et

les plus arbitraires, et loin de procurer le bien qu'on avait l'air d'en attendre, on ne fit qu'accroître le mal et le danger.

Je sais qu'on nous dit que les réclamations des catholiques ne sont nullement fondées, et que celles des presbytériens le sont encore moins. On dit qu'ils jouissent de tous les droits, qu'ils peuvent nommer des membres du Parlement, et qu'il n'y a de différence avec les protestans, que parce qu'ils ne peuvent pas posséder les places du Gouvernement ni siéger eux-mêmes dans le Parlement. Mais en supposant même qu'il en soit ainsi, de quel droit les prive-t-on de ce que possèdent les protestans? Y a-t-il justice? Non. Il ne peut y avoir que des raisons politiques, et cela seul suffit pour les irriter. N'est-ce donc rien que de n'avoir aucune part dans le Gouvernement? On dit que ce n'est pas la liberté civile que les catholiques veulent, mais le pouvoir et les émolumens qui y sont attachés. Je répondrai pour eux, et je dirai, oui, car je ne vois pas qu'il y ait aucun blâme à désirer le pouvoir politique avec la liberté. Agir autrement serait une faiblesse. Les catholiques disent : ce n'est pas telle ou telle concession qui peut nous satisfaire, il nous faut une sécurité, une garantie, que nous n'en serons pas plus privés que les autres.

« Aujourd'hui on vante beaucoup la loyauté et l'énergie des catholiques dans la dernière tentative d'invasion, mais ce sont des louanges qui ne les satisfont pas entièrement. *Laudatur et alget,* est la position des catholiques. Le moyen de les récompenser est de leur accorder l'objet de leur réclamation.

« Mais avant d'aller plus loin, qu'il me soit permis de montrer combien on induit en erreur quand on dit que les catholiques ont le droit d'élire des membres du Parlement. Excepté dans deux comtés, la représentation d'Irlande appartient à ce que nous appelons des corporations. L'animosité du Gouvernement le porte à exercer son influence pour faire exclure les catholiques de ces corporations, ainsi leur privilége est donc presque nul. Les presbytériens ne demandent que d'avoir le droit de réprimer les abus du Gouvernement, ils veulent jouir de notre constitution, et on serait étrangement dans l'erreur si on croyait que la constitution d'Irlande soit calculée sur celle de ce pays-ci. Elle n'en possède que les abus. Les Irlandais ne sont donc pas blâmables quand ils se plaignent de n'avoir pas une représentation réelle, quand ils disent que l'influence de la couronne et le patronage détruisent totalement la forme et l'esprit du Gouvernement : n'ont-ils pas le droit

de dire qu'une semblable erreur n'est pas to-
lérable?

Supposer qu'une nation toute entière puisse
être gouvernée par des principes qu'elle blâme,
est une erreur, et l'histoire nous en prouve
toute l'impossibilité. Quel est le résultat de
cette conduite? c'est que nous sommes absolument dans la même position à l'égard de l'Irlande, où nous étions en 1774, par rapport à
l'Amérique. Retiendrons-nous l'Irlande par la
force ou par des concessions? La force peut et
doit créer la guerre civile. J'espère encore que
le Gouvernement ouvrira les yeux. A l'époque
de la guerre d'Amérique, j'observai que la
France, d'après la disposition des gouvernemens de l'Europe, aiderait l'Amérique; il me
semble qu'ici il y a peu de doute que les
Français ne cherchent à donner leur appui
aux Irlandais insurgés. Mais, dit-on, on les
désarmera. Pouvez-vous supposer qu'à la faveur de vos armes vous établirez des principes
faux? Pouvez-vous espérer que la force leur
fera dire qu'ils jouissent d'une constitution
libre?

On a avancé que les Irlandais sont des hommes extraordinaires; oui, il est vrai, ce sont
de ces hommes qui ont retiré leur pays de la
tyrannie de Charles 1er et de Jacques II, des
hommes qui ont défendu les principes de la

liberté; ce sont des hommes qui ont affermi la constitution britannique. S'ils ont poussé quelquefois ces principes à l'excès, j'avoue que c'est un excès que j'aime encore mieux que celui contraire.

Mais enfin, dira-t-on, que nous conseillez-vous de faire?

– Rétablir la paix sur des principes de paix, faire des concessions sur des principes de concessions. J'en atteste l'ouvrage célèbre de M. Burke, au sujet des concessions, on y verra tout ce que je désire en fait de concessions. Mon unique vœu est que le peuple d'Irlande ait les mêmes principes, le même système, les mêmes opérations de gouvernement que l'Angleterre; et que toutes les classes de la société, à mérite égal, puissent jouir des mêmes places, des mêmes émolumens, des mêmes avantages.

Lord Fitz-William a été envoyé en Irlande, mais peu après il a été rappelé. Le jour de son départ a été un jour de deuil; quel en était le motif? c'est qu'il y avait acquis une popularité réelle par son système de concessions. Qu'est-il arrivé? après son départ, la pétition des catholiques a été rejetée. Le peuple, sans cesse trompé par de vaines promesses, s'est irrité, et est enfin arrivé à l'état de mécontentement où nous l'avons vu. Les mesures que vous pro-

jetez produiront le même effet; elles calme-
ront en apparence, mais je vous prédis de nouveaux excès.

Je le demande donc encore, ayons recours
aux moyens de conciliation plutôt qu'aux armes; car ce dernier mode une fois adopté, ne
peut plus être changé ni modifié.

Je ne concevrais pas sous quel rapport on
pourrait faire des objections contre la motion
présentée. Les intérêts de l'Irlande et de l'Angleterre sont les mêmes; leurs affaires sont
conduites par des ministres anglais, et cette
chambre-ci a le privilége de faire connaître ses
avis à S. M. Je pourrais trouver des exemples
à l'appui de cette proposition; mais à quoi cela
servirait-il quand on sait que la conséquence
des troubles d'Irlande doit être une lutte soutenue par des Anglais, et avec l'argent des
Anglais?

En conséquence de tout ce que je viens
d'avancer, je propose : « qu'une humble adresse
» soit présentée à S. M. pour la supplier de
» prendre en considération l'état de méconten-
» tement de l'Irlande, et d'adopter les mesures
» qui lui paraîtront les plus convenables pour
» rétablir la tranquillité et se concilier l'affec-
» tion de ses sujets de ce royaume. »

Cette motion est appuyée par sir Francis Burdett,

W. Smith, lord Wycombe, M. Courtenay et M. Hob-house.

Elle est combattue par M. Pitt et lord Hawkesbury.

On la met aux voix.

Pour, 84.   Contre, 220.

La motion est rejetée.

~~~~~~~~~~~~~~~~

1797.

MOTION *de M. Pollen pour faire la paix avec la France.*

M. Fox renouvelle ses instances pour la paix ; il avance que les moyens de conciliation sont préférables, qu'il faut les employer tandis qu'il en est temps encore. Il cite les expressions de M. Burke à ce sujet.

EXPOSÉ.

M. Pollen fait sa motion annoncée, que par une humble adresse à S. M , il soit déclaré qu'il paraît que le résultat des dernières négociations de paix, est que ses intentions royales ont été mal connues du Gouvernement de France, ou mal expliquées à la nation ; que la Chambre des Communes lui demande en conséquence de prendre les moyens convenables pour faire bien connaître son désir au Directoire de la France, à la France et à l'Europe entière ; désir fondé sur la sincérité qui doit être la base de toutes les négociations.

M. Pitt combat la motion, en ce qu'elle semblerait dire que les ministres n'ont pas fait leur devoir dans la dernière négociation. Il dit qu'en conséquence de dépêches reçues de Vienne, annonçant que l'empereur a refusé de négocier de la paix, sans qu'elle fût commune avec l'Angleterre, S. M. a résolu d'envoyer quelqu'un à Vienne, pour concerter avec l'empereur le moyen de faire la paix générale. Il espère que, d'après cette communication, M. Pollen retirera sa motion, qui tendrait à prévenir le but qu'il se propose.

M. Hyley Addington demande l'ordre du jour.

M. Fox se lève et dit :

Il m'est impossible, Monsieur, de garder le silence sur une question aussi extraordinaire. On doute si, après toutes les souffrances que nous avons eu à supporter, nous devons demander à S. M. d'employer tous les moyens en son pouvoir pour procurer une paix que toute la nation demande! Que nous dit le ministre lui-même, lui qui a, en grande partie, contribué à toutes nos calamités? Il demande qu'on lui continue la confiance qui lui a été accordée; qu'on continue de s'en rapporter à lui, dont les conseils ont eu un résultat si fatal. Il nous dit que M. Hamond va à Vienne, que l'objet de sa mission sera connu; et tout ce qu'il vous en dit est qu'il va à Vienne pour s'entendre avec l'Empereur sur les moyens de faire la paix. N'avons-nous donc pas trop de motifs de douter de la sincérité des intentions pacifiques du ministère? Dans ce cas, on se demande quel peut être le motif de cette ambassade. J'ai bien peur qu'elle ne ressemble à

celle de l'année dernière, faite à une époque
où la situation de l'Empereur était si critique,
si désespérée, et pareille à celle d'aujourd'hui.
Je ne veux pas élever de doutes sur la sincérité du ministre dans ce cas-ci, car je n'ai pas
de preuves à apporter. Je sais que le ministre,
en supposant qu'il ne soit pas franc, peut dire:
« Nous avons à négocier de concert avec l'Em-
» pereur, et Bonaparte est le négociateur de
» paix. Ne me mettez pas dans cette position
» fâcheuse par votre pusillanimité. Il est d'usage
» que la Chambre des Communes mette sa con-
» fiance dans le Gouvernement quand il s'agit
» de négociations de paix. » Je n'ai aucune opposition à ce principe, comme principe général; mais je n'accorderai pas au ministre toute
l'extension dont il est susceptible. Il ne s'agit
donc pas ici de savoir si un ministre doit avoir
toute la confiance de la Chambre pendant le
cours d'une négociation; mais si le ministère
actuel, dans la circonstance présente, doit
jouir de cette confiance. Pour moi, je pense
que nous avons autant de chances d'obtenir
la paix, soit que le ministre se charge de la
négociation, soit que la Chambre fasse une
déclaration à ce sujet. Il me semble que tout
le monde sera d'avis que l'intervention de la
Chambre ne peut qu'augmenter le pouvoir du
Gouvernement pour traiter cette question.

Mais examinons le moment où nous la trai-
tons, cette question : il ne s'agit pas ici. d'envoyer des millions à l'Empereur pour l'empêcher de marcher sur Paris, il s'agit d'empêcher.
les Français de. marcher sur Londres. Je suis
loin de croire à ce danger; mais néanmoins
c'est-là la question dont il s'agit. Et tel est l'argument que l'on met en avant pour s'opposer
à la motion : on nous dit que la nation a l'occasion de montrer son caractère dans cette circonstance. J'espère qu'elle n'aura jamais besoin
d'une occasion pour montrer ce dont elle est
capable, et je ne vois pas qu'il soit nécessaire
de la provoquer.

On dit que les Français seront encouragés
si la Chambre apporte son intervention aux
mesures du Gouvernement exécutif. Je ne
pense pas qu'ils puissent avoir une plus mauvaise opinion de votre énergie s'ils voient que
vous vous occupez de vos propres affaires au
lieu de les confier aux ministres actuels, et je
ne vois pas qu'ils puissent avoir l'idée d'obtenir de meilleures conditions en traitant par le
moyen de représentans du peuple, au lieu de
laisser traiter uniquement le Gouvernement.
Peuvent-ils penser obtenir des conditions plus
avantageuses d'une faction régnante que du
peuple lui-même par le canal de ses représentans? Et il me semble que le même raisonne-

ment, nous pouvons l'appliquer à eux-mêmes.
Il me semble que rien ne pourrait donner plus
de confiance aux Français sur le désir que nous
pouvons avoir de faire la paix, que de leur
dire, par un vote de la Chambre des Communes, que nous voulons réellement négocier.
Je ne prétends pas entrer ici dans le détail de
ces conditions; je sais aussi bien que les ministres que cette question ne peut pas être discutée ici; mais je crois pouvoir dire que quoique la Belgique ait présenté. jusqu'à ce jour
une difficulté, il ne peut plus désormais en
exister de cette nature.

Je considère notre position réelle, et je vois
que quand bien même tous nos alliés main-
tiendraient nos intérêts, la France a contre
nous un nouvel allié plus fort que tous les autres, c'est notre dette publique : une campagne
de plus ajoutera quarante millions à cette dette,
et je ne sais pas si cela peut contribuer à nous
faire obtenir de meilleurs termes.

Relativement à la manière dont cette motion
est présentée, j'aurais désiré, sans doute, qu'elle
fût exprimée d'une manière plus convenable;
et entre autres, je ne pense pas qu'elle aille
assez loin; mais toutefois ce n'est pas un motif
pour que je m'y oppose. Elle tend à supplier
S. M. d'expliquer les motifs qui ont pu faire
rompre les négociations, et je vois que cette

Relativement à un bill qui nous est venu des Pairs, ayant pour titre : *bill pour la préservation de la personne sacrée de S. M., contre les intentions séditieuses*, je ferai peu d'observations; car le bill, en entier, est totalement contre mes principes. Je dirai donc seulement qu'il tend à donner une plus grande extension aux statuts relatifs à la trahison, et cela, à un point qui s'accorde peu avec la saine politique. Le statut d'Édouard III est certes bien suffisant: la vie du Roi est bien suffisamment gardée; et augmenter les moyens pris à cet effet, c'est détruire le respect qu'il est nécessaire que le peuple conserve pour la simplicité de la loi. Le peuple voit dans cette simplicité, que, même en supposant la mort du Roi, tout est prévu. Sous la reine Élisabeth, des précautions extraordinaires ont été prises pour la sûreté de sa personne et de son gouvernement. Les troubles de ces temps peuvent seuls excuser ces mesures; encore ont-elles été reçues avec une indignation générale. Sous Charles II les mêmes idées se sont renouvelées; mais dans ce temps-là, comme dans tout autre semblable, elles ont prouvé qu'on craignait des mécontentemens, et qu'il existait un parti contre le Gouvernement. Tel est et tel sera toujours l'effet de lois arbitraires.

Relativement au bill dont il est question

nous devons reconnaître que, dans un moment d'alarme réelle ou feinte, il n'est pas
étonnant que des nations, aussi-bien que des
individus, s'écartent des principes de justice
et d'humanité. Les ministres ont réussi, en ré-
pandant l'alarme partout, à faire oublier à chacun ces principes d'humanité. Mais maintenant
les mêmes causes n'existent plus; nous devons
reprendre enfin notre caractère et l'énergie
nationale, et nous ne devons pas souffrir qu'un
acte aussi déshonorant souille le livre de nos
statuts.

Relativement à l'acte pour prévenir les sociétés et rassemblemens séditieux; sans rechercher si la législature a un pouvoir équitable
pour priver de ce droit, je maintiens que la
manière dont cette loi a été présentée n'est
nullement convenable.

C'est un axiôme dans un gouvernement libre,
que les hommes ont le droit fondamental de
statuer leur opinion. Ce droit ne peut pas
être méconnu, puisque c'est d'après lui que
ce gouvernement a été formé. Le bill des
droits le dit d'une manière positive : le droit
de pétitionner la Chambre est aussi positif que
celui de pétitionner la couronne. Si le bill des
droits ne parle pas de ce dernier, c'est que l'un
a été attaqué et mis en question, et non pas
l'autre; et qu'on a pensé avec juste raison que

ce bill des droits était fait pour assurer les priviléges attaqués, sans parler de ceux qui ne
sont pas mis en question. Et sans entrer dans
trop de détails sur le droit de pétition, qu'il
me soit permis de le faire observer, n'est-ce
pas une plaisanterie que de dire au peuple
qu'il a le droit d'approuver, de se réjouir, de
se réunir quand il est heureux, mais non de
condamner, de se plaindre du malheur qu'il
éprouve, et surtout, pas celui de proposer un
remède? Autant vaudrait-il annoncer que ce
gouvernement de monarchie limitée est inap-
plicable toutefois qu'il y aura quelques difficultés.

Je n'abuserai pas davantage des momens de
la Chambre : contester le droit de pétition,
c'est aliéner les dispositions de chaque individu ; c'est les faire se porter à établir des relations avec des nations étrangères, quand vous
les privez d'en avoir avec vous. C'est là exactement ce qui est arrivé en Irlande. Quand elle
a adressé des pétitions, et qu'elles n'ont obtenu aucun résultat, on a vu naître les mécontentemens, et un système concerté et armé,
une union enfin de cent mille personnes. Grand
Dieu ! ne saurons-nous donc, en parlant la même
langue, en possédant le même caractère, en défendant la même constitution, prendre exemple du passé afin de nous concilier le peuple

d'Angleterre; ou devons-nous courir aveuglément à notre perte?

· Monsieur, il est certain que ces exemples sont
trop frappans pour que tous les membres de
cette Chambre n'ouvrent pas les yeux; nous
sommes perdus, si la réflexion ne vient pas
nous sauver. Il est une vérité incontestable;
c'est que jamais on ne peut attaquer la liberté
des individus de la classe inférieure, sans que
celle d'un ordre supérieur n'en soit vivement
affectée. On ne peut enlever à l'une un privilége,
la frustrer d'un droit, sans que la généralité de
la nation n'en souffre mille fois plus. Ces doctrines sont applicables en ce moment. Plus les
hommes s'éclairent, et plus ils avancent en
liberté : c'est une carrière où on ne peut pas
reculer; à mesure qu'on y avance, il faut lui
faire des concessions. On a dit, relativement à
l'émancipation des esclaves, que le nègre n'é-
tait pas assez éclairé pour jouir de la liberté.
On est convenu que les mulâtres français en
étaient un peu plus susceptibles; et passant
ainsi de cette race, aux nations les moins éclai-
rées de l'Europe, on finit par voir qu'il est du
devoir de ceux qui gouvernent, de ne pas s'opposer à la lumière offerte au genre humain.
Quelle puissante comparaison ne ferait-on pas
en faveur de la nation anglaise, elle qui, née
dans la liberté, a l'honneur de s'être formé son

pacte social! Et l'on voudrait la priver de ses
droits! Non! On pourrait aussi bien arrêter le
cours des fleuves, ils se répandraient partout
avec une nouvelle impétuosité, et, au lieu de
couler paisiblement, ils détruiraient tout ce
qu'ils auraient touché, dans les efforts qu'ils
feraient de toutes parts pour s'échapper.

Il en est de même de la liberté : elle peut
être maintenue dans des bornes, alors elle fer-
tilise tout ce qui s'attache à elle; mais il n'y a
pas de puissance qui soit en état de l'arrêter;
et malheur à qui voudrait l'entreprendre!

Je conclus en proposant de présenter un bill
pour rapporter les actes de la sédition et de la
trahison.

On met la proposition aux voix :

Pour, 52.   Contre, 260.

~~~~~~~~~~~~~~~~

1797.

26 Mai.

MOTION *de M. Grey pour une réforme parlementaire.*

M. Fox développe le système de la réforme parlementaire. — Il s'appuie sur les propres paroles de M. Pitt, en 1782, 1783 et 1785. — Il pense que la majorité aveugle de la Chambre, soit dans la dernière session, soit dans celle-ci, est un motif de plus pour chercher à rendre la représentation nationale plus réelle.

EXPOSÉ.

M. Grey propose une réforme parlementaire. Son idée porte principalement sur la représentation inégale des comtés, qui n'est pas en proportion avec la population.

Il demande que la qualité d'électeur soit plus étendue qu'elle ne l'est, et que quiconque paie un impôt depuis plus d'une année, soit compris dans la liste des électeurs. Les seules personnes qu'il désire exclure de la représentation nationale, sont celles qui ne paient aucune taxe, qui ne possèdent aucune propriété foncière ou industrielle, et qui, sans fortune, obtiennent par la faveur d'un homme en place de siéger dans le Parlement ; non dans la vue de prendre les intérêts du peuple, mais pour leur propre avantage.

M. Erskine appuie la proposition par un discours des plus éloquens. Sir Francis Burdett, M. Shéridan, W. Smith et autres parlent dans le même sens.

M. Pitt la repousse par les mêmes argumens qu'on lui avait opposés, lorsqu'il avait antérieurement fait une proposition pareille.

M. Fox répond à ces oppositions :

Il m'est impossible, Monsieur, de ne pas prendre la parole dans une question de cette nature, et je me vois forcé de réclamer l'indulgence de la Chambre en raison de l'heure avancée de la nuit. La mesure proposée a toujours été à mes yeux de la plus haute importance; mais les circonstances en augmentent considérablement l'intérêt. Je vois avec peine que ma conviction n'est pas partagée par la majorité de la Chambre, et j'avoue que je m'étonne de plusieurs des discours que j'ai entendus. On dirait que nous sommes dans un état de tranquillité parfaite, et que nous nous trouvons si bien que toute proposition de changement est une chose blâmable. Pour moi et mes amis qui pensons si différemment, il sera difficile de nous convaincre de cet état heureux que l'on ne veut pas attaquer. Je crois que nous approchons de ce moment de crise où le désespoir prend la place de l'espérance.

Je vois la dissolution complète, et avec ces
dispositions on croira facilement que j'ai prêté
une attention scrupuleuse à tout ce qui a été
dit contre la motion.

Mais, avant d'entrer dans aucune réfuta-
tion, qu'il me soit permis d'écarter une insinuation que trop souvent je vois présenter
ici. On parle continuellement d'un parti auquel on suppose des dispositions injurieuses à
la communauté. Je pense que par-là on veut
parler de ces hommes qui ne recherchent que
les places et les émolumens, et qui, pour y
parvenir, s'opposent avec acharnement aux
ministres, afin de les renverser. Je crois pouvoir répondre de mes amis comme de moi-
même ; et il me semble facile de prouver qu'une
telle idée n'est pas dans mon caractère plus
que dans le leur. Si, au contraire il s'agit
d'hommes d'honneur, qui agissent d'après les
mêmes principes, et cherchent à les rendre
mutuellement utiles, alors je dirai qu'un parti
semblable est précieux et honorable; qu'il ne
peut que procurer un grand bien.

Mais on semble croire que ce parti est plutôt dirigé contre les hommes que contre les
mesures de ces hommes. A cette imputation,
je suis embarrassé de répondre. Il est aussi
difficile de distinguer les hommes de leurs mesures, que d'examiner l'origine et le progrès

d'un mal , sans rechercher aussi les motifs qu'a
eus la personne qui est la cause de ce mal.
Comment, par exemple, dans la question qui
nous occupe serait-il possible d'éviter toute
allusion personnelle? Nous nous plaignons de
ce que la représentation nationale est fautive;
d'où provient cette plainte? de la conduite de
la majorité de la Chambre. N'est-il pas naturel de chercher à voir s'il n'y a pas quelque
erreur, quelques vices fondamentaux dans le
système d'élection? Nous devons sans doute
rechercher si ces fautes et ces calamités sont
inhérentes à l'institution , et alors il n'y a rien
de personnel pour les ministres en cela; ou si
elles proviennent d'abus introduits, pour lesquels ils seraient plus ou moins coupables.

Je pose la question de cette manière, afin
de prouver qu'il y a dans la discussion un certain degré de personnalité indispensable, et
qu'il serait injuste aux personnes intéressées de
l'attribuer à une animosité blâmable. Ce sujet
n'est pas neuf; il est même à remarquer que le
chancelier de l'échiquier a été le premier à
l'introduire et à le proposer de session en session, et que toujours il m'a vu l'appuyer dans
cette proposition. En 1782, je lui ai donné
mon faible appui; en 1783, quand j'étais ministre, je l'ai appuyé de même; en 1785, quand
lui-même étant en place, on a cru, néanmoins,

devoir renouveler sa proposition, je l'ai appuyée de tout mon pouvoir. Toujours je me suis montré ami zélé d'une réforme parlementaire, quelle que fût la personne qui l'ait demandée. Maintenant que nos calamités nous en montrent encore bien plus toute la nécessité, et que la question semble réduite à savoir si nous tomberons dans la position la plus abjecte, ou si, continuant ce cours des choses, nous arriverons à toutes les horreurs de l'anarchie, je n'hésiterai sûrement pas à déclarer que le moyen d'opérer des améliorations qui nous est offert par la constitution, est le vœu de la nation. Entre l'esclavage et l'anarchie, le choix n'est sûrement pas douteux; mais enfin, s'il est possible d'adopter un moyen par lequel sans secousse et sans violence, même sans innovation, on puisse rendre à la nation la vigueur et la force qu'elle a perdues, réveiller l'énergie abattue, et rétablir l'indépendance nationale si dangereusement menacée, le tout en conservant chaque chose à sa place, sans doute nous ne devons pas balancer à profiter des moyens que nous offre le système constitutionnel, pour obtenir la sécurité nationale.

Cette opinion est fondée non-seulement sur la théorie, mais aussi sur des observations de ce qui se passe dans le monde.

Je ne vois rien, dans ce qui s'est passé de déplorable en France, qui me prouve que d'acquiescer aux vœux du peuple soit plus dangereux que de s'obstiner à les rejeter; cependant, la différence est grande entre la situation de la France et celle de l'Angleterre, entre les caractères et les dispositions des peuples. Mais sans aller chercher la France pour exemple, n'avons-nous pas l'Irlande? Tout ce que je viens d'avancer n'est-il pas l'histoire de ce pays. On ne peut trouver une coïncidence plus parfaite. Mon honorable ami, M. Erskine, a fait un tableau des prétendus dangers des sociétés de correspondance, qui explique exactement la vérité; il a montré, quoi qu'en puisse dire l'honorable chancelier de l'échiquier, que toutes ces alarmes tendent à un seul but, et je l'avais toujours annoncé, celui d'accroître l'influence de la couronne. Qu'ont produit les lois de restrictions? Plus de mécontentement, plus d'effroi, plus de danger. Mais nous devons en conclure aussi, que pour faire adopter des lois semblables, il faut une majorité aveugle comme celle qui a existé, comme je crains qu'elle ne continue encore, et c'est là ce qui a rapport à la question qui nous occupe.

Mais on nous dit que la Chambre possède plus que jamais la confiance de la nation :

c'est comme si on disait que les ministres de
S. M. possèdent la confiance de la nation, puisque la majorité de la Chambre applaudit à leurs
mesures. Mon étonnement est grand, quand
je vois un homme comme lord Hawkesbury
avancer une proposition pareille, et convenir
en même temps que nombre de pétitions ont
été adressées à S. M., pour demander le renvoi des ministres. Il y a contradiction, à moins
que le noble lord n'attache aucune importance
à ces pétitions, et il lui serait difficile d'hono-
rer de son dédain celles de Middlessex, de
Londres, de Westminster, de Surrey, d'Hamp-
shire, d'Yorck, d'Edimbourg, de Glascow et
d'autres lieux, à moins de vouloir prouver
qu'elles sont toutes produites et fabriquées
ici.

Je ne pense pas qu'il ose avancer ce fait,
et alors, comment expliquera-t-il son idée? La
motion qui nous occupe répond à tout, ce
me semble. En effet, pourquoi est-il question
de réforme parlementaire? Certes c'est parce
qu'une élection générale ne donne pas le
moyen au peuple de faire parvenir ses voix;
parce que cette Chambre ne le représente pas
suffisamment. Quand nous affirmons que la
représentation nationale n'est pas suffisante,
et quand nous prouvons par les pétitions
adressées au Roi que la Chambre n'exprime

pas le vœu du peuple, alors ils parlent de l'é-
lection générale, et disent que, dans cette dernière circonstance, le peuple a eu l'occasion
de choisir de fidèles organes de sa volonté, et
que le peu de changement qui a eu lieu prouvé
que la volonté du peuple est la même. Cette
manière de raisonner est un vrai paradoxe.
Chacun sait que les choses existant comme
elles sont, il y a peu de changement à espérer
dans la représentation. Il en a été de même
lors de la guerre d'Amérique, et je puis en
parler encore plus pertinemment. Cela tient
donc à la forme des élections. Lord North ne
disait-il pas aussi, à cette époque, que la guerre
n'était pas impopulaire, puisque la majorité
du peuple l'approuvait par la majorité de ses
représentans? Cependant personne ne peut
douter qu'il n'en fût autrement. L'honorable
chancelier de l'échiquier lui-même nous disait, en prouvant la nécessité d'une réforme
parlementaire : « Rien ne fera donc changer la
» représentation nationale, et les abus, et les
» erreurs ministérielles, et les calamités de la
» guerre, rien ne détruira cette influence de la
» couronne qui se mêle aux élections, et qui
» étouffe la voix du peuple. »

Tel était le langage de l'honorable membre
en 1782, en proposant une réforme parlementaire fondée sur l'expérience de 1780.

Sans cette réforme, répétait-il en 1783 et 1785, la nation ne peut avoir aucune espèce de garantie : la guerre peut finir ; mais qui peut répondre qu'une autre n'aura pas lieu ?

Comme il disait cela, une autre guerre eut lieu, et l'honorable membre était sans doute prophète quand il l'annonçait si juste, sans peut-être s'en douter ; mais enfin, avec l'autorité de l'honorable membre, puis-je être soupçonné d'erreur ?

Toutefois, je suis forcé de le dire, depuis son ministère, ses prophéties ne se sont pas aussi bien réalisées ; tout ce qu'il a annoncé a manqué : cependant on l'appelle encore un grand ministre, on lui accorde la confiance la plus absolue.

Mais, disent ses honorables amis, une réforme parlementaire n'est pas demandée par la nation ; et quoique des assemblées aient eu lieu de toutes parts dans le royaume à cet effet, et que des pétitions aient été adressées au Roi pour le renvoi des ministres, ni les unes ni les autres n'ont exprimé le vœu d'une réforme. Je réponds à cela que les restrictions imposées aux assemblées sont une cause suffisante pour qu'il n'ait pas été question de réforme. Le but des assemblées est forcément déclaré au shérif ; et s'il y est question d'autres choses que du but annoncé, il a le droit de dissoudre l'assemblée. Tout cela ne sont pas des preuves, et il est évident que la position des choses est telle, qu'il n'est pas douteux que le vœu du peuple en général soit celui d'une réforme. Le même esprit qui règne en Irlande existe ici, et pourrait être bien promptement communiqué. Nous devons penser que déjà cette disposition a mis le royaume d'Irlande en entier dans la confusion la plus effrayante, et que tous les jours nous devons craindre qu'il n'éclate ici des insurrections. La similitude des usages, des langues, des intérêts des deux pays, la ressemblance de leur souffrance sous la même constitution, rend probable que le mal de l'un passe à l'autre, si on ne s'y oppose; il est donc de la prudence et de la sagesse d'élever un étendard autour duquel le patriotisme et la modération puissent se rallier.

L'honorable membre nous parle de la force du Gouvernement; mais quelle est donc cette force? y a-t-il une cordialité telle qu'elle compose une force nationale? règne-t-il assez d'harmonie dans les branches du pouvoir exécutif? existe-t-il assez d'affection entre le peuple et le Gouvernement? Certes, la déclaration de l'honorable membre ne suffit pas pour constituer cette force. Un Gouvernement est fort quand il possède l'affection du peuple; et, certes, augmenter la représentation nationale serait

un moyen pour cela. Je suis loin certainement
de vouloir donner la France pour exemple;
cependant il est juste, en repoussant de ce pays
tout ce qui est mal, d'adopter tout ce qui y est
bien. La représentation du peuple y est établie
de manière à prouver ce que je viens d'avancer
et ce qui ne peut être nié, qu'il n'y a qu'une
représentation juste du peuple qui puisse donner de la force au Gouvernement. En agissant ainsi, ce n'est pas innover, ni imiter; c'est
suivre la marche que vos ancêtres vous ont
tracée.

Un honorable baronnet nous a dit qu'il n'y
a pas d'exemple d'une démocratie ayant duré
quatre-vingts ans. Je ne parle pas ici de démocratie pure; son raisonnement est donc nul.
Mais, d'ailleurs, quatre-vingts ans de paix sont
bien quelque chose, et, sous ce rapport, ce
qu'il entend par démocratie offrirait un grand
avantage. Sans doute, si nous examinons les gouvernemens démocratiques des anciens temps,
nous reconnaîtrons toute leur oppression et
leurs actes horribles d'injustice et d'inhuma-
nité; mais nous ne pouvons, en même temps,
nous dispenser d'admirer la vigueur et l'énergie qu'ils montrent dans toutes leurs opérations. Nous sommes forcés de convenir que
c'est un pouvoir dont aucun autre gouvernement n'est capable. Pourquoi? parce qu'il rend

tout le monde partie agissante dans l'État;
parce qu'il fait réfléchir à chacun qu'il se bat
pour lui, et non pas pour un autre; que c'est
sa propre cause qu'il défend. Il suffit de lire
l'histoire; il suffit, de nos jours, de jeter les
yeux sur les opérations de la France, pour désirer de ne pas refuser à son pays ces ressources
de vigueur et d'énergie dont nous avons tant
d'exemples, et pour s'attacher à la marche sage
et prudente que nous ont désignée nos ancêtres. Le temps n'est pas éloigné encore, où,
dans cette même Chambre, on a osé dire que
la France n'existait plus que sur la carte : sa
force, sa vigueur, son énergie, mettent l'Europe à ses pieds. Il est certain que, sans vouloir excuser les fautes de ce pays, sans oublier
les horreurs qui s'y sont commises et ont terni
la gloire de la révolution, on ne peut pas nier
que les Français n'aient expliqué la doctrine
que pour avoir la force, il faut posséder la
liberté. Si jamais pareille doctrine a dû nous
être importante, c'est bien à cette époque.
Nous avons essayé tout le contraire; l'art, la
ruse, la duplicité, nous avons essayé de tout.
Nous avons attaqué toutes les passions, soit
par la crainte, soit par l'intérêt, afin d'éveiller
l'énergie nationale. Essayons, il en est temps
encore, le seul de tous les moyens capables de
réussir; sachons concilier les esprits, atta-

chions-les à la chose publique, montrons-leur que c'est leur propre cause; appelons-les à faire partie de l'État, rendons enfin la Chambre des Communes l'organe véritable de la volonté nationale.

Il n'en est pas ainsi en ce moment, et sans entrer dans le détail de toutes les causes qui mettent la Chambre dans une situation si différente, je la prierai seulement de se rappeler quand et comment l'honorable ministre est parvenu à un si haut degré de pouvoir. C'est contre le vœu de la majorité de la Chambre qu'il est arrivé à ce pouvoir, et c'est, armé de la puissance d'influence de la couronne, qu'il a su continuellement résister à la Chambre des Communes. Quelle a été la doctrine qu'il a établie et fait reconnaître en 1784? c'est que tant que la Chambre des Communes obéit à la volonté des ministres, tant qu'elle leur accorde ce qu'ils demandent, elle est la représentation de la nation; mais que du moment où elle veut examiner, censurer et s'opposer, elle ne possède plus d'autorité ou de pouvoir dans le royaume. Le temps nous a démontré ce système, et c'est ainsi que nous sommes arrivés à la position où nous nous trouvons aujourd'hui.

On a beaucoup parlé de représentation virtuelle du peuple : je n'entrerai pas dans toutes les subtilités des raisonnemens qui ont été faits à cet égard ; il y a en cela, comme en tout, autant à l'apparence qu'à la réalité. Je sais bien que cinq cent cinquante-huit personnes formant un corps populaire, s'il est vraiment indépendant de la couronne, sont une garantie suffisante pour le peuple ; mais la Chambre ne doit pas être seulement la représentation du peuple, elle doit le paraître aussi ; il faut satisfaire l'orgueil aussi bien que les préjugés et la raison du peuple.

On demande pourquoi des personnes qui étaient, il y a dix ans, opposées à la réforme, votent en ce moment pour. Il me semble juste que des personnes qui ne se sont pas donné la peine d'examiner, il y a dix ans, où le système nous conduisait, n'aient pas, à cette époque, senti la nécessité d'un changement, et qu'aujourd'hui elles en reconnaissent le besoin. Ces mêmes personnes peuvent, en jetant les yeux sur le dernier Parlement, comme sur celui-ci, voir les conséquences du fatal système adopté, elles peuvent reconnaître que tous les droits et les priviléges ont été violés.

Mais, nous dit-on, s'il s'est introduit des abus dans notre système, n'avons-nous pas le moyen de les rectifier ? N'avons-nous pas le bill de M. Grenville comme amendement à la constitution ?

Cet amendement, qui prouve qu'on y reconnaît des insuffisances, parle pour la réforme ;
car, sans cela, il n'eût pas eu lieu. Je ne ferai
qu'une seule réflexion : le revenu de l'État est
en ce moment de 53 millions st. (852,000,000
tournois), somme bien supérieure à tout ce
qui a pu jamais servir de base à nos ancêtres :
or, je le demande, que chacun pense à l'influence qu'il exerce sur ses propres terres, par
le moyen de ses rentes et des dépenses qui
s'ensuivent ; et qu'on juge de celle énorme que
doit avoir le Gouvernement, quand on songe
que c'est un seul homme qui dirige et des re-
cettes aussi considérables, et des dépenses quelquefois encore bien au-delà ; que l'on compare ces moyens avec ceux contre lesquels nos
ancêtres se mettaient en garde, en y ajoutant
tous les écarts faits insensiblement à la constitution depuis le roi Guillaume et la reine
Anne.

Mais, dit-on encore, la réforme demandée
ne détruit pas ces comparaisons. Si, elle doit
tendre à le faire, car elle doit amener insensiblement à une réforme dans les dépenses ;
elle doit faire rentrer dans des droits perdus ;
elle doit enfin faire cesser tous les abus qui se
sont introduits. Je le répète, je ne concevrais
pas comment un seul membre de cette Chambre pourrait s'opposer au système de réforme ;

car, bien qu'il puisse ne pas approuver la proposition d'une réforme spéciale, il doit encore voter pour la proposition actuelle, puisqu'il ne s'agit que de présenter un bill de réforme en général.

L'honorable membre aurait mauvaise grâce à s'y opposer, lui qui, en 1785, a proposé un bill pour un plan de réforme générale, et qui nous prouva que, quelles que fussent les idées des membres de la Chambre, il ne pouvait y avoir d'inconvénient à voter pour ce bill, afin que tous les membres unissent leurs lumières pour faire de cette proposition quelque chose d'utile. J'ai adopté son raisonnement, et j'ai voté pour le bill ; et c'est ainsi que je ferai toujours sur la proposition de tous les plans spéciaux.

Un noble lord nous dit que la représentation des comtés n'est pas vicieuse. Je le pense aussi, et je ne demande pas qu'il y soit rien changé ; mais je désire qu'il n'y soit rien ajouté, et que la représentation soit un tout composé ; qu'à la représentation nationale, celle populaire soit jointe, tout en étant très-distincte de celle-ci ; mais que jamais cette première branche de la représentation ne puisse être augmentée.

On a demandé si les droits de corporation ne doivent pas être maintenus. Je pense que c'est une question qui prendra sa place plus

tard ; et, dans tous les cas, ces droits peuvent
être modifiés. Au surplus, malgré tout le talent de mon honorable ami, qui a présenté la
motion, il n'est pas possible qu'il ait pu tout
prévoir, et qu'il pense à offrir un plan parfait.
Il a cherché tout ce qui pouvait convenir à
notre position ; mais, encore une fois, ce n'est
pas un plan général de représentation, pouvant
servir à tous les peuples, à toutes les nations,
à tous les temps. J'ai cherché à me rendre
compte de ses intentions ; et je reconnais qu'il
y a dans son plan tout ce qu'il faut pour réparer nos maux, et rien qui puisse nous entraîner dans un grand danger. Comme lui, je
pense que quand on est tombé dans un état
pareil au nôtre, ce n'est qu'en se rapprochant
des principes qu'on peut se sauver. C'est absolument parce que je me réfère aux principes,
que je crois que d'étendre le droit d'élection
aux propriétaires de maisons, est un moyen
excellent de réforme. J'en trouve la preuve
dans l'histoire de notre pays, dans l'opinion
du célèbre Glanville, et dans la décision d'un
comité des plus remarquables du temps. Et
qu'on ne dise pas que ce serait voter le suffrage
universel : non ! j'y suis aussi opposé que qui
que ce soit ; selon moi, c'est perdre l'effet de
la représentation réelle : il faut, je pense, chercher le moyen d'amener le plus possible tous

les votans indépendans. Et qu'il me soit permis de le dire à la Chambre, sans offenser sa
gravité, j'en prendrai l'exemple dans la cause
qui exclut les femmes du droit d'élection.
Certes, il en est un bien grand nombre dont
les connaissances et les talens pourraient être
extrèmement utiles. Ici, plus que partout peut-
être, les femmes ont les moyens de recevoir une
éducation qui les mettrait à même d'avoir un
jugement sain sur les choses de l'État; leurs
intérêts sont les mêmes; et je ne crains pas de
dire qu'une grande partie serait infiniment plus
capable d'exercer le droit de suffrage, avec
convenance et discernement, que les hommes
des classes inférieures de la société, auxquels
le système de suffrage universel donnerait ce
droit : et cependant jamais on n'a eu l'idée d'é-
tendre le droit d'élection aux femmes; pourquoi? parce que par la loi des nations, comme
par la loi de la nature, ce sexe est dépendant
du nôtre, et par conséquent leur vote serait
soumis à l'influence de leurs relations dans la
société. L'indépendance est la première qualité
pour voter; et c'est ce qui fait que des compa-
gnies, des sociétés, des régimens, ne peuvent
être appelés au suffrage.

Dans le plan de mon honorable ami, au lieu
de trois millions de votans qu'amènerait le suffrage universel, il n'y en aurait pas au-delà de

six cent mille, puisqu'il n'y a que sept cent mille maisons, et qu'il y a la portion des mineurs, des interdits, des femmes, possédant de ces maisons; ainsi que ceux qui en possèdent plusieurs. Ce changement, qui est bien loin du suffrage universel, ne laisserait pas néanmoins de faire, qu'en comptant sur le nombre de représentans actuel, chacun d'eux n'eût environ quinze cents commettans.

Sans doute cela ne détruirait pas les abus qui existent, et la corruption n'en serait pas diminuée : c'est un mal que notre état de société rend pour ainsi dire indispensable, et que depuis long-temps nous semblons autoriser par notre exemple. Certainement on aurait tort de s'étonner qu'un pauvre homme ne se fît aucun scrupule de donner sa voix pour cinq guinées, quand il sait que le noble lord de chez lui, son voisin, en reçoit cinq mille pour le même objet. Tout ce qu'on peut espérer, c'est qu'en cherchant à détruire ce mode d'encouragement, on parvienne par de nouvelles régularisations, à détruire aussi le mal en entier.

Parmi ces moyens, celui de raccourcir la durée du Parlement, n'est pas le plus indifférent. Cela peut être, selon moi, une conséquence naturelle du plan qui vous est proposé.

« Je partage assez l'opinion , que les membres
de la représentation nationale ne doivent pas
être liés au point de devoir recevoir des instructions de leurs commettans. Cependant je ne
puis que regretter les expressions déplacées
que j'entends quelquefois employer ici contre
ces commettans. Il en est une classe, je pense,
qui doit toujours être consultée dans la représentation d'une grande ville populeuse. Alors
sans doute il serait difficile d'avoir leurs opinions; mais si le commettant est un noble
lord, un noble duc, alors il n'y a plus de
question ; et celui qui n'écouterait pas la voix
de ce commettant, n'agirait pas selon l'honneur. Il ne peut pas, celui-là, avoir une conscience, une opinion libre à lui; il est choisi
par mylord, il est son homme; il doit agir
d'après son mouvement et sa volonté. Ce raisonnement, qui est de toute justice pour expliquer le système actuel, en dit assez, ce me
semble.

Et c'est donc là ce qu'on ose appeler une
représentation nationale! Disons-le, c'est un
pur système de corruption. J'ai voulu rechercher combien il y a de véritables services rendus à la nation dans les quinze cents nomina-
tions de Pairs faites depuis le ministère de l'honorable membre; je voudrais que la Chambre
voulût faire cette enquête. Soyons sûrs que le

public sait tout cela, aussi bien que nous. Ce système ne peut plus être continué.

Un ouvrage remarquable nous a montré, il y a quelque temps, le système des élections de France prouvant qu'elles sont calculées pour produire le suffrage universel. Cet ouvrage (*de la Révolution française* , par M. Mackintosh), que l'on a traité, lorsque je l'ai cité, d'appendice aux droits de l'homme, est pris aujourd'hui par un noble duc comme autorité; et malheureusement ce que ce noble lord en cite, est précisément le seul article que j'en désapprouve. Il est certain que, sans vouloir descendre dans une explication de théorie sur les vrais droits de l'homme, il a cependant celui d'être bien gouverné. Il est certain qu'une nation ne peut jamais être satisfaite de son Gouvernement quand elle est exclue de sa partie constituante. Le gouvernement d'Écosse est monstrueux et absurde; si ridicule enfin, qu'il ne peut servir à rien, si ce n'est qu'étant mis à côté de celui d'Angleterre, il peut servir à montrer les vices de notre système, en en montrant de plus grands encore.

Ayant fait sentir tout le mal de la représentation telle qu'elle existe aujourd'hui, je demanderai s'il est à ce mal un autre remède qu'une réforme? Si nous ne la faisons pas, quand il en est temps encore, notre chute est inévitable.

Ce moyen d'opérer a été réclamé depuis long-
temps par les hommes d'état les plus distingués,
par les patriotes les plus éclairés, depuis sir
Georges Saville, M. Pitt, et M. Burke lui-
même, il a été sans cesse prouvé indispensable.
Ce dernier surtout disait, lors de la guerre de
l'Amérique et quand on agitait la question du
droit de taxer ce pays, sous prétexte qu'il était
représenté aussi bien que Manchester, Birmingham et Sheffield : « Quand le peuple d'Amé-
» rique vous regarde comme son protecteur et
» son ami, vous voudriez lui donner la partie
» honteuse de notre constitution ! »

« Pouvons-nous encore balancer avec tant
d'autorités faites pour nous convaincre? Pour
moi, je l'avoue, je me crois forcé d'appuyer la
proposition de mon honorable ami, et comme
député, et comme homme.

« Je terminerai par cette déclaration : Je crois
que c'est le seul remède au mal; et je l'adopte,
parce qu'il ne touche en rien à la partie vitale
de la constitution, et qu'il doit rétablir l'ordre
et l'harmonie. Le temps coule avec rapidité,
le mal augmente journellement ; bientôt il ne
sera plus temps d'y remédier : l'état de l'Irlande est un exemple effrayant. Il ne suffit pas
de changer de langage selon les diverses circonstances; il faut changer aussi les choses. Rap-
pelons-nous qu'un noble lord (Hawkesbury)

disait, lorsqu'il était question de traiter de la
paix il y a quelques années, et d'envoyer à Paris : *Quoi! vous iriez traiter avec des régicides couverts du sang de leur Roi?* Ces paroles sont d'autant plus remarquables, qu'on
a été à Paris, qu'on a traité avec ces hommes,
et qu'il serait très-possible de voir le noble lord
lui-même aller un de ces jours à Paris, non à
la tête de son régiment, mais avec un caractère diplomatique, près de ces mêmes régicides,
afin de tâcher de rétablir la bonne intelligence
avec eux. Cet exemple est frappant. Il faut mettre de côté l'orgueil, l'amour-propre; il faut
céder aux circonstances. Le moment est arrivé
de sauver la monarchie, l'aristocratie, le peuple
lui-même; il ne s'agit que de reconnaître avec
impartialité le mal qui existe. Que les ministres
qui nous ont entraînés dans cette fâcheuse position aient le courage de se retirer; qu'ils
avouent qu'ils sont incapables de faire partie
du conseil de S. M.; et que, sous l'auspice d'hommes faits pour concilier l'opinion du peuple,
de sages réformes soient adoptées.

Toutefois je demande qu'il soit bien entendu
que je ne parle pas ici par ambition; je ne désire nullement faire partie de ce nouveau
ministère, mais je dis qu'il faut qu'il y en ait un.
Mon désir est de me retirer des affaires publi-

ques : néanmoins je suis prêt à donner mon appui à un ministère qui rendrait à la nation tous ses droits et sa force par une meilleure représentation nationale. En conséquence, j'appuie la proposition.

On la met aux voix :

Pour, 91. Contre, 256.

Elle est rejetée.

~~~~~~~~~~~~~~~~~~~~

1797.

14 Décembre.

BILL *pour la répartition de l'impôt foncier.*

M. Fox entre dans des détails qui prouvent que l'in-
tention véritable des ministres est de connaître la
fortune particulière de tout le monde, afin d'en
profiter dans un cas obligé.

EXPOSÉ.

Pendant la première partie de cette session, MM. Fox,
Shéridan, Grey et Whitebread, de concert avec
plusieurs autres membres de l'opposition, désespé-
rant de pouvoir éveiller l'attention de la nation sur
sa position réelle, et regardant leur présence comme
inutile, s'étaient abstenus de paraître au Parlement.
Cependant, au sujet de ce bill, MM. Fox et Shéridan parurent. A l'entrée de M. Fox dans les passages
de la Chambre, il y fut reçu par de vifs applaudis-
semens de tout le public qui l'attendait.

M. Dundas ayant dans son discours fait allusion à
l'absence des membres et à l'effet que produit leur
retour,

M. Fox dit :

MONSIEUR,

Je ne croyais pas que la présence ou l'absence de tel ou tel membre de cette Chambre

pût être un sujet d'observation. Les motifs que j'ai eus pour ne pas suivre les débats du Parlement depuis quelque temps, sont toujours les mêmes : je pense que la marche du Gouvernement est si incapable, si insuffisante, si inconstitutionnelle, que je ne vois aucune possibilité de rétablir l'ordre et le bien. Je l'ai dit dans un des derniers discours que j'ai prononcés, je ne vois de remède au mal que dans une réforme parlementaire, comme devant en amener beaucoup d'autres, et surtout celle des ministres. Reconnaissant que tous mes efforts n'ont pu persuader la Chambre à cet égard, j'ai cru devoir lui épargner ma présence et la certitude de m'entendre répéter les mêmes vérités. Ce soir, je crois que le sujet qui est soumis à la Chambre m'impose le devoir envers mes commettans de venir, et je remplis ce devoir.

Ils ont pensé, mes commettans, et je partage entièrement leur opinion, que par le bill qui est présenté tous les anciens principes sont abandonnés.

L'honorable membre qui a parlé le dernier a établi que toutes personnes qui s'opposent aux moyens de suppléer aux sommes nécessaires à l'État, doivent être contraires à ce bill ; il dit aussi que ceux qui pensent que des taxes ne peuvent pas être mises sur les revenus, mais sur le fonds de la propriété, doivent voter pour ce bill, en y adoptant toutefois les modifications qu'ils croiront convenables pour obtenir un revenu fixe pour l'année, J'avoue que ce raisonnement est neuf pour moi; je n'entends pas comment cette mesure peut être une taxe sur la propriété. Je regarde encore tous ces discours que j'ai entendus comme le langage habituel des ministres, qui veulent toujours profiter de l'ascendant qu'ils ont obtenu. Il me paraît mille fois pire d'entendre proposer un bill de cette nature, qui tend à imposer la nation d'une manière plus directe encore, et à pourvoir par une mesure assurée à toutes les charges énormes qui nous accablent, par les mêmes ministres qui, en suivant un faux système, ont amené la nation à la position fâcheuse où elle se trouve. Pourquoi, si ce plan doit procurer un si grand bien, n'a-t-il pas été proposé au commencement de la guerre? Pourquoi? parce qu'il fallait tromper la Chambre et induire la nation en erreur; parce qu'il fallait, pour suivre le système des ministres, nous traiter comme des enfans. Sans cela, on aurait vu l'abîme où on nous entraînait; on se serait révolté. Il le savait si bien, l'honorable membre, qu'il a fait dire à S. M., dans un de ses discours à la Chambre, qu'il était heureux d'annoncer que, malgré la nécessité de poursuivre une guerre si juste et si nécessaire, de nouvelles taxes ne seraient pas imposées au peuple. Pourquoi n'a-t-il pas alors proposé cette mesure patriotique? parce qu'il a cru convenable de continuer de tromper la nation, de vous tromper vous-même, d'obtenir de vous les moyens de suivre son plan, en vous disant que le fardeau serait léger; et maintenant que vous y avez consenti, il vous dit que vous ne pouvez vous retirer avec honneur; il vous propose cet impôt, trop abominable avant pour être accepté, et qui ne peut l'être que dans un moment de désespoir.

Je sens bien que le meilleur moyen de trouver les sommes dont on peut avoir besoin dans des cas pressés, est de connaître la fortune de chacun, et ce bill a cette grande propriété. Si ce n'est pas une taxe sur les revenus, je voudrais savoir ce que c'est; mais, en supposant que, comme on l'a dit, ce soit une taxe sur la propriété, examinons-en la nature : une taxe sur la propriété doit être sur la terre, sur les fonds publics, ou sur les bénéfices commerciaux.

Avez-vous l'intention de taxer le propriétaire foncier par un impôt direct? Non, cela n'a jamais été essayé. Vondriez-vous taxer le capitaliste? Non, jamais ministre ne l'a encore essayé. Cependant le plan du ministre taxe in-

directement ce qu'il n'eût jamais osé taxer
directement. Prenons pour exemple deux personnes d'une fortune égale; l'une avec 10,000 l.
sterl., placées sur hypothèque, et vivant avec
le revenu de cette somme, or 5oo l. sterl. par
an. Vous la taxerez, d'après ce bill, sur le revenu et pas plus. Supposons que la seconde
ait de même 10,000 l. sterl. employées dans
le commerce, lui produisant 1,000 l. sterl. par
an, somme sur laquelle vous la taxerez. Quel
est le motif de cette différence? ils possèdent
la même propriété, néanmoins comme vous
rendez le revenu la base de votre taxe, vous
imposez de fait l'industrie, l'intelligence, l'ac-
tivité au double de celui qui préfère se reposer tranquillement sur le produit de son capital. Il me semble qu'il n'y a pas de justice.

Cependant cette mesure, comme toute autre,
passera, et la majorité l'adoptera. Et nous nous
figurons encore être les représentans du peuple! Moi, je prétends que nous ne le sommes
nullement; que pour l'être, il faudrait faire
cause commune avec lui.

On a parlé souvent des principes du jacobinisme du directoire de France. Je prétends
que rien n'a créé plus de jacobins que la conduite de l'honorable membre; et si cette mesure est adoptée, Dieu sait où elle peut nous
mener. Cette taxe peut être confiée à la force

militaire, et si par hasard elle venait à ne pouvoir pas être perçue, quelles en seraient les conséquences? Cette force militaire, après s'être emparée de ce qu'on possède, ne peut-elle pas mettre aussi la main sur les personnes?

Contra opes primum, et post in corpora sæviri.

Est-ce donc là une mesure que la Chambre doive adopter en si grande hâte? Je suis sûr qu'avec quelque temps elle occasionnera des remontrances de la part des villes de Bristol, Birmingham, Manchester, Liverpool, aussi puissantes que celles de mes commettans de la ville de Londres, et je ne puis m'empêcher de trembler des conséquences. Il n'y a qu'un retour aux principes de nos ancêtres qui puisse nous sauver. Quant à moi, je le déclare, si quelqu'un se croit capable de rétablir le calme dans le royaume, sans adopter un système différent, ou sans établir la constitution dans sa forme primitive, il est certes plus habile que moi; et je parle ici de la manière la plus désintéressée : car, certes, je n'aurai jamais part à l'administration d'une manière quelconque, à moins que l'opinion publique n'ait décidé une réforme complète des abus, et un retour entier à la constitution britannique.

On met aux voix la seconde lecture du bill.

Pour, 175.   Contre, 5o.

~~~~~~~~~~~~~~~

1800.

<div style="text-align:right">3 Février.</div>

MESSAGE *du Roi relativement à une ouver-*
ture de négociations de paix, faite par
le Gouvernement consulaire de France.

M. Fox, après une longue absence du Parlement,
reparaît dans cette séance remarquable. Il montre
évidemment de quel côté vient le refus de termi-
ner la guerre. — Il en développe les causes et
expose de nouveau ses motifs de censure contre le
ministère.

EXPOSÉ.

Le 25 décembre 1799, Bonaparte adresse au Roi la
lettre suivante :

SIRE,

« Appelé par le vœu de la nation française à occuper
» la première place de la république, je pense qu'il
» est convenable que ma première occupation soit de
» faire une ouverture directe à V. M. pour faire la
» paix.

» La guerre a duré huit ans ; elle ne peut être éter-
» nelle. Ne peut-on pas s'entendre ? Comment les deux
» plus grandes nations, puissantes et fortes au point

» de pouvoir rendre inutiles toutes les sûretés qu'elles
» voudraient prendre, pourraient-elles par cette idée
» seulement sacrifier le bonheur de leur propre fa-
» mille ? Comment ne sentiraient-elles pas que la
» paix doit être le premier but de leur ambition,
» comme il est celui de leur gloire ?

» Ce sentiment ne peut être étranger à V. M., qui
» règne sur une nation libre dans la seule idée de la
» rendre heureuse. Elle verra, sans doute, dans cette
» ouverture de ma part, le désir sincère qui m'a-
» nime de contribuer efficacement pour la seconde
» fois à une pacification générale, en recherchant le
» moyen le plus expéditif, le plus simple, dénué
» de toutes les formes qui sont le caractère des états
» faibles, ou qui ne peuvent être employées par les
» puissances fortes que dans l'idée de se tromper
» mutuellement.

» La France et l'Angleterre sont assez fortes pour pou-
» voir continuer la guerre ; mais, j'ose l'avancer, le
» sort des nations civilisées est attaché à la conclu-
» sion d'une guerre qui intéresse le monde entier. »

Cette ouverture, ainsi que la réponse de S. M. reje-
tant cette proposition de négociation, furent déposés
à la Chambre des Communes le 22 janvier; et le
3 février, M. Dundas proposa une adresse au Roi,
portant :

« Que la Chambre remerciait S. M. de la communication d'ouvertures de paix de la part de la France,
ainsi que de la réponse de S. M. en ne voulant rien
entendre à des négociations qui ne procureraient
pas à ses sujets la sécurité et la prospérité qu'ils ont
le droit d'attendre ; qu'elle lui exprime la disposition où elle est de poursuivre une lutte, qui ne peut

. finir que par une conclusion sûre, honorable et
   permanente ;.

» Qu'en conséquence de ces dispositions, la Chambre
   assure à S. M. qu'elle prendra toutes les mesures
   convenables pour poursuivre la guerre avec la vigueur nécessaire. »

Cette adresse est appuyée par M. Pitt et M. Canning,
   et repoussée puissamment par MM. Whitebread,
   Erskine et Fox.

Après le discours de M. Pitt, M. Fox prend
la parole :

MONSIEUR,

Il m'est impossible à une heure si avancée
de la nuit d'entrer dans une longue discussion
sur la question qui nous occupe. La fatigue
que j'éprouve moi-même, n'ayant pas assisté
aux débats de cette Chambre depuis si long-
temps, m'aurait empêché de prendre la parole, si je n'étais appelé par un devoir auquel
je ne crois pas pouvoir manquer.

Mon honorable ami, M. Erskine, nous l'a
dit, nous sommes dans une circonstance toute
particulière depuis la guerre. L'honorable
chancelier vient de le reconnaître lui-même,
en jetant les yeux sur le passé, et en montrant
la nouveauté de notre position, afin d'en conclure la nécessité de poursuivre la guerre.
Nous avons encore une fois entendu tous les
moyens qu'il a employés pour nous jeter dans

la position où nous sommes ; toutes les ressources et tout l'art avec lequel il a su persuader et amener à persévérer dans cette guerre ;
toutes les assurances de la faiblesse de l'ennemi,
qu'il n'a jamais manqué de nous donner : et
ce serait encore après sept années des plus
terribles et des plus calamiteuses, que l'on
voudrait nous amuser avec de semblables cal-
culs ! Ne nous a-t-on pas dit , il y a cinq ans,
que la France était au moment de sa ruine, que
la banqueroute était inévitable, qu'elle ne pouvait aller plus loin que la campagne? Faut-il
entendre aujourd'hui nous proposer d'entrer
dans une ère nouvelle de cette guerre? Ne la
rendrons-nous pas par-là éternelle?

Je ne puis que blâmer la manière arrogante dont nos ministres ont répondu à une
offre de négociation si respectueuse : de tout
temps ce langage aurait été blâmé ; et je me
rappelle les justes observations de lord Malmesbury en 1796, lorsqu'à Paris il se plaignait
des expressions de M. Delacroix, en disant
qu'elles étaient plutôt faites pour irriter que
pour concilier. M'accordant avec lui à cet égard,
je pense que la Chambre et la nation blâme-
ront, comme je le fais, les expressions déplacées de nos ministres dans cette circonstance.

Je ne suivrai pas l'honorable chancelier de
l'échiquier dans les détails où il est entré au

sujet de la guerre, selon moi d'une manière
fort inconvenante. Il ne m'a pas convaincu, et,
à moins qu'il ne me donne de plus puissantes
raisons, je penserai toujours que nous sommes
les agresseurs; qu'indubitablement l'Autriche et la Prusse le sont aussi. L'infortuné
Louis xvi lui-même, et ceux qui avaient sa
confiance, ont prouvé qu'il existait une correspondance intime entre lui et l'empereur,
et une intelligence secrète. Loin de moi de
dire d'après cela qu'il y avait un traité entre
eux pour opérer le démembrement de la
France. Certainement non; mais personne ne
peut lire la déclaration faite à Mantoue, et le
traité de Plinitz, tels qu'ils sont donnés par
M. Bertrand de Molleville, sans reconnaître
qu'il n'y avait pas seulement l'intention, mais
une déclaration d'intention de la part des puissances de l'Allemagne, d'intervenir dans les
affaires de France, afin de rétablir un Gouvernement contre la volonté de la nation. Il me
semble que c'est un motif bien suffisant d'aggression.

- L'honorable membre nie qu'il ait jamais
existé un traité de Plinitz. Je lui dirai encore
qu'en lui accordant ce point, bien contraire à
la vérité, il existe une déclaration qui équivaut bien sûrement à un acte d'aggression.

« L'empereur et la Prusse s'unissent pour

» déclarer publiquement qu'ils sont, détermi-
» nés à employer leurs forces de concert avec
» celles des autres souverains de l'Europe, à
» l'effet de mettre le roi de France en état d'é-
» tablir librement un gouvernement monar-
» chique, convenable aux droits des souve-
» rains et au bien général des Français. »

- Je demande maintenant à ceux qui m'ont
entendus, qu'ils mettent la main sur leur
conscience, et qu'ils prononcent. Qu'ils disent
si ce n'est pas une véritable insulte faite à la
France?

Mais, nous dit-on, le décret de novembre
1792 est une véritable aggression de la part de
la France. J'avouerai ici franchement que je
l'ai regardé comme tel; mais je dirai aussi que
personne ne peut nier que M. de Chauvelin
n'ait donné une explication de ce décret. Il a
dit au nom de son Gouvernement, « que jamais
» les Français n'avaient voulu dire qu'ils favo-
» riseraient les insurrections ; qu'il n'était ap-
» plicable qu'à ces peuples qui, après avoir
» acquis la liberté par droit de conquête, vien-
» draient à demander l'assistance de la répu-
» blique ; que la France respecterait non-seu-
» lement l'Angleterre, mais aussi toutes les
» puissances avec lesquelles elle n'était pas en
» guerre. »

Cette explication n'a pas été suffisante; mais

on n'a pas fait d'objections à M. de Chauvelin,
même quand on lui a ordonné de se retirer
d'Angleterre. Vous n'avez donc pas le droit
de dire que ce décret soit un acte d'aggression.
Je maintiens que quand une nation réfuse de
dire à une autre ce qui pourrait lui convenir,
ou ce qui la blesse, elle prouve qu'elle n'a pas
le désir de conserver la paix qui règne entre
elles.

L'honorable membre nous a parlé pour la
première fois d'une pièce envoyée à notre ambassadeur à Pétersbourg, en 1792, pour chercher à intéresser S. M. Impériale à réunir ses
efforts à ceux de l'Angleterre, et pour prévenir
par une médiation combinée les malheurs
d'une guerre générale. J'ignorais totalement ce
fait; mais, je le demande, n'eût-il pas été plus
utile de communiquer cette pièce à Paris qu'à
Pétersbourg? Au lieu de cela, qu'avons-nous
fait? Dans le même moment on insultait M. de
Chauvelin de toutes les manières, jusqu'à lui
ordonner de partir, sans lui assigner un seul
motif de notre désir de conserver la paix.

Je ne puis réellement suivre l'honorable
membre dans tout son raisonnement. Il est
bien démontré que la Prusse et l'Autriche ont
été aggresseurs, et avec un peu de conséquence dans le jugement, on avouera que

nous le sommes devenus de fait, quoique ce soit la France qui nous ait attaqués.

Loin de moi de vouloir justifier la France dans sa politique intérieure ou extérieure. Je pense au contraire que jusqu'ici ses chefs ont été aussi dangereux pour elle que les plus grands despotes qu'elle ait pu avoir. Mais je crois qu'il était impossible qu'accablée d'une guerre générale contre elle, elle ne cherchât pas tous les moyens de répandre la destruction partout. Les Français n'ont fait qu'imiter, avec des armes différentes, leur ancien maître Louis xiv. S'ils ont ravagé les pays où ils sont parvenus, c'est à la manière de ce souverain ; s'ils ont détrôné des rois, c'est encore à son exemple : toujours ils ont eu pour modèle ce grand monarque. Enfin, même en cherchant à introduire partout leurs principes, en cherchant à troubler les états voisins, ils n'ont fait encore que suivre la marche de Louis xiv. Qu'ont-ils pu faire depuis la révolution de pire que ce qu'a fait ce monarque? Il a fait la guerre à la Hollande, sous le prétexte que ce pays ne l'avait pas traité avec assez de respect. Certes, c'est là une cause bien juste pour faire la guerre !

Ceci m'amène à un exemple que je trouve digne de l'attention des ministres de S. M.

Quand Charles II a fait la triple alliance pour la protection de l'Europe, et particulièrement de la Hollande contre l'ambition de Louis XIV, quelle a été la conduite de ce vertueux homme d'état, M. de Witt? Quand les confédérés vinrent à discuter la question de savoir comment ils traiteraient avec le monarque français ; quand on agitait la question de savoir si on le forcerait à rendre ses conquêtes faites à d'injustes titres, ce grand homme dit : «Je pense » que nous devons bien plutôt considérer les » moyens de terminer la guerre, que de re- » chercher les causes de cette guerre. Si vous » vous étiez réunis en temps opportun pour » empêcher Louis XIV de faire ces conquêtes, » cela eût été sage; mais maintenant il les a faites, » il est conquérant, et il nous faut traiter avec » lui, non pas d'après l'origine de ces conquêtes, » mais en raison de la position où il se trouve. » Il possède, et nous devons nous estimer heu- » reux de lui en abandonner une partie comme » moyen de faire la paix, car ses conquêtes lui » donnent le droit de réclamer des indem- » nités. » Tel était le langage de cet homme d'état, et tel doit être le nôtre en ce moment par rapport aux Français.

Il est certain que quelque état que ce soit, s'il est conquérant, qu'il soit monarchique ou républicain, réclamera toujours des indemnités en proportion de ses succès ; et on ne demandera jamais comment il est devenu possesseur, mais comment on peut l'empêcher d'augmenter sa possession.

Le célèbre historien Humes parle de Louis xiv avec des expressions d'admiration ; cependant il ne peut s'empêcher de convenir qu'il a été malheureux en ce qu'il n'a jamais pu donner à ses diverses guerres un juste prétexte. En pouvons-nous dire plus des républicains français ? En s'emparant de la Savoie, ils ont établi, je pense, le système d'une convenance morale et physique ; c'est là leur prétexte, et c'est aussi une phrase des Bourbons. J'en conclus que comme nous n'avons jamais eu de scrupules pour traiter avec la maison de Bourbon, malgré sa rapacité, son ambition, sa violation des traités, sa perfidie politique ; de même nous ne devons pas refuser de traiter avec les républicains, ses imitateurs. Les ministres n'ignorent rien de ce que j'avance.

Cette neutralité, dont nous n'aurions jamais dû nous départir, était encore alors bien différente de celle que la prudence et la bonne politique indiquent. Je pense que quand le malheureux roi de France nous fit demander, par l'intermédiaire de M. de Chauvelin et de M. de Talleyrand, d'être médiateur entre lui et les puissances d'Autriche et de Prusse, nos

ministres eussent dû saisir cette occasion de
sauver l'Europe des malheureuses conséquences d'un système qui commençait à se
manifester partout. Nous n'aurions pas dû refuser dans ce cas plus que nous ne l'avons fait
autrefois, quand quelques princes nous en ont
fait la demande, quelle qu'ait été leur ambition.

Je suis arrivé enfin à croire que l'honorable
membre aussi a eu son degré d'ambition, et
qu'il a fini par espérer, comme tout autre,
qu'il pourrait résulter quelque chose de la
confusion. Je l'avoue, les principes de religion
me sont tout aussi connus qu'à tout autre;
mais je n'y vois rien qui puisse autoriser la
conduite que nous avons tenue dans cette circonstance; et je ne puis entendre comment on
peut dire que nous faisons la guerre pour la
religion. Non, jamais la religion ne peut être
une cause de guerre; mais, si on veut, elle est
un prétexte au moyen duquel on masque le
véritable motif. Je vois celle-ci interminable.

Personne plus que moi ne regrette sans doute
les excès auxquels les Français se sont livrés;
mais cela n'a pas de rapport à la question qui
nous occupe. Faut-il que nous n'ayons jamais
le repos et la paix, parce que les Français se
sont mal conduits? Nous avons négocié tout en
connaissant ces actes d'injustice de leur part;

2°. Si, contre l'attente de nos ministres, la nation française se montrait disposée à reconnaître le gouvernement de Bonaparte.

L'honorable membre peut être trompé dans son attente; et le motif d'usurpation qu'il allègue pourrait être victorieusement discuté, si l'heure me permettait d'entrer dans quelques développemens. Cromwell était usurpateur; et il y a plusieurs points sous lesquels la ressemblance existe avec le premier consul de France: la France et l'Espagne ont-elles refusé de traiter avec lui parce qu'il était usurpateur? Non, Monsieur, ce n'est pas ainsi que les gouvernemens agissent : ils ne s'informent pas par quels moyens le pouvoir est obtenu, mais bien en qui il réside. Le peuple d'Angleterre a reconnu le gouvernement de Cromwell; et la splendeur de ses talens, la vigueur de son administration, ses victoires, ont fait acquiescer à son usurpation. Nous devons essayer Bonaparte. Personne ne doute de son talent : son courage, son énergie sont parvenus à voiler de leur splendeur les malheurs de la révolution. Pourquoi les Français, comme nous l'avons fait sous Cromwell, ne reconnaîtraient-ils pas son gouvernement?

Dans ce cas, l'attente de l'honorable membre serait trompée sans doute. Il finira par convenir que quoiqu'un seul pouvoir puisse faire la guerre, il en faut deux pour faire la paix. Peut-

être verra-t-il que Bonaparte n'est pas plus sincère que lui dans sa proposition de paix; et
peut-être l'entendra-t-il lui dire : « Je vous ai
» offert la paix en 1800, non pas parce que je
» voulais la paix, mais parce que la nation fran-
» çaise la désirait; qu'il fallait un nouveau sys-
» tème; que j'ai dû suivre l'impulsion natio-
» nale : maintenant je jette le masque; et ayant
» obtenu l'affermissement de mon système, je
» refuse toutes vos offres. » Je le demande à l'honorable membre, cette supposition n'est-elle
pas naturelle? Ne devons-nous pas penser que
si un jour Bonaparte est assis d'une manière
plus solide, son langage ne prenne une toute
autre direction? Il me semble que ces réflexions
sont de nature à n'être pas rejetées par les
ministres de S. M.

L'honorable membre ajoute encore à ces ex-
ceptions : Si nos alliés n'ont pas le succès qu'ils
espèrent dans leurs efforts pour mettre la nation
française contre Bonaparte; et si enfin la guerre
nous devient tellement à charge que nous ne
puissions plus la continuer. Tels sont les cas où
il consentirait à traiter avec Bonaparte.

En cela, je le dirai, l'honorable membre est
au moins sincère; il nous fait sa confession. Il
dit ouvertement à Bonaparte ce qu'il doit attendre de lui : « Je ferai tout au monde, lui dit-il,
» pour animer la nation contre vous; j'essaierai

» de vous faire assassiner, ou de vous faire ren-
» voyer : si je n'y réussis pas, alors je traiterai
» avec vous; mais ce ne sera que quand toutes
» mes ressources seront épuisées. »

Quelle est donc la paix que l'honorable membre espère faire par cet aveu? Croit-il que Bonaparte souffrira les insultes et les insolences
de nos ministres? L'honorable membre oublie
ce qu'il nous a dit dans une autre occasion ;

Potuit quæ plurima virtus
Esse, fuit : toto certatum est corpore regni.

Il faudrait qu'il répétât cette sentence, mais
avec une application différente.

Mais, Monsieur, quelle est donc la question
qui nous occupe? Donnerons-nous notre consentement et notre appui au ministre pour
refuser une offre de négociation?

Je le demanderai à tous les membres de cette
Chambre, si au lieu de cela la question était
de voter une adresse à S. M.; pour la remercier
de ses ouvertures de paix, ne donneraient-ils
pas leur vote à l'unanimité? Ne balanceront-ils
donc pas à voter tout le contraire? Je m'esti-
merais bien heureux d'avoir pu parler ainsi à
leur conscience et leur montrer la vérité; assurément, si cela produisait cet effet, je me trou-
verais à la tête de la plus grande majorité qui
ait jamais existé dans cette Chambre.

Nous avons entendu beaucoup d'invectives contre Bonaparte : je pourrais observer que ce n'est sûrement pas le moyen de traiter plus avantageusement, que d'animer les passions! Mais, je le répète, je n'entreprends pas la défense de cet homme extraordinaire : il a trouvé la France dans une perplexité que tout le monde connaît; il a voulu l'en tirer; et, comme militaire, il n'a connu qu'un seul moyen, celui de s'emparer de l'autorité par force. Je ne défends pas cet acte; certainement ce n'est pas la méthode que j'approuve pour réformer des gouvernemens : mais je m'étonne d'entendre ici tant blâmer ce système militaire, que l'on semble si disposé à adopter soi-même.

Mais, dit-on, Bonaparte a violé son serment de fidélité à la constitution de l'an 3. Eh! qui donc ignore que, dans une révolution, la foi des sermens n'est rien? Quel est le serment qui n'a pas été violé? Lors de la restauration de Charles II, ceux qui avaient pris les armes pour la communauté, ont été reconnus traîtres et rebelles. Mais qui a parlé de les accuser d'être parjures à leur serment? Ceux qui parlent de cette violation de sermens, sont ceux-là mêmes qui voudraient entraîner vingt-quatre millions d'individus à trahir le serment qu'ils ont prêté à la constitution actuelle, pour parvenir à rétablir la maison de Bourbon par cette violation

. Mais, dit-on encore, Bonaparte a déclaré
que les gouvernemens de France et d'Angleterre
ne pouvaient pas exister ensemble. Certes,
c'est là une absurdité; cependant l'honorable
membre l'a proférée avant lui, il l'a dit dans
cette Chambre; et je vois en cela au moins un
trait de ressemblance entre lui et Bonaparte :
eux deux sont les seuls qui peuvent avoir
avancé une pareille assertion. Mais enfin, faut-il
faire la guerre en raison d'assertions de cette
nature? Grand Dieu! sauvez-nous d'un système
aussi faux!

. On nous assure que Bonaparte ne peut pas
sincèrement désirer la paix; que, s'il la fait,
il ne la maintiendra pas. Comment pouvons-
nous décider de sa sincérité? Parce qu'un gouvernement militaire ne peut se soutenir en
paix. Souvent j'ai entendu parler du peu de
stabilité d'un gouvernement militaire; cependant César-Auguste avait un gouvernement
militaire, il n'a pas duré moins de six à sept
cents ans. Le despotisme militaire n'est que
trop probablement de nature à être envisagé
en ce moment comme permanent, et il n'est
pas vrai de dire que son existence dépende de
la vie du premier usurpateur. Ce despotisme
militaire continua, quoique la moitié des em-
pereurs romains eussent été assassinés : et il
en sera de même en France; je le pense. Si

Bonaparte disparaissait de la scène pour faire place à Berthier, ou à tout autre général, quelle différence cela ferait-il au despotisme français? Nous pouvons donc tout aussi bien traiter avec lui qu'avec aucun de ses successeurs, comme nous aurions traité avec Louis XVI, Louis XVII, Louis XVIII. Il n'y a de différence que le nom, puisque le pouvoir y est. C'est là où il faut aller traiter.

Maintenant, je dirai que lui-même doit désirer de traiter, malgré sa passion militaire. Croyez-vous qu'il ne sache pas que la fortune est capricieuse? Tel a été victorieux qui peut avoir des revers. Il est politique à lui de faire la paix. Il doit se dire qu'il lui faut employer des généraux; que leurs revers comme leurs succès doivent l'affecter particulièrement; qu'il doit craindre les uns comme redouter les autres. La paix fixe la fortune. La France a besoin de repos, il le sait. Il lui faut du temps pour se reproduire et réparer ses pertes et ses sacrifices. Il y va donc autant de sa gloire que de son propre intérêt, et tout le désir qu'il peut avoir de profiter de sa fortune, ne peut lui faire oublier quelle est la disposition du pays qu'il est appelé à gouverner; c'est donc dans son propre intérêt que je le suppose raisonner ainsi.

– Cessons donc, par des accusations injustes

et des soupçons indiscrets, d'irriter celui qui nous propose la paix. Trop souvent on s'est livré à de semblables invectives contre des personnes d'un caractère distingué, et mon honorable ami (M. Erskine), avec son noble caractère et son grand talent, en a relevé plusieurs qui, je l'avoue, m'ont paru bien déplacées.

Que n'a-t-on pas dit dans le temps contre Washington? Voulez-vous traiter avec un rebelle, avec un traître? Et, cependant, aujourd'hui nous sommes tous aussi bien convaincus du mérite et des droits de ce général, que nous reconnaissons qu'une république comme celle de l'Amérique peut exister sans danger pour l'ordre social et pour les monarchies. Elle a maintenu toutes les relations de paix et d'amitié avec les autres États, et aujourd'hui même elle fait sa paix avec la France. Et nous voudrions nous seuls, résister et persévérer! Et quelle est la question dont il s'agit? Quoi! nous refusons de traiter de la paix parce que nous ne sommes pas sûrs qu'un individu de Paris, mis par hasard à la tête du Gouvernement, sera meilleur que nous ne le supposons! Système insensé!

Mon honorable ami (M. Whitebread), a été désapprouvé pour avoir émis une opinion que je crois cependant bien raisonnable. Il a dit que

le changement de propriétés, opéré par la révolution, doit être une barrière insurmontable
au retour des anciens propriétaires.

Mais non, dit le ministre, rien n'est si aisé:
ces propriétés sont tellement dépréciées, que
l'acquéreur de biens nationaux sera bien facilement dépossédé pour rétablir l'ancien propriétaire.

Je pense différemment que lui sur ce point.
La révolution par tous ses ravages a opéré ce
changement de propriété, mais elle n'en a pas
ordonné l'exécution. Le retour des Bourbons
le ferait, au contraire, et voilà la différence.
Il n'y a pas de doute que si la noblesse de
France avait pu prévoir la durée des maux qui
pèsent sur elle, elle aurait suivi une autre
marche. Malheureusement, ils ont quitté leur
pays. Le Roi et sa famille ont été chercher
l'appui des étrangers. Une confédération s'est
formée pour les rétablir par la force, et on
s'est alors emparé de leurs propriétés comme
moyen de résister à leurs efforts. Quelque pénible que soit cette circonstance, elle est néanmoins motivée.

Mais il s'agit de savoir comment aujourd'hui
les propriétés sortiraient de la main des pos-
sesseurs et acquéreurs. Le nombre s'en élève,
dit-on, à 1,500,000 personnes, il me semble
que c'est une barrière insurmontable au réta-

blissement de l'ancien ordre de choses. Jamais
révolution n'a été garantie plus puissamment.

Louis xviii, de sa retraite de Mittau, annonce
aux Français et à ses amis qu'il arrive, non pas
avec une constitution qui pourrait garantir
l'existence de ce qui est, mais afin de rétablir
l'ancien régime, ce qui comporte avec soi la
bastille, les lettres de cachet, la gabelle, etc.
Les nobles doivent en conclure que, si le Roi
revient avec de semblables intentions, eux-
mêmes peuvent bien se regarder comme rétablis dans leurs anciennes propriétés, dans
leurs rangs, dans leurs titres, sans même avoir
à faire de sacrifices pour les acquéreurs de ces
propriétés. Est-ce là un moyen de faire désirer
le retour du Roi par les habitans de la France?
Sans doute il existe en France de tous les côtés
des personnes attachées à cet ancien ordre de
choses, mais il est bien présumable que Bonaparte cherchera à composer avec elles. Il ne
peut ignorer les exemples que l'histoire lui
offre. L'insurrection formidable des Hugue-
nots ne fut-elle pas entièrement détruite et
conciliée par la bonne politique d'Henri iv, qui
en éleva quelques-uns aux rangs les plus distingués? La révocation de l'Édit de Nantes ne
peut pas s'oublier : cet acte des Bourbons qui
passe en atrocité et en injustice tout ce que
jamais les jacobins ont pu faire, ne donne-t-il

pas le moyen le plus facile d'établir en faveur
de Bonaparte une comparaison bien honorable
pour lui?

Ces atrocités, retracées dans l'histoire, ne
sont pas plus particulières aux Français qu'aux
autres nations, je le sais, mais je pense qu'il
est temps de ne plus s'appuyer dessus pour
refuser toute conciliation. Comme les autres
nations, nous avons eu nos cruautés, l'histoire
les a retracées, nous les déplorons; et s'il faut
en croire la rumeur publique, il en est encore
de récentes dont difficilement nous pourrons
nous laver. Je ne veux pas détailler ce qui me
ferait tant de peine à croire, mais s'il est vrai
qu'une portion des habitans républicains de
Naples se sont mis sous notre protection, of-
frant de capituler seulement avec nos officiers
anglais; qu'on est convenu de les transporter
à Toulon; mais qu'avant de faire voile, ils ont
été sacrifiés; je le demande, ne devons-nous
pas frémir des reproches de la postérité?

Je termine, Monsieur, en répétant que nous
devons donner une réponse claire et positive
aux ouvertures qui nous sont proposées. Nous
devons, selon moi, dire à Bonaparte que nous
désirons que les négociations s'étendent aussi
à tous nos alliés.

Je suis loin d'espérer que mon opinion
puisse décider quelques-uns des membres de

cette Chambre à voter avec moi, mais j'en appelle à leur conscience et à leur honnêteté pour s'opposer à l'adresse proposée, oomme devant tendre à accroître les malheurs de notre position, de manière à ne pouvoir peut-être plus un jour y remédier.

L'adresse est mise aux voix.

Pour, 265.   Contre, 64.

1801.

15 Mars.

CHANGEMENT *de ministère.* — *Motion de M. Grey sur la situation de l'État.*

M. Fox , qui s'était absenté de la Chambre depuis un certain temps , reparaît à l'époque de ce changement de ministère, dans l'espoir d'ouvrir enfin les yeux des membres de la Chambre, et de leur montrer par le tableau des maux présens combien une confiance aveugle dans les derniers ministres a été fatale. — Il montre la nécessité de faire la paix avec Bonaparte. — Il soupçonne le ministère de n'être que l'ancien, masqué par de nouveaux individus.

EXPOSÉ.

Le 14 mars 1801, M. Pitt donne sa démission de premier lord de la trésorerie, et de chancelier de l'échiquier. Il s'ensuit naturellement un changement dans le ministère, qui se trouve composé ainsi qu'il suit :

H. Addington	Premier lord de la trésorerie, Chancelier de l'échiquier.
Duc de Portland	Président du conseil.
Lord Eldon	Chancelier.
Lord Westmoreland . . .	Garde des sceaux.
Lord Pelham, ...	Ministre de l'intérieur.
Lord Hawkesbury	Ministre des affaires étrang.
Lord Hobart	Ministre de la guerre.
Lord Levisham	Ministre de la marine.

Toutes les autres places dépendantes du ministère furent renouvelées comme à l'ordinaire, et occupées par les amis de ce nouveau ministère.

M. Grey propose que la Chambre se forme en comité général pour examiner la situation de l'État. Cette proposition est appuyée par MM. Fox, Whitebread, et lord Temple.

MM. Pitt, Addington, nouveau chancelier de l'échiquier, et Dundas s'y opposent.

Aussitôt que M. Pitt termine son discours,

M. Fox se lève et dit :

Monsieur,

Je réclame l'indulgence de la Chambre, pour me permettre de donner mon opinion sur la question qui nous occupe. J'ai quelque droit à ce qu'elle me soit accordée, puisque l'honorable membre, M. Pitt, m'a qualifié de *nouveau membre du Parlement,* en raison du temps que j'ai passé sans suivre ses débats.

Qu'il me soit permis, avant tout, de répondre à ce qui m'est personnel dans le discours de l'honorable membre, quoique cela n'ait pas un rapport direct à la question.

Il est vrai qu'en 1782, j'ai offert à l'impératrice de Russie, d'après les ordres de S. M. et comme secrétaire d'état, d'entrer en alliance avec l'Angleterre. Je suis loin de vouloir blâmer cette mesure ; j'observerai néanmoins qu'elle a été le résultat du conseil des ministres de S. M. Je pourrais ajouter quelques développemens, qui tendraient à prouver que le ministère d'alors, loin de courir des chances dangereuses pour l'honneur de l'Angleterre, et de montrer un système de duplicité comme celui de l'honorable membre, a eu pour justifier ses actes les résultats les plus avantageux. Il suffit de se ressouvenir quelles étaient les personnes avec lesquelles j'avais l'honneur d'agir, pour reconnaître la garantie de toutes ses opérations.

Mais en attaquant le ministère de l'honorable membre, et afin de revenir à la question qui nous occupe, je prie la Chambre d'observer que ni moi, ni mes amis, n'avons jamais dit une seule chose contre les opérations de la marine. L'honorable membre veut, au contraire, tirer une conséquence contre nous, et dit : comment toutes les opérations militaires peuvent-elles être blâmables, et celles de la marine si remarquables en sagesse, quand ce sont les mêmes personnes qui les dirigent? Pourquoi? parce que celles de la marine dépendent de bons officiers, de bons vents, de temps favorables ; tandis que celles de terre consistent à former un bon plan. Le mérite de l'amirauté ne peut donc être attaqué, toutefois dans ses succès maritimes : mais je me permets de la blâmer relativement à ce qui a rapport à l'invasion de l'Irlande. Je distingue donc ce qui a eu rapport à la marine, des actes du ministère de l'honorable membre, que je puis prouver blâmables jusque dans leurs moindres détails. Il suffit de les nommer pour s'en convaincre : personne ne balancera à se prononcer contre les expéditions de Quiberon, de Flandre, de Saint-Domingue, de la Hollande, du Ferrol, de Cadix, etc.

L'honorable membre a le rare mérite de nous avoir dit, avec une gravité des plus remarquables, et qui serait réellement risible, si on pouvait mêler la plaisanterie aux objets sérieux qui nous occupent, toutes les circonstances, à un jour, à une heure près, des opérations, des mouvemens rétrogrades, des causes de retraite et d'abandon des opérations; et la Chambre a eu la patience de l'entendre sans lui demander : « Quels sont donc les opéra-

»tions, les résultats, les succès? citez-en un
»seul : et si vous ne pouvez trouver de meil-
»leures preuves que vos propres paroles pour
»appuyer vos assertions, laissez-nous donc
»entrer dans l'examen de vos opérations et les
»juger. »

Je pourrais ici les repasser toutes et montrer
comment, dans le Nord aussi bien qu'en Italie,
il a eu le malheur d'échouer partout dans les
plans qu'il avait conçus, et comment partout
les résultats de ses défaites ont nécessité de nouveaux sacrifices, une nouvelle opiniâtreté de
sa part, et de nouvelles calamités; mais afin
de prendre un seul exemple, voyons sa défense
relativement à l'expédition d'Italie.

Il nous dit, avec une précision bien précieuse, que ce grand projet a été connu le 22
de février, que le 23 il en a parlé au Roi; que
le 24 il en a parlé au duc d'Yorck; que le 25
le duc lui a dit quelque chose. En honneur,
il a bien fait l'honorable membre de m'appeler un nouveau membre du Parlement, car je
suis bien neuf à cette manière de raisonner, et
il faudrait que j'eusse complétement oublié
les usages parlementaires pour écouter patiem-
ment et sans improbation ce qui attaque tellement les principes de notre constitution, et
ce qui ne peut être toléré que par la confiance
aveugle qu'on a accordée aux ministres. Jamais,

avant cela, un ministre n'eût osé présenter ainsi le journal de ses opérations les plus minutieuses, comme s'il donnait des raisons; jamais il n'eût dû lire des lettres de généraux comme explication des défaites auxquelles il a exposé la nation. Depuis long-temps, il est vrai, je ne suis plus dans l'habitude de converser avec la personne illustre qui est à la tête de l'armée, mais il faudrait qu'elle fût grandement changée si elle ne désapprouvait pas ce système de palliation. Car, que prouve-t-il? que s'il n'y avait rien de plus que ce que nous avons entendu, S. A. R. elle-même devrait être accusée immédiatement, pour avoir ainsi permis que la défense nationale fût détruite dans sa racine. On ne saurait imaginer que le commandant de la milice, cinq mois après avoir été embarqué, vînt nous dire, comme l'honorable membre le prétend, qu'il lui faut au moins deux mois pour mettre sa milice en état de service.

Mais l'honorable membre finit par dire qu'il ne veut pas entrer dans le détail des opérations militaires, et qu'il se bornera à la partie de la prospérité nationale qui a le plus de rapport avec son ministère. Irrité de l'énumération que nous a faite mon honorable ami de la dette publique, en conséquence de la guerre, il l'établit, depuis 1793, à la faible somme de

160,000,000 st. Et comment trouve-t-il cette somme? Par le mode le plus étrange. Il commence par en retrancher 56,000,000 st., à laquelle somme l'income-taxe est affectée; puis il désire ne pas parler de ce qui a été racheté de l'impôt foncier. Certes, il n'y a personne plus disposée que moi à se réjouir, si cet impôt sur le revenu était nul, et je ne puis que m'étonner de voir l'insensibilité avec laquelle l'honorable membre glisse sur un impôt qui prive tous les Anglais des premiers besoins de la vie. Nous réjouir de ces impôts est absolument faire comme l'homme qui, pour payer ses dettes, serait obligé de mettre sa propriété en vente. Les dettes peuvent être payées, et il est sûr que c'est la première chose à faire; mais la propriété n'en est pas moins perdue.

Tel est, cependant, l'effet de la guerre que l'honorable membre compare avec celle que nous avons eue précédemment avec la France. Nous avons pris plus dans cette guerre, dit-il, que dans toutes les autres, elle les surpasse donc en succès. Grand Dieu! quel effet produit sur un homme la confiance aveugle qu'on lui accorde! Il peut donc impunément déraisonner!

Qu'avez-vous obtenu dans cette guerre? Avez-vous rétabli la monarchie, objet de vos désirs?

Non, vous en avez perdu jusqu'au moindre espoir, aujourd'hui. Avez-vous détruit le jacobinisme? Non, votre résistance l'a rendu plus fort que jamais. Avez-vous réduit la puissance de la France? Non, elle s'est agrandie au-delà des bornes de son ancienne ambition, elle s'est étendue jusqu'au Rhin et jusqu'aux Alpes, en ajoutant 5,000,000 de population à la sienne, déjà si considérable.

Vous aviez toutes les puissances de l'Europe pour alliés, que sont-ils devenus? Où sont les puissances neutres? Elles sont ajourd'hui toutes liguées avec la France contre vous. D'où proviennent tous ces malheurs? Sont-ils l'effet du hasard? Non, ce sont le résultat de votre politique.

L'honorable membre nous dit, cependant, que la Chambre jetera la honte sur ses propres décisions, si, aujourd'hui, elle ordonne l'enquête proposée. Je répondrai à cela : pour sauver son pays, la Chambre doit plutôt revenir sur ses propres décisions. C'est ainsi que le Parlement a cru convenable d'agir à l'époque de la guerre d'Amérique, et c'est ainsi qu'il a sauvé son pays à cette époque.

Relativement au nouveau ministère, à l'exception de lord Saint-Vincent, ministre de la marine, j'avoue qu'il n'y en a pas un seul, dans ceux que le Roi vient de nommer, qui puisse m'inspirer la moindre confiance. Toutefois, ils ne peuvent être pires que le dernier ministère. Nous avons entendu un éloge pompeux fait par l'honorable membre (M. Pitt), du chancelier de l'échiquier actuel (M. Addington), il nous a parlé de la manière distinguée dont il a rempli le poste que vous occupez vous-même, Monsieur, en cet instant. Je conviens que la position d'un président de cette Chambre est de la première importance. C'est la première dignité dans cette Chambre, et je dois croire que c'est sans doute pour le bien public que vos prédécesseurs l'ont quittée pour remplir des places inférieures, mais plus lucratives et plus riches en pouvoir. Néanmoins, un homme peut être un fort bon président, comme M. Addington l'était, sans pour cela réunir toutes les qualités nécessaires à un chancelier de l'échiquier.

M. Pitt n'a pas moins fait l'éloge de lord Hawkesbury. J'ai autant de respect pour lui que je puis en avoir pour un homme que je ne connais pas. Depuis long-temps il est membre de cette Chambre, et je ne doute pas qu'il n'y ait rendu des services ; mais je ne crois pas, cependant, qu'il soit possible de choisir, dans toute l'Angleterre, un homme moins convenable au poste qu'il occupe. Il nous a fait trop souvent connaître sa répugnance à traiter avec

cette *république de régicides et d'assassins,*
pour que je ne doive pas redouter ses dispositions à proposer la paix.

Il n'y a donc, dans ce changement de ministres, aucun changement de système, si ce
n'est que pour opérer sur leurs propres erre-
mens, ils seront opposés au peu de mesures
sages de leurs prédécesseurs.

Je ne répéterai pas ici tout ce qui a déjà été
dit de l'émancipation des catholiques d'Irlande :
ce qui se rapporte au sujet qui nous occupe,
est seulement de savoir que l'honorable membre se retire du ministère parce qu'il ne saurait proposer cette mesure à S. M. et au Parlement, en protestant, *toutefois, contre toutes*
les explications et interprétations que l'on
pourrait désirer avoir de lui à ce sujet.
Certes, voilà une déclaration d'une étrange
nature. Il ose ajouter : S. M. peut bien elle-
même avoir aussi une opinion ! Quelle étrange
situation que celle du Roi et de cette Chambre ! La prérogative royale est incontestable ;
le Roi a le droit de choisir et de renvoyer ses
ministres, de s'opposer ou de consentir à une
loi, mais ce serait une attaque directe aux priviléges de cette Chambre, et une violation de
la constitution, que d'employer le nom du Roi
pour influencer les délibérations ! Je respecte
infiniment la partie monarchique de notre

Gouvernement, mais le Roi n'a rien à faire avec l'opinion particulière d'un membre de cette Chambre, et c'est la première fois qu'il a été dit dans cette enceinte qu'une proposition ne peut pas y être faite à moins qu'elle ne vienne de la couronne, dont la constitution rend la Chambre particulièrement indépendante.

Ainsi, comme droit, l'honorable membre ne reconnaît pas les plaintes des catholiques; il veut que, si on accorde quelque chose, ce soit comme concession. Je ne pense pas ainsi, moi; j'accéderais à leur demande, et comme étant le résultat d'un droit, et comme étant dictée par la justice. Les personnes les plus attachées au système de la représentation virtuelle, ne pensent même pas qu'il aille jusqu'à exclure les catholiques. Selon moi, ils y ont autant de droits que les protestans.

Relativement à la question concernant les puissances du Nord, il semble, d'après le bruit public, que lord Hawkesbury a été aussi intraitable que son rigoureux prédécesseur. Il pense que si l'année dernière il eût été en place lors de l'ouverture faite par Bonaparte, il lui aurait répondu : « Je ne puis traiter avec » vous; vous êtes trop nouvellement à la tête » du Gouvernement. » Sans doute il espère voir un jour Bonaparte à ses pieds, implorant la paix qu'il a proposée.

» Le même Bonaparte cependant, qui ne gagne pas une bataille sans faire une nouvelle proposition de paix, ne pense pas que la gloire de Marengo et de Hohenlinden soit en danger par cette constante démonstration de pacification faite par lui, qui ne gagne pas un laurier sans montrer en même temps l'olivier. On nous a reproché d'affaiblir la cause de la nation, en répétant sans cesse ce même désir de faire la paix. Je suis loin d'avoir une telle pensée, mais je crois que le vrai moyen d'opérer notre ruine est de fermer les yeux sur la réalité de notre danger. »

» Bonaparte n'a pas caché l'état actuel de la France, sa misère et sa détresse. Le moyen qu'il a employé pour relever les ressources de ce pays a été de montrer la conduite que nous avons tenue. La lettre de lord Grenville à M. de Talleyrand lui a procuré plus de ressources que tout ce qu'il aurait pu faire.

» Relativement au changement de ministère, il m'est impossible de décider si c'est un arrangement pris de manière à n'avoir de changement que dans les individus. L'honorable membre, ainsi que M. Dundas, se sont efforcés de prouver que le changement était réel. Au surplus, malgré tous les talens de l'un et de l'autre, je ne leur conseille pas de faire souvent de ces essais, ils pourraient se tromper dans l'espoir qu'ils ont sans doute de tenir toujours dans leurs mains les véritables rênes de l'État.

Ayant répondu, Monsieur, aux objections qui ont été faites à la motion de mon honorable ami, qu'il me soit permis de dire quelques mots en réponse au reproche qui m'a été adressé sur mon absence du Parlement. Si je voyais que ma présence pût opérer quelque bien, je ne balancerais pas à suivre exactement les débats de cette Chambre. Mais il m'est démontré qu'après les sacrifices de sang et d'argent qu'on a imposés à la nation ; après les défaites réitérées dans toutes les entreprises militaires mal conçues et mal exécutées ; après les mesures fausses adoptées, mesures dont plusieurs ont excité l'horreur de l'Europe ; après la perte de tous nos alliés ; après que nos ennemis ont gagné en pouvoir comme en territoire, par les fausses opérations qu'on a entreprises ; après toutes les infractions faites à notre constitution ; après tout ce que nous avons vu ici et en Irlande, si la majorité de la Chambre reste toujours la même, et qu'elle persiste à accorder sa confiance aveugle à un Gouvernement qui, quoique administré par l'un ou par l'autre, n'en est pas moins le même absolument, alors, convaincu de l'inutilité de mes efforts, je dois me borner, en me présentant ici, à l'acquittement pur et simple d'un devoir.

J'ignore comment cette Chambre va se prononcer : c'est à elle aussi à remplir le devoir qui lui est imposé. Pour moi, j'ai fait ce que je devais faire. Ceux qui pensent que tous les maux que j'ai énumérés n'existent pas, doivent nécessairement s'élever contre la proposition d'une enquête. Ceux qui, au contraire, reconnaissent que les malheurs de leur pays tiennent au faux système du dernier ministère, et qui savent que leur premier devoir est de garantir et de protéger les intérêts du peuple; qui voient partout la preuve de l'influence dangereuse de la couronne, au détriment des droits et priviléges constitutionnels de cette Chambre; qui sont forcés d'avouer que la majeure partie des maux qui nous accablent, proviennent de la confiance aveugle et sans bornes que la Chambre a accordée aux derniers ministres; ceux-là, dis-je, voteront indubitablement avec moi pour la motion de mon honorable ami.

On met la motion de M. Grey aux voix :

Pour, 105.   Contre, 291.

La motion est rejetée.

1801.

ADRESSE *au Roi sur les préliminaires de paix*
avec la République.

M. Fox se réjouit de la paix. Il regrette qu'elle
n'ait pas été faite plus tôt, et en accuse la poli-
tique du dernier ministère. — Il parle de la
détresse de l'Angleterre et principalement de la
taxe pour les pauvres, comme d'une mesure for-
cée qui va jusqu'à détruire même l'intention de
charité en en imposant la cruelle obligation. —
Il croit que l'intérêt de Bonaparte est de main-
tenir des dispositions amicales avec l'Angleterre.

EXPOSÉ.

La Chambre prend en considération les articles préliminaires de paix; signés à Londres le 1ᵉʳ octobre 1801.

On demande qu'une adresse soit faite au Roi, pour
lui exprimer les remerciemens de la Chambre, au
sujet de cette communication, et lui donner l'assurance qu'elle a prise en considération les preuves
de son désir de faire la paix sur des bases convenables et solides.

Cette demande est appuyée par lord Hawkesbury,
lord Castlereagh et M. Pitt.

Elle est combattue par M. Th. Grenville et lord
Temple.

M. Fox se lève et dit :

Monsieur,

Jamais encore, depuis que j'ai l'honneur
d'être membre du Parlement, je n'ai donné
mon vote avec plus de plaisir. Je pense que le
ministère et ses amis ont suivi une marche sage
en adoptant la ligne de la modération. J'aurais
désiré néanmoins que le mot *honorable* eût
été introduit dans l'adresse. Sans doute la paix
doit être solide ; mais, pour la rendre telle, il
faut qu'elle soit honorable. Je regrette aussi
qu'on ait dit *glorieuse paix*. Une paix glorieuse est la suite d'une guerre glorieuse ; et il
m'est impossible d'appliquer cette expression
à la dernière guerre.

Les personnes qui ont parlé avant moi ont
établi ainsi leur argument : Cela se borne à deux
questions :

Cette paix est-elle préférable à la continuation de la guerre ?

Pouvait-on obtenir une meilleure paix ?

Ce dernier point est incontestable : sans
doute, si les ministres pouvaient obtenir une
meilleure paix, sans l'obligation de continuer
la guerre, ils seraient blâmables de ne pas le

faire. Il me paraîtrait, à moi, bien difficile de prouver que les ministres pourraient procurer une paix plus avantageuse. Nous avons Ceylan et la Trinité ; ce sont deux acquisitions importantes sans doute. Le cap de Bonne-Espérance ne nous reste pas ; mais je pense que cela est plus avantageux : car nous l'aurons pour nous, sans avoir à fournir à la dépense d'entretien. Je ne trouve pas, comme l'honorable membre, que les acquisitions dans la Méditerranée soient de peu d'importance. Il dit, pour appuyer son raisonnement, que les Hollandais n'ont pas Minorque, et que cependant ils possèdent une grande partie du commerce du Levant. Selon moi, et en ne mettant pas hors de question toute possibilité de guerres futures entre les deux pays, Malte est plus importante que Ceylan et la Trinité.

Mais, revenant à la question, je voudrais qu'on pût me dire par quel motif nous pourrions espérer de faire une meilleure paix : avons-nous été dans cette situation envers la France ? ne peut-elle donc pas nous faire bien du mal ? Je suis loin de partager la crainte d'une invasion : mais n'a-t-elle pas mille moyens de nous nuire ? L'Irlande ne doit-elle donc pas nous inspirer des craintes ? La seule chose qu'on aurait pu dire, c'est qu'en insistant peut-être sur nos prétentions, nous aurions pu obtenir

de la France de nous céder Malte ou le Cap.
Et quel moyen avions-nous d'appuyer ces prétentions? Ce n'était certes pas ses colonies, ni
son territoire en Europe : il n'y avait donc que
le mauvais état de ses finances. C'est ici que
j'admire la conduite des ministres de S. M. Ils
n'ont pas cru devoir suivre le jargon de leurs
prédécesseurs, qui montraient toujours les
Français à la veille d'une banqueroute; ils ont
pensé qu'en insistant sur Malte ou le Cap, ils
auraient eu plus de difficulté à faire la paix,
ou auraient été peut-être forcés de continuer
la guerre. Je sais qu'il nous reste des ressources
pour la faire; je vois même que l'*income-tax*
n'est engagée que pour 55,000,000 de dettes,
qu'on pourrait l'engager pour encore autant;
mais je pense comme eux que c'est une ressource qui doit être réservée pour la défense
de notre indépendance et de notre honneur,
s'ils venaient à être attaqués. J'en conclus que
nous n'aurions pas pu gagner beaucoup.

Maintenant la question est de savoir si nous
aurions dû continuer la guerre au lieu d'accepter les conditions actuelles. Je sais qu'un
membre de cette Chambre, siégeant de ce
côté-ci, a appelé la paix *une véritable capi-
tulation pour notre sûreté;* cependant il m'a
semblé que son expression portait plus sur la
situation où nous a mis le système qu'on a

suivi ; que sur son désir de voir continuer la guerre. Il me paraît toutefois qu'il y a un peu d'exagération dans son expression.

Mais il nous suffira de jeter les yeux sur la détresse du peuple, pour sentir la nécessité de ne pas courir la chance d'une année de guerre de plus. Examinons comment la masse du peuple existe, la quantité prodigieuse de pauvres, de gens qui ne vivent que d'aumônes. La charité a perdu même son véritable but : aujourd'hui c'est un devoir de secourir, parce que le besoin est tel que la réclamation devient un droit. Que les membres de cette Chambre réfléchissent à ces vérités frappantes, et qu'ils se demandent s'il n'est pas plus important que le peuple puisse manger, que de posséder Malte ou le Cap ? Jamais événement n'a été reçu avec plus de plaisir par la classe du peuple, que la nouvelle de la paix avec la France. J'en conclus qu'il allie dans son esprit l'idée de l'abondance à celle de la paix. Sa joie a même été inconsidérée : il n'a pas recherché quelles étaient les conditions de la paix. Cela prouve que la guerre lui inspirait une telle crainte par ses conséquences, qui tendaient toutes à aggraver son mal, qu'il a préféré la paix à tout.

Quelques personnes disent que cette paix est à l'avantage de la France. S'il en est ainsi, sans que cela soit à notre détriment, je n'y vois aucun mal. Déterminer ce point dépend de l'opinion qu'on a de la guerre, et du principe qui l'a fait suivre. Si c'est la restauration de l'ancien despotisme en France, motif que je regarde comme le pire de tous, alors je dirai que c'est une raison de plus pour moi de désirer la paix, sans être parvenu à l'accomplissement de ce projet. Si la coalition portait sur la restauration des Bourbons, alors, je ne crains pas de le dire, je pense que toutes les puissances de l'Europe auraient bientôt à se réunir, pour se garantir mutuellement contre l'oppression générale qui devrait en résulter. Tous les pays de l'Europe gagneraient donc à ce que ce projet ait échoué, mais principalement l'Angleterre. L'histoire nous montre que les conséquences nous en seraient fatales. Reportons-nous au temps de Charles 1er : si une coalition avait établi une telle garantie, que seraient devenues les libertés anglicanes? et comment eussent-elles pu être défendues contre la maison des Stuarts? J'ai toujours pensé que nous faisions la guerre contre l'indépendance et la liberté de la France.

Je n'ignore pas qu'on me dira que la France nous a déclaré la guerre; mais ce n'est pas une preuve qu'elle ait été pour cela agresseur. Nous avons refusé d'écouter un négociateur qui nous avait été envoyé à cet effet; nous n'a-

vous pas daigné répondre aux demandes de
réparations qui nous ont été faites; et tout ce
que j'ai lu à cet égard m'a appris que la nation
qui refuse d'en écouter une autre, est considérée comme agresseur.

En 1800, après bien des tentatives de négociations de la part de l'ennemi, et autant de
refus de notre part, masqué sous de vains prétextes et des apparences de désir de traiter, le
premier consul est mis à la tête des affaires de
France : sa première démarche est de nous
faire une ouverture directe de paix. Quelle réponse lui faisons-nous? que le meilleur moyen
de faire la paix serait de rétablir les Bourbons.
Était-ce bien là le moyen de prouver à Bonaparte nos intentions pacifiques? lui proposer
d'être sacrifié! Car évidemment le premier
acte des Bourbons eût été de le traiter comme
usurpateur? Les autres moyens n'étaient-ils
pas Ceylan et la Trinité? Bonaparte ne nous
les eût-il pas données, et le cap de Bonne-
Espérance aussi? Que n'aurions-nous pas eu?
qui sait si l'Égypte elle-même ne nous eût pas
été cédée; et si nous n'aurions pas pu épargner
tout le sang de nos compatriotes sacrifiés pour
obtenir les brillantes victoires de sir Abercrom-
bie? Quelle eût alors été la position de l'Europe?
Le premier consul n'eût pas voulu sans doute
rendre la Belgique et se retirer des limites du

Rhin. Mais, en Italie, il n'avait plus que le territoire de Gênes; et les armes de nos alliés étaient
victorieuses sur les frontières de France. A cette
époque on mettait en avant le manque de stabilité de la part du gouvernement; et toujours
je répondais ce que je dis encore aujourd'hui :
c'est un point qui n'est pas d'une grande importance. Je prie la Chambre d'observer que
tous les événemens qui sont arrivés en France,
tous les changemens qui ont eu lieu, n'ont produit aucune différence dans les rapports que
ce pays a pu avoir avec les puissances étrangères.

Mais les ministres, en 1800, nous ont dit
qu'il ne fallait pas nous presser. Nous avons
donc suspendu toute négociation, et 73 millions ont été ajoutés de plus à notre dette publique, depuis la réponse impertinente (car
je ne puis la qualifier autrement) faite au premier consul. Cette suspension nous coûte cinq
fois plus que toutes les campagnes du duc de
Marlborough.

Le noble lord à qui je réponds, fait ensuite
allusion aux principes de la France. Quant à
moi, je n'ai jamais redouté beaucoup ces principes, mais j'ai une idée positive du pouvoir
et de la puissance de la France; je conviens
que la guerre lui a donné une influence considérable sur le continent. C'est au système

de nos derniers ministres qu'elle doit cette
augmentation de pouvoirs, et ce résultat est
suffisant pour les faire détester. Nous pouvons
appliquer à la France ce que l'honorable membre disait dans une autre occasion.

Me Tenedon, Chrysenque, et Cyllan Apollinis urbes,
Et Scyron oepisse.

C'est lui qui est la première cause de la
grandeur républicaine, c'est la guerre qu'il a
soutenue qui nous a mis dans cette situation;
c'est elle qui a engendré cet esprit d'indépendance chez l'ennemi; qui lui a donné cette
vigueur, ce patriotisme et ce zèle que rien ne
peut détruire.

Si l'on me questionne sur l'avenir, je dirai
que, selon moi, il faut, pour jouir des bienfaits de la paix, chercher à compenser l'agrandissement de notre ancienne rivale, par les
résultats de nos transactions commerciales.
Chercher à nous mesurer avec elle, sous les
rapports militaires, serait nous énerver encore
davantage. J'ai la confiance que la paix peut
être durable; cependant, je ne m'abuse pas au
point de croire qu'elle soit éternelle. Je pense
que la nouvelle situation de la France rendra
ses habitans moins disposés à la guerre avec
ce pays-ci. Je regarde le gouvernement de Bonaparte comme devant être moins contraire à

celui de l'Angleterre, que celui des Bourbons ne l'était. Dieu me garde, en disant cela, que je veuille insulter à une famille détrônée, mais le bien de mon pays me fait croire que le premier consul sera plus propice à nos intérêts.

On a dit que le commerce de la France était anéanti. Je l'ignore, mais les rapports de son intérieur ne la représentent pas dans cet état. N'oublions pas que la révolution a détruit en France bien des vices de son ancien Gouvernement.

Oui, je le répète, tout porte à croire que l'encouragement donné aux arts et aux sciences tend à rendre cette nation plus pacifique. La nouvelle de la paix a produit en France la même joie que nous avons tous ressentie ici. Le premier consul ne doit pas mépriser ces impressions, et, comme lui, nos ministres doivent en faire leur profit.

Il ne me reste plus qu'à exprimer à la Chambre toute ma reconnaissance de la patience avec laquelle elle m'a entendu, je me réjouis de la paix. J'espère qu'elle sera solide; et s'il me reste un regret, c'est qu'elle n'ait pas été faite plutôt. Peut-être, alors, eussions-nous pu obtenir de meilleures conditions.

L'adresse est adoptée sans division.

~~~~~~~~~~~~~

1802.

ARRIÉRÉ *de la liste civile.*

M. Fox établit le principe qui a fait allouer un revenu à la liste civile. Il prouve que ce revenu doit toujours être soumis au contrôle du Parlement, soit quand l'emploi lui en paraît dangereux, soit quand il est dépassé. — Il demande que la Chambre fasse connaître au Roi la vérité, et qu'elle lui montre quels sont les ministres qui ont pu, en la lui cachant, l'induire en erreur, et lui faire dépasser les sommes allouées.

EXPOSÉ.

M. Addington, chancelier de l'échiquier, propose au comité de déclarer qu'il pense qu'une somme de 990,053 liv. st. doit être accordée à S. M. pour le paiement des dettes arriérées de la liste civile.

M. Fox se lève :

MONSIEUR,

Personne plus que moi n'est disposé à faire tout ce qui peut contribuer à l'agrément et à la splendeur de la famille royale : mais il est nécessaire, afin de remplir nos devoirs envers

nos commettans, de considérer les intérêts de
la nation. On ne peut pas supposer qu'il y ait,
dans mon opinion, la moindre nuance d'esprit de parti. Il n'y a pas plus de deux heures
que je suis en ville, et à peine descendu de
ma voiture, j'ai appris deux nouvelles de nature toutes deux à me faire un grand plaisir.
La première, à laquelle doit prendre part
toute personne qui aime son pays, est la conclusion du traité de paix définitif avec la
France, et la seconde que le ministère est dans
l'intention de rapporter l'*income-taxe*, la plus
vexatoire et la plus pernicieuse de toutes les
taxes qui ait jamais été imposées à un pays,
tendant plus que toute autre chose à détruire
le respect nécessaire à tout Gouvernement,
respect sans lequel il n'y a aucune sécurité
pour sa durée et son existence.

L'honorable membre nous a fait un tableau
fort détaillé de ce qu'était la liste civile pendant le dernier siècle; je l'avouerai, je n'entends pas le rapport qui existe entre le revenu
de la couronne avant la révolution, et la liste
civile actuelle. Le revenu de la couronne, tel
qu'il était à l'époque dont on a parlé, et celui
de la couronne en ce moment, diffèrent comme
l'or et l'argent. Le Roi possédait sans doute de
grands revenus indépendans du Parlement,
mais, qu'avait-il à en faire? C'était à lui à main-

tenir les armées et les flottes, en guerre comme
en paix. Ce n'était donc pas un revenu à lui,
mais une somme que l'on confiait à sa discrétion. Le mode actuel est bien différent. Le revenu du Roi est à lui, mais il doit nécessairement être soumis à la sanction du Parlement,
car, enfin, c'est l'argent du public. Il serait
étrange que la nation eût ôté au Roi les charges de dépenses, et en même temps le contrôle de l'argent qui lui est donné. Nous avons
des exemples qui ont rendu cette sage précau-
tion indispensable, et je ne pense pas que ce
point puisse être contesté.

Certes, si l'ancien revenu de la couronne
était le même aujourd'hui, personne ne pen-
serait qu'il dût être entièrement réservé à la
liste civile. Autrement, si le revenu de la couronne était une chose qui lui fût propre, que
serait-il arrivé quand un souverain comme
Guillaume III est monté sur le trône, non par
droit héréditaire, mais par le choix du peuple,
et conséquemment sans avoir de titres *jure
coronæ?* Il en est de même de Georges III, il
n'est pas l'héritier de Jacques II, mais de Guillaume III, il n'a donc lui-même aucun droit à
un revenu héréditaire, à moins que nous ne
remontions à l'ancien droit de prescription.

Qu'a fait le Parlement pour Guillaume III?
Au lieu d'un revenu héréditaire, il en a ap-

proprié un à la liste civile, montant à 700,000
liv. st. : de cette somme il y a eu 370,000 liv. st.
déduites pour service public; il a arrêté que
le revenu de la couronne resterait sous son
contrôle immédiat; il a enfin établi ce que je
considère comme la preuve de sa sagesse.

La même conduite a été suivie par la reine
Anne et par ses successeurs.

Mais il a fallu régulariser de nos jours ce qui
a été insensiblement écarté du principe. Beaucoup de ministres ont défendu les droits de la
couronne, ont voulu même les augmenter, et
nous ont mis dans le cas de mettre en doute
une doctrine jusqu'ici bien établie. Non-seulement le revenu a été fixe et pour ainsi dire
héréditaire, mais on a été plus loin, et la liste
civile a fini par contracter des dettes. M. Burke,
d'honorable mémoire, et pour lequel, malgré
sa différence d'opinion dans les derniers temps
de sa vie, je conserve le plus profond respect;
M. Burke présenta lui-même un bill pour régulariser ce paiement des dettes de la liste civile.
Il établit d'abord que ces dettes sont crimi-
nelles; que quand le Parlement a fixé quelle
devait être la dépense, aller au-delà était dés-
obéir; que c'était le devoir des ministres de
S. M. de se renfermer dans la fixation du Parlement. Ayant établi ce principe, il demande
que le paiement des dettes soit fait de manière

à ce que celles de première classe ne soient payées que quand les inférieures l'auront été. M. Burke croyait 'tellement à l'efficacité du mode qu'il proposait, qu'il se réjouissait d'avance de ce que désormais la liste civile n'aurait plus d'arriéré.

Mais si le bill de M. Burke n'a pas produit tout le bien qu'on en espérait, et que de nouveaux abus se soient encore introduits, que nous faut-il faire relativement à cet arriéré ? Il regarde la doctrine de nos ancêtres, d'après laquelle la liste civile a été établie, comme essentielle à l'existence de la monarchie. C'est comme ami de la monarchie que je prétends que nous ne devons pas acquiescer à l'arriéré de la liste civile. C'est afin d'établir d'une manière fixe et invariable que le revenu du Roi est indépendant du Parlement, et qu'il doit payer lui seul et comme il le veut la dépense de la liste civile. Si nous voyons, au contraire, que dans ce même règne les dettes de la liste civile aient été présentées au Parlement, il en résulte qu'il faut reconnaître que le revenu du Roi est dépendant du Parlement.

Quelle est la nature de la liste civile ? Personne ne peut dire que les dépenses doivent être absolument les mêmes tous les ans. Il est donc suffisant que la somme allouée soit proportionnée à la splendeur du trône et à la di-

gnité de la couronne. Depuis 1795 il n'y a pas
eu suffisance; l'arriéré s'est accru comme si la
liste civile, déterminée en temps de paix, ne
devait pas être suffisante pour le temps de
guerre. Sûrement j'approuve fort tout ce qui
peut contribuer à la splendeur du trône; mais
s'il existait un temps où il fût permis de la diminuer, c'est bien certainement dans un temps
de guerre, où on est forcé de demander au
peuple de nouveaux efforts. Je pense donc que
la liste civile devrait être fixée par règne et sans
qu'il fût permis de dépasser la somme arrêtée
par le Parlement. Les excédans de dépenses
peuvent être prévus d'année en année, et com-
pensés par des économies sur les années sui-
vantes. Des réformes peuvent être faites ; la
recherche d'abus à détruire; enfin tous les
moyens doivent être employés pour empêcher
qu'il existe un seul arriéré. Je pense qu'une
fois la somme fixée par le Parlement, les ministres sont tous coupables, quand elle est dé-
passée, d'avoir usurpé l'autorité législative.
Dans le cas ou des réformes, ou des suppres-
sions de places deviendraient impossibles à
obtenir, alors le Parlement doit être consulté.
Dans aucun cas il ne peut y avoir d'excuses
pour les accumulations; tôt ou tard il faut
qu'elles arrivent à la Chambre; autrement tout

ce qui est déterminé n'est rien et on se joue
des lois.

Si nous allions rechercher toutes les dépenses de la liste civile, que de choses.ne ver-
rions-nous pas? On nous assure qu'il n'y a ni
prodigalité, ni corruption; mais nous dit-on
tout? Connaissons-nous la dépense de tous les
secrétaires-d'état? Ne savons-nous pas qu'il en
existe un troisième inutile et pernicieux sous
le rapport financier comme sous le point de
vue constitutionnel? Et c'est cependant dans
le même moment où ils ont vu la liste civile
arriérée qu'ils ont créé cette nouvelle place.

Je pourrais ainsi mettre au jour beaucoup
de dépenses faites en accroissement dans un
moment où, pour couvrir l'arriéré, il eût fallu,
au contraire, faire des réformes et des économies.

Je pense donc que nous devons rejeter la
motion proposée par le chancelier de l'échiquier, en faisant, au contraire, une adresse à
S. M. pour la supplier de borner les dépenses
de sa liste civile à la somme qui lui est allouée
de 9oo,ooo liv. st.; et établir de telles réformes
et économies, qu'il lui soit possible de fonder
un amortissement pour l'arriéré de cette liste
civile.

Mais toutefois qu'il me soit permis de dire

un mot de S. A. R. le prince de Gâlles. On nous
a dit que le prix de tous les objets nécessaires
à la vie était tellement augmenté, que la somme
fixée pour la siste était désormais insuffisante;
mais la dépense du prince doit sans doute aussi
se ressentir de cette augmentation de prix.
S. A. ayant dépassé le montant de son revenu
dès le commencement de l'établissement de
son apanage, il a été fixé à 60,000 liv. st. par
an. Mais le Parlement a-t-il considéré l'augmentation du prix des objets? Ayant, en 1787,
déclaré que cette somme était suffisante, il me
semble qu'il doit savoir s'y borner, et qu'il doit
faire en sorte pour que, par une stricte économie ou par des réformes, il trouve le moyen
de payer ses dettes.

La couronne n'a-t-elle donc pas elle-même
aussi déclaré que 900,000 liv. st. étaient suffisantes? Elle ne doit pas être moins stricte dans
son économie que ne pouvait l'être un jeune
homme qui entrait dans l'âge de la dissipation
et des illusions.

Si on dit qu'une augmentation est indispensable à la splendeur de la couronne, il me
semble qu'il en sera de même pour l'héritier
présomptif de la couronne. Ce que le Parlement a cru nécessaire de faire pour le paiement
des dettes du prince, doit déterminer aujour-
d'hui sa décision pour la liste civile. S'il en est

autrement, je demande au moins l'exécution
du bill de M. Burke relativement aux dettes.
L'influence de la couronne a augmenté à un
tel point, qu'une légère diminution de dépenses, occasionnée par quelques réformes,
ne pourrait pas influer d'une manière importante sur son autorité.

Je déclare que je suis aussi disposé que qui
que ce soit à contribuer de tout mon pouvoir
à la splendeur et à la gloire de mon souverain,
mais je me dois à mes commettans et à mon
pays. Je ne puis adopter le langage de la servitude en m'adressant à la couronne. Des cour-
tisans peuvent dire au Roi que le Parlement
paiera tout ce qu'il jugera convenable de dé-
penser. Pour moi, je crois que la vérité est plus
digne de S. M.; j'engage la Chambre à la lui
faire connaître respectueusement, afin qu'il
sache quels sont les ministres qui peuvent ou
veulent l'induire en erreur.

~~~~~~~~~~~~~~~~

1803.

24 Mai.

ADRESSE *au Roi relativement à son message pour la guerre avec la France.*

M. Fox emploie tous les moyens qui sont en son pouvoir pour prévenir une nouvelle guerre. Il démontre les chances malheureuses qui existent contre l'Angleterre. — Il parle de la menace d'une descente faite par Bonaparte. — En convenant du peu de probabilité de succès, il dit cependant que puisqu'il en est temps encore, on doit profiter de la médiation de la Russie pour rétablir la paix.

EXPOSÉ.

Le 16 mai, le chancelier de l'échiquier présente le message suivant de S. M. :

G. R.

« S. M. croit convenable de faire connaître à la Chambre que les discussions dont elle a donné connaissance le 8 mars entre elle et le Gouvernement français, ont été terminées; que la conduite de ce Gouvernement l'a forcée à retirer son ambassadeur de Paris, de même que celui de France s'est retiré de Londres.

» Toutes les pièces et documens seront soumis à la Chambre. Elle y reconnaîtra qu'il n'a pas dépendu de S. M. de conserver les bienfaits de la paix.

» S. M. se repose entièrement sur le zèle de ses sujets, et espère que sa fidèle Chambre des Communes prendra les meilleurs moyens pour la mettre à même de défendre les intérêts de son peuple et la dignité de sa couronne. »

Le 23 mai, lord Hawkesbury propose :

« Qu'une humble adresse soit faite à S. M. pour la remercier de son message et des pièces qui ont été données en communication ; pour l'assurer qu'elle partage l'ardent désir de S. M. de conserver les intérêts de son peuple et la dignité de sa couronne ; qu'elle reconnaît que la France a affiché des prétentions exagérées, résultat d'une ambition sans bornes ; que dans cette situation elle désire assurer S. M. de ses dispositions à la soutenir dans la cause qu'elle va entreprendre, et qu'elle prendra tous les moyens en son pouvoir pour éveiller l'énergie de la nation, de manière à maintenir les droits de S. M., le repos et la sécurité de la nation. »

Cette proposition est appuyée par M. Pitt, lord Castlereagh, M. Wilberforce et autres.

M. Grey reconnaît la nécessité de résister aux prétentions de la France ; cependant il propose comme amendement :

Après l'assurance à donner à S. M. de l'appui de la Chambre, il ajoute : *pour concourir à opérer un accommodement par lequel les bienfaits de la paix puissent être maintenus.*

M. Fox, après plusieurs discours en faveur de l'adresse, appuie l'amendement.

MONSIEUR,

Il ne me resterait rien à ajouter à tout ce que mon honorable ami a dit en faveur de l'amendement qu'il propose, si je ne considérais qu'il est de mon devoir envers mon pays de manifester aussi mon opinion en faveur d'une proposition d'accommodement, afin de nous éviter, non-seulement de retomber dans de nouveaux dangers, mais encore pour nous sauver de la misère inévitable qu'entraînerait une nouvelle guerre.

Et, d'abord, qu'il me soit permis de ramener la question à ce qu'elle doit être réellement, car on a voulu faire une diversion et distinguer les motifs de cette guerre de la conduite des ministres, qui l'ont occasionnée. Comme toutes les guerres, celle-ci est le résultat d'explications, de satisfactions et de réparations demandées et refusées; il ne s'agit plus que de connaître la manière et le temps dans lesquels on a fait ces demandes.

L'adresse nous apprend (et quand je parle de l'adresse, je veux dire les ministres) que S. M. a désiré de conserver les bienfaits de la paix. Je commencerai par dire que, dans mon opinion, la conduite des ministres n'a nullement manifesté ce désir énoncé, j'entrevoyais plutôt le contraire dans les pièces qui nous ont été soumises. Et, en supposant que les honorables membres qui soutiennent le ministère votent pour attester leurs bonnes intentions, comment s'accorderont-ils avec eux-mêmes, puisqu'ils ont toujours voté contre cette paix et contre les moyens d'y parvenir. Pouvons-nous voter des remercîmens aux ministres pour la manière dont ils ont conduit la négociation, eux qui en désiraient des résultats opposés? Et quand un noble lord'du côté opposé (lord Hawkesbury) demande que la Chambre vote une déclaration de son approbation à cette conduite des ministres, il me paraît que c'est sur l'amendement et non sur l'adresse que peut se rencontrer l'unanimité.

Je suis absent de cette Chambre depuis si long-temps, que j'ignore entièrement les intrigues de partis qui peuvent y exister. Je vois, néanmoins, devant moi, un honorable membre, qui, comme moi, a été long-temps sans participer aux travaux de cette Chambre; et j'aime à reconnaître l'avantage que son parti doit retirer de sa présence. Cependant, je suis tellement ami de la liberté des débats, que je puis à peine croire que sa présence doive balancer le silence que son absence a imposé à plusieurs membres de cette Chambre, qui, sans cela, auraient été obligés de nous faire connaître leur opinion.

En ce moment, ils semblent se dire d'un commun accord : « N'attaquons pas les mi- » nistres; l'occasion s'en présentera bientôt; et » tel qui est en place aujourd'hui, n'y sera » peut-être pas demain. » Il ne peut donc qu'être infiniment utile à la discussion de savoir l'opi- nion de l'honorable membre à cet égard. C'est sûrement un grand plaisir d'entendre un ora- teur aussi éloquent; mais si sa présence ou son absence doivent influencer tant d'autres mem- bres, il nous resterait à savoir quel est celui des deux partis que nous pourrions préférer. Dans ce cas, sa présence, on peut le dire, serait un obstacle à la liberté des débats.

La guerre, nous dit-on, est juste, car le premier consul ne nous a pas donné satisfac- tion, et on ne nous a pas dit quelle était la satisfaction demandée et refusée. Cela serait cependant nécessaire pour juger de la vali- dité de l'assertion. Une insulte n'est pas tou- jours un juste motif de guerre, mais il est dans le refus de satisfaction de cette insulte, après des représentations. C'est là le prétexte le plus généralement employé.

Ce qui est important, c'est d'examiner la conduite que la France a tenue envers les au- tres États, en tant que cette conduite com-

porte des idées hostiles contre ce pays. Tous
les actes d'injustice de cette nature dont la
France a été capable depuis la paix d'Amiens,
ne sauraient être un juste motif pour nous
porter à la guerre.

J'examinerai ce traité, non pas dans ses détails, mais dans son principe. Celui qui a dirigé mon vote ainsi que celui de beaucoup de
membres de cette Chambre, n'a pas été la convenance de l'Europe, ni même que la modération de la France soit telle qu'elle inspire
une grande confiance, mais uniquement que
c'était une occasion de terminer la guerre et
toutes les calamités qu'elle engendre. Il est
certain que nous avons accepté une garantie
très-imparfaite; en concluant la paix d'Amiens,
mais cela n'est pas une vérité particulière à ce
traité. Cette incertitude a existé et existera souvent encore. Il serait difficile, presque en tout,
d'espérer la perfection, mais c'est surtout dans
les affaires de ce genre que cela est plus difficile encore. Tout ce qu'on peut raisonnable-
ment demander, c'est une sécurité probable;
c'est-à-dire, celle qui provient de l'intérêt des
deux parties, de ne pas rompre leurs engagemens. Il est absurde d'en demander plus. Sans
cela, jamais les nations ne seraient en repos,
et la paix ne serait jamais dans le monde.

La France a tenu une conduite envers toutes

les puissances de l'Europe, que l'on a beaucoup attaqué. Sans doute, l'occupation de la
Hollande par les troupes françaises n'est pas
plus injuste ni impolitique que la tentative de
réduire Saint-Domingue à son ancienne condition de servitude. On a dit, néanmoins, que
cette entreprise ne nous regardait pas, que les
principes de pure humanité ou d'autres considérations relatives aux habitans, ne nous
donnaient néanmoins pas le droit d'intervenir
dans cette affaire. Je n'examinerai pas ces questions, mais je prétends que cette expédition
n'est nullement dangereuse pour nous, et
qu'elle peut, au contraire, avoir quelque avantage, puisqu'elle emploie une portion des forces de France, attire son attention, et l'affai-
blit d'autant. Tout le monde sait que le but en
est manqué par la conduite qu'on a tenue envers les noirs, et principalement envers Tous-
saint-Louverture. Je regrette, je l'avoue, que
notre cabinet n'ait pas fait plus d'attention à
cette expédition, et qu'il n'ait pas profité de
la circonstance qui a existé d'une bonne intelligence entre la France et nous, pour concerter des mesures à l'effet d'extirper le mal
qui subsiste et qui dégrade la nature humaine.
Je veux parler de la traite des nègres. C'est un
tort d'avoir manqué l'opportunité.

Maintenant le second projet de plainte

contre la France gît dans les insultes que l'on prétend en avoir reçues. C'est une chose bien générale, et en l'appliquant au langage tenu par l'une et l'autre des nations ; ce serait une question de savoir comment la définir. Nous connaissons tous assez notre constitution pour ne pas croire que l'Angleterre puisse jamais se soumettre à discuter la moindre proposition avec la France, qui aurait pour objet une diminution de la liberté de la presse. Nous ne pouvons concéder ce grand privilège : nous n'y consentirions pas pour complaire à notre propre Gouvernement, à bien plus forte raison pour un autre. La France est convenue de la justesse de ces observations ; il n'est donc pas possible de regarder cette prétention comme une insulte ; elle ne peut être que le résultat de l'ignorance de notre constitution.

Il est certain qu'il peut en découler des abus, qu'ils ont existé, que des publications ont paru, lesquelles ont produit ce qu'elles devaient produire, l'indignation, le mépris, mais aussi l'irritation. On a excité ces sentimens, et l'animosité s'en est mêlée. Ce sont de graves inconvéniens, sans doute ; néanmoins je ne pourrais jamais consentir à voir la liberté de la presse altérée en rien. S'il doit en résulter une guerre, je désirerais au moins que ce ne fût qu'une guerre de gazettes.

Le premier consul se plaint de ce que chaque paquebot qui arrive à Calais est chargé de libelles et de pamphlets. C'est, sans doute, une singulière manière de charger un vaisseau.

Il est certain qu'à ce sujet nos ministres n'ont pas le même avantage que ceux de France, qui peuvent arrêter l'effet d'un libelle. Cela est vrai; mais Dieu nous garde qu'il en soit jamais autrement. Il est certain que dans le cas actuel, tel ou tel journaliste qui est sûr de plaire aux ministres profite de la liberté de la presse pour en abuser. Mais il est possible de faire la part de ces considérations; les Français ne peuvent pas ignorer quand ils voient des journaux remplis d'invectives contre une puissance étrangère, que le désir du ministre ne soit de l'empêcher, et que s'il ne peut pas y réussir, c'est faute de moyens. Sans doute la France pourrait aussi employer la même arme, et nous adresser des invectives réciproques; mais ce pays a eu la nécessité de restreindre la liberté de la presse, et il ne pourrait faire porter cette restriction que sur ce qui concerne l'intérieur de son gouvernement. La France pourrait sans doute nous demander d'employer la faculté laissée à nos ministres par l'*allien bill*, pour faire cesser nombre de ces libellistes; et si nous lui répondions que cet acte

ne porte que sur les étrangers qui voudraient
troubler l'ordre et nullement sur ceux qui ten-
teraient la moindre chose contre les puissances étrangères, il nous dirait : « Eh bien, nous
» aussi, nous ne pouvons appliquer la liberté
» de la presse qu'à notre intérieur. » Sans
doute cela prouve combien il est à regretter
que ce motif d'irritation existe entre les deux
nations.

Cela m'amène à une autre considération. Le
Gouvernement français se plaint de la protection que nous accordons à certains réfugiés
français. La demande de les renvoyer me paraît ridicule. Selon moi, qu'un homme soit
Anglais ou étranger, quand il se soumet à nos
lois, il doit toujours être sous notre protection. Une demande pareille serait réciproque,
le même accord pouvant être fait avec les autres états, il s'ensuivrait qu'un homme que
l'on voudrait poursuivre, soit de la part de la
France, soit de la nôtre, serait pourchassé de
tous côtés, et ne trouverait nulle part de repos.
Je suis loin certainement de désirer la guerre;
mais je déclare que mon respect est tel pour
les malheurs de la maison de Bourbon, que
si un seul membre de cette famille devait être
inquiété, et qu'il fût question de lui refuser
l'hospitalité, je voterais plutôt mille fois pour
la guerre, que de contribuer à le tromper.

dans la confiance qu'il a mise en notre protection.

Si je dis cela pour une famille aussi respectable, je le dirai de même pour les individus que l'on soupçonne d'avoir attenté aux jours du premier consul, par l'invention diabolique de la machine infernale, et que l'on assure s'être réfugiés en Angleterre. Cependant, comme il s'agit ici d'un crime atroce qui révolte et renverse l'ordre de la société, je pense qu'il est convenable à ce que nous devons à la France comme à nous-même, de rechercher la vérité de ces faits, et que nous en fassions connaître les résultats.

On se plaint d'une expression du premier consul dans son discours au Corps législatif; il dit, en établissant la situation de la république: « L'Angleterre seule ne peut pas résister à la France. » Cette expression est ridicule, voilà tout; il me semble qu'elle ne mérite que le mépris. Elle ne peut que servir à enflammer les esprits; et, dans tous les cas, elle ne pourrait autoriser que la demande d'une satisfaction.

L'accusation qui suit porte sur la capture que les Français ont faite de quelques vaisseaux anglais, ainsi que de propriétés commerciales, et sur le refus d'accorder des indemnités. Pour juger cette question, il s'agit, avant tout, de savoir si c'est en raison de nouvelles lois, ou si c'est en conséquence des lois faites dans le moment de la révolution. Dans ce dernier cas, la plainte ne porterait que sur l'existence de ces lois. Il serait étrangement absurde à la France, avec le désir de devenir une nation commerciale, de maintenir des lois si contraires au commerce. Chaque nation, toutefois, s'arroge le droit d'établir des lois pour la protection de son commerce, et toutes établissent des prohibitions sur les marchandises des autres États. L'Angleterre, plus que toute autre, jouit de ce droit, et comme elle a un plus grand intérêt commercial que les autres nations, elle a donné à ce droit encore plus d'extension.

_ La conversation du premier consul avec notre ambassadeur a donné lieu à beaucoup de discussions. On l'a représentée comme renfermant une disposition tellement hostile, qu'on s'en est appuyé pour agir hostilement. Une conversation aux Tuileries a, entre autres, été citée. Elle a été représentée par diverses personnes qui en ont été témoins, d'une manière totalement différente, et, surtout, autre que celle renfermée dans les pièces déposées ici sur le bureau. Je regrette infiniment que lord Withworth ait donné lieu à ces mésintelligences, et malgré toute l'estime que je professe pour lui, il est si difficile de retenir une conversation de deux heures, quand on n'a aucun document écrit, que je ne suis nullement étonné de ces diverses interprétations. Toujours est-il vrai qu'il est facile d'y reconnaître l'intention hostile de l'ennemi. Il est, toutefois, bien hardi de suivre des indications de cette sorte, pour décider du sort d'un pays, en déclarant la guerre par suite de ces expressions. Ce que je connais de plus positif, c'est l'assurance donnée par le chancelier de l'échiquier, M. Addington, lors de la présentation du budget, que l'Europe était dans un état de profonde paix. Nous ne pouvons pas plus y croire qu'au tableau flatteur qu'il a fait de la prospérité nationale à la fin de la dernière session. Nous sommes forcés d'en conclure qu'il voulait au moins persuader la Chambre de sa *disposition à ne pas troubler la paix.* Le public l'a entendu de même que nous; et tous les faits sont venus à l'appui de cette persuasion. Les ministres ont donné les ordres pour rendre le cap de Bonne-Espérance une seconde fois; et même ils ont manifesté la disposition de rendre Malte, selon le traité. Cela est bien agir assurément en conséquence du traité.

Si j'insiste sur ce point, c'est afin de répondre à des imputations faites au sujet de

divers motifs de plaintes entre les deux nations, comme cause de la guerre. Il ne serait
donc pas vrai de dire de la part des ministres,
qu'ils n'ont vu aucun motif de renouveler la
guerre, puisque, pour passer de cet état de
tranquillité à des démonstrations hostiles, il
faut des causes. Les cacher serait tromper le
public.

Relativement à la possession de Malte, à laquelle on attache aujourd'hui tant d'importance, je me rappelle que, lors du traité d'A-
miens, seul j'ai présenté l'avantage de cette
possession contre les opinions de marins distingués et d'un honorable ministre lui-même,
qui prétendaient que Malte n'était pas une sta-
tion convenable pour protéger l'Égypte ou le
Levant, ni de nature à nous engager à continuer la guerre afin de la conserver.

A l'égard de l'Égypte, il m'est impossible
de la regarder comme la clef de nos possessions de l'Inde; j'ai toujours considéré l'invasion de l'Égypte comme une des entreprises
les plus romanesques de la part de la France.
Savoir s'il est plus sage à nous de chercher à
la reprendre, est une autre question. Ce pays
a été, toutefois, le théâtre de la gloire britannique : mais il en est résulté une sorte d'esprit
romanesque entré dans toutes les têtes, et
une importance attachée à ce pays, qui, avant,

n'en avait jamais eu. Mais, sûrement, on n'en voudrait pas conclure, parce que nos troupes y ont été victorieuses sur celles de France, que nous devions maintenant insister sur la possession du pays où cette victoire a été obtenue, afin de le protéger contre toute espèce d'invasion dans l'avenir. Que n'aurait-on pas dit, si, après la mémorable bataille de Blenheim, nous eussions regardé cette place comme consacrée pour toujours à nos exploits, et comme devant toujours nous appartenir.

Relativement aux Indes, il me semble qu'il y a de l'exagération à parler de ce pays comme étant la force vitale de l'empire britannique. Je conviens que notre prospérité peut provenir de ce pays; mais sûrement ce n'est pas le caractère que nous avons laissé dans ce pays-là qui fait le plus d'honneur au nom anglais. Et, puisqu'il est question d'établir nos avantages, je demanderai si nous, qui nous plaignons du système d'agrandissement de la France, on n'a pas lieu de nous reprocher la manière dont nous avons adopté ce système dans l'Inde. N'avons-nous pas acquis autant de territoire, et plus, dans ces contrées, que la France n'en a eu en Europe?

Mais en revenant à la conversation de lord Withworth avec le premier consul, concer-, nant les intentions de ce dernier à l'égard de l'Égypte, le ministre nous en a paru grande-ment alarmé. J'avouerai, moi, que, quelle que soit mon opinion relativement à la conduite du premier consul (opinion que je n'ai nulle-ment cachée), et à quelques passages de sa conversation, elle me semble porter avec elle un caractère de franchise que je ne puis me permettre de condamner. Il a dit que quoiqu'il eût désiré avoir l'Égypte, il ne pensait pas que sa possession fût de nature à courir la chance de la guerre; qu'un jour ou l'autre l'Égypte reviendrait à la France, soit par négociation, soit par la dissolution de l'empire ottoman. Ce raisonnement est celui de l'intérêt qui dirige toutes les transactions entre hommes.

On a établi, dans ce rapport, que l'Égypte est d'un grand intérêt pour Bonaparte. S'il en était ainsi, comment aurait-il traité avec nous pour l'abandon de Malte? La proposition est absurde : il faudrait, pour l'admettre, prouver d'abord que Bonaparte est fou.

Mais examinons la manière dont cette tran-saction a eu lieu. «Je viens demander satisfac-tion, a dit lord Withworth. De quoi? répond M. de Talleyrand : oh! pour cela, il faut que j'envoie près ma cour pour avoir des instruc-tions.» Alors, que font les ministres, qui voient qu'on ne veut pas leur donner satisfaction d'une offense qu'ils n'ont pas désignée? ils disent que c'est une garantie qu'ils demandent. «Quelle garantie? dit M. de Talleyrand. Oh! cela, je ne puis le désigner, répond lord Withworth; mais je vais envoyer à ma cour.» Et après bien du temps, il se trouve que c'est Malte pour toujours, puis ensuite pendant dix ans; ce qui est bien à peu près la même chose, etc., etc.

Je pourrais citer plusieurs circonstances de cette nature dans la négociation, telles que la demande du rétablissement du roi de Sardaigne, de l'évacuation de la Suisse : le tout comme condition pour reconnaître le roi d'Étrurie et la république cisalpine. Comme s'il était supposable que le premier consul mît beaucoup d'importance à ce que l'Angleterre reconnût ou non l'établissement qu'il avait formé en Italie. Comme s'il ne devait pas répondre à toutes ces propositions : faites ce que vous voudrez sur ce point, les choses n'en existeront pas moins. Et à ce sujet, qu'il me soit permis de rappeler que l'indépendance des États-Unis, reconnue en 1778 par la France, et en 1782 par l'Angleterre, ne l'a jamais été par la Russie tant que l'impératrice a vécu; et cependant elle n'en a pas moins prospéré. Jamais la France, qui a eu tant de part à cette indépendance, n'a songé à chercher querelle à la Russie à ce sujet. Au fait, reconnaître l'indépendance d'un pays; n'est rien quand on n'a pas de réclamations à faire de ce pays. L'Angleterre, reconnaissant cette indépendance, faisait beaucoup, parce qu'elle avait des droits que par-là elle annulait. Mais que nous reconnaissions ou non la république cisalpine, et autres objets, cela n'a aucune importance pour les pays de qui nous n'avons rien à réclamer.

Quelle a été la conséquence de cela? C'est que nous avons manqué l'occasion favorable de protéger la Hollande, dont la position commandait notre généreux appui, pour borner tout le point de la guerre à Malte, et à Malte seulement.

Mais la paix peut-elle encore être faite? Je le pense. On a avancé que l'empereur de Russie refusait de garantir Malte : cela se peut ; mais il me semble que ce prince ne refusera pas d'être médiateur dans une semblable cause : il l'a offert. L'accepter est prouver que nous ne demandons que la justice. La justice est une arme bien puissante, si nous ne refusons pas de l'employer. Un autre motif encore a lieu : je ne sais pas si Malte ne serait-point mieux dans les mains de la Russie, sous le rapport de la paix de l'Europe, que dans celles de l'Angleterre ou de la France. Et pour suivre mon argument, je demanderai si dans cette guerre, comme dans toute guerre future, vous ne pré-

féreriez pas l'amitié de la Russie à la possession
de Malte? Sans doute la réponse est positive
en faveur de la Russie. Vous obtiendrez ce point
par la médiation. L'empereur de Russie est un
prince qui établit sa gloire sur l'amour de la
paix ; et il peut être d'autant plus disposé à
maintenir celle qu'il aurait garantie. Obtenir
la paix par son intermédiaire me paraît donc
d'une conséquence réelle pour nous et pour
toute l'Europe, et mille fois plus que la possession de Malte.

On a beaucoup parlé de l'arrogance des expressions du premier consul dans sa conversation avec lord Withworth ; cependant je n'y
vois rien qui justifie ce reproche. Qu'a-t-il dit?
qu'il tenterait de nous envahir; qu'il connais-
sait toutes les chances contre lui; que ce serait
un miracle s'il réussissait, mais qu'enfin il le
tenterait; et toujours il a continué avec beaucoup de force dans ce sens. Certes, quel que
soit le tour que l'on veuille donner à cette
conversation, je n'y vois pas le désir d'établir
une supériorité ridicule; au contraire, plus il
parle de difficultés, et plus il reconnaît notre
avantage.

En me résumant, Monsieur, je dirai d'abord
que les ministres ayant souffert que le continent fût réduit à l'état où il est, ayant permis
à la France d'exercer son ambition sans s'y

opposer, ayant abandonné la Suisse et la Hollande à leur malheureux sort, je ne pense pas que la guerre que nous entreprendrions en ce moment pour Malte soit ni juste, ni justifiable; je pense que la paix n'est pas impossible à conserver avec honneur, et dans une bonne et libérale politique.

Je recommanderais donc aux ministres de S. M. de profiter de la circonstance de la médiation de la Russie pour conserver cette paix. Nous ne devons pas oublier que la guerre offre des chances, que la fortune est aveugle. En admettant même toutes les difficultés que Bonaparte lui-même reconnaît pour nous envahir, en les exagérant encore plus, il n'en résulte pas moins que notre position pendant une semblable tentative est toujours de la nature la plus critique. Avons-nous donc déjà oublié les deux dernières années de la dernière guerre, la misère et les souffrances de toutes les classes? que pourrions-nous espérer de moins désastreux?

Mon opinion, Monsieur, est bien fixée; je désire qu'avant de faire la guerre on puisse me dire que des événemens de cette même nature ne doivent pas nous arriver. Personne plus que moi, assurément, ne désire voir le pouvoir de la France réduit par le résultat de nos efforts; mais je n'entrevois pas comment cette réduction peut s'opérer sans entraîner notre propre destruction. J'accorderai toutes les suppositions que l'on voudra faire sur l'état où elle est, sur le danger nouveau où elle s'expose; je conviendrai, si on veut, qu'elle est dans une situation pire que jamais; qu'elle doit être encore plus mal; mais je me demanderai : et nous, quelle sera notre situation?

C'est en conséquence de ces réflexions que je conclus à ce que nous rejetions une mesure qui ne peut jamais nous faire obtenir rien de bien important, et qui est dans le cas de nous exposer entièrement. Adopter l'amendement qui est proposé, me paraît un moyen d'obtenir une meilleure chance : il est d'accord avec une adresse que je me propose de présenter bientôt à la Chambre, afin de supplier S. M. de profiter des dispositions de l'empereur de Russie, pour obtenir une paix générale.

L'amendement est mis aux voix après le discours de M. Fox, qui a duré près de quatre heures.

Pour, 67. Contre, 398.

L'adresse est adoptée.

~~~~~~~~~~~~~~~~

1804.

23 Avril.

MOTION de M. Fox pour la défense de l'Angleterre contre une invasion.

M. Fox parle de la défense de l'Angleterre ; il montre qu'il peut n'être pas très-prudent de mettre des armes dans les mains des paysans. — Il répond à l'accusation portée contre lui d'avoir formé une coalition avec M. Pitt, et dit qu'ils votent ensemble seulement pour prouver l'incapacité des ministres. — M. Fox est soutenu par un nombre de voix si considérable, qu'il en résulte un changement de ministère.

EXPOSÉ.

D'après l'avis qu'il en a donné, M. Fox fait sa motion.

Il dit :

Avant de faire la motion que j'ai annoncée, qu'il me soit permis, Monsieur, de présenter quelques observations sur ce qui a été dit dans plusieurs occasions relativement à notre défense intérieure : elles me paraissent d'autant plus nécessaires, que plusieurs membres de cette Chambre se sont plus à donner une interprétation particulière au zèle qui s'est manifesté dans toutes les classes de la société pour soutenir la guerre. Je suis certainement un de ceux qui approuvent le plus ce zèle; rien n'est plus honorable pour la nation; mais quand je vois qu'il est faussement représenté comme une preuve de l'approbation générale donnée aux motifs de la guerre et à la manière dont elle a été conduite, je suis forcé de faire remarquer qu'on lui donne une interprétation très-étrangère à l'idée qui l'a fait naître. Moi-même, certainement, depuis le moment que la guerre a été déclarée, et où j'ai reconnu que des hostilités ne pouvaient plus être évitées, j'ai été très-occupé de la défense de mon pays, que j'ai vu menacé d'une attaque désespérée et hors de comparaison avec tout ce qui a existé jusqu'ici; mais, j'en appelle à cette Chambre et à la nation entière, et je demande si, pour cela, j'ai donné mon assentiment au but de cette guerre et à la manière dont elle a été dirigée. Du moment où elle a été déclarée, on nous a parlé d'invasion, comment s'étonnerait-on que toute la nation, à cette idée, se soit montrée disposée à soutenir cette cause, à défendre ses propriétés et ses familles contre les attaques vigoureuses d'un ennemi redoutable? Le but de son approbation aux moyens

de soutenir la guerre a donc été la crainte du
danger que nous aurions à courir en nous soumettant aux termes de la paix?

Mais pour arriver à la motion que je présente, qu'il me soit permis de réfuter quelques
objections qu'on semble y faire d'avance. Et
d'abord, je demanderais que le mot de terreur
panique de l'invasion soit bien défini; il me
semble qu'il exprime le sentiment qu'éprouve
quelqu'un qui cherche à fuir le danger au lieu
de se défendre. J'ai donc raison de demander
que cette expression ne soit pas employée pour
moi et mes amis; mais qu'on soit bien convaincu que voyant les fatales conséquences que
pourrait avoir un tel événement pour notre
pays, nous avons désiré qu'il fût mis dans le
meilleur état de défense possible.

J'ai d'abord pensé que nous ne devions nous
occuper de cet état de défense que sous des
rapports généraux; mais en examinant la question de plus près, j'ai reconnu que l'état de nos
finances, la situation de l'Irlande, et plusieurs
autres causes différentes, devaient me faire
préférer la motion que je propose, et me renfermer simplement dans l'idée d'une défense
générale, sans entrer dans le mode d'exécution, soit par notre armée, soit par notre
marine.

Je n'entrerai pas dans le détail de la forma-

tion des volontaires, et je ne rechercherai pas
si elle est d'une bonne politique; s'il a été sage
d'en autoriser l'agrandissement, ou raisonnable d'en réprimer l'ardeur. Le zèle de ces
volontaires parle assurément de lui-même,
et il est impossible de ne pas les considérer
comme une véritable force supplémentaire
devant agir de concert avec notre armée. Je
pourrais abuser de la patience de la Chambre
si j'entreprenais de faire voir tout le mérite de
ces volontaires; mais je dirai seulement qu'un
des grands avantages est d'avoir pour moyen
de défense des hommes connaissant bien la
localité, et pouvant conséquemment avoir toujours l'avantage sur l'ennemi. Cependant, tout
en reconnaissant le principe, je cherche à en
faire l'application, et je me demande comment
dans le plan du ministre d'armer les paysans,
on peut, au moment du besoin, trouver à les
organiser; comment, dans le cas où il n'y aurait pas d'armes, on peut trouver des piques;
et s'il est prudnet de mettre de telles armes
dans les mains du peuple. Ce sont des mesures
du ministre qui réclament, je pense, notre
attention particulière.

Je demande donc que la Chambre se forme
en comité pour examiner les bills passés pour
la défense du pays.

La motion est appuyée par M. Pitt et M. Windham et combattue par le chancelier de l'échiquier et autres.

M. Fox se lève pour répliquer.

MONSIEUR,

On a tant abusé des momens de la Chambre pour se livrer à des personnalités, on a fait tant d'observations sur la forme de ma motion et sur la manière dont je l'ai présentée, tout en disant si peu de chose de la motion elle-même, que je ne puis m'empêcher de solliciter de la Chambre la permission de répliquer. Si jamais débat a été conduit avec esprit de parti, je devrais dire esprit de faction, certes, c'est bien celui-ci. Au lieu de répondre à ma proposition, on s'est attaché à m'accuser d'être l'admirateur des principes français, et de vouloir tout sacrifier à la paix, je dois laisser ces accusations devant la Chambre, pour qu'elle les apprécie à leur juste valeur.

On prétend que cette motion est inutile, qu'elle n'a d'autre but que d'obtenir le renvoi des ministres, que je ferais mieux de le demander tout de suite. Je répondrai à cela que ma motion tend à montrer le côté répréhensible de leur conduite, et combien la mesure qu'ils prennent, en ne cherchant pas les véritables moyens de défense, est condamnable et dangereuse. Si le résultat de ce que je cherche à prouver est le renvoi des ministres, alors, sans doute, je croirai avoir rendu service à mon pays. Mais, dit-on, renverser les ministres pour mettre à leur place, qui? Je réponds: Le droit constitutionnel de la Chambre est de censurer les ministres quand ils sont blâmables, mais non d'envahir la prérogative de la couronne en les choisissant.

Un autre objet a donné lieu à l'animadversion d'un honorable membre: il a parlé avec aigreur du prétendu retour d'une coalition. J'avoue que je suis étonné d'entendre énoncer ainsi le retour que quelques-uns de mes amis semblent vouloir faire auprès de moi. Je ne pouvais concevoir jusqu'ici que l'on pût faire un crime de l'ascendant que doit exercer une ancienne amitié, entre des hommes faits pour s'unir et s'estimer. A l'égard d'une coalition entre l'honorable membre (M. Pitt) et moi, je ne vois d'autres motifs à cette coalition, d'autre cause de coopération que ce qui peut paraître à chacun de nous deux utile à notre pays. Je ne soupçonne personne, et je n'entends pas ce que signifient les sinistres présages dont un orateur a voulu parler. Je m'estime heureux de voir ma proposition appuyée par l'honorable membre, mais j'avoue que j'i-

gnorais totalement son opinion avant d'entrer
dans cette Chambre. Il est donc vrai de dire
qu'il ne peut y avoir aucune intelligence con-
certée entre nous. L'un et l'autre, toutefois,
nous pensons que les ministres sont totalement incapables. J'approuve certainement la
paix qu'ils ont faite, mais je n'en aime pas
quelques articles : je n'ai pas vu la nécessité
de rendre toutes nos conquêtes. Cependant,
je désirais tant la paix, que j'ai accédé à tout.
Si je m'oppose aux ministres en ce moment,
ce n'est pas parce que nous avons la guerre,
mais parce que mon pays est dans un état de
danger imminent.

La motion de M. Fox est mise aux voix.

\ Pour, 204.   Contre, 256.

En conséquence de ce changement de majorité de
la Chambre, M. Addington se retire du ministère, et
M. Pitt le remplace, en composant le ministère
ainsi :

Chancelier de l'échiquier............. M. Pitt.
Président du conseil........... Le duc de Portland.
Chancelier.................... Lord Eldon.
Garde des sceaux............. Lord Westmoreland.
Ministre de la marine......... Lord Melville.
Ministre de l'intérieur........ Lord Hawkesbury.
Ministre des affaires étrang..... Lord Harrowby.
Ministre de la guerre .... Lord Campden.
Président du conseil de la com-
    pagnie des Indes........... Lord Castlereagh.

~~~~~~~~~~~~

1805.

14 Mai.

Pétition *des catholiques.*

M. Fox renouvelle ses efforts pour faire admettre l'émancipation des catholiques ; il montre le danger qu'il y a en Irlande à laisser exister une portion de citoyens, animés intérieurement contre le Gouvernement. — Il dit que les trois quarts de l'Europe sont catholiques ; que cette réprobation de la part de l'Angleterre est bien dangereuse.

EXPOSÉ.

L'ordre du jour ayant appelé la pétition des catholiques,

M. Fox se lève et dit :

Monsieur,

Jamais encore je n'ai eu à parler d'un sujet qui me présente autant d'importance que celui-ci. C'est cependant un bonheur pour moi de penser, après le nombre d'accusations auxquelles j'ai été forcé de répondre depuis quelque temps, qu'en ce moment j'ai à plaider la cause de mes concitoyens, et qu'il s'agit d'accroître la force de mon pays, sans attaquer ni son crédit, ni son pouvoir, ni l'autorité d'aucune personne de l'empire. Je sens bien la différence de cette situation avec celle où j'ai été jusqu'ici.

Il s'agit ici d'une pétition non-seulement signée par un grand nombre de personnes, mais il y a mieux, concernant au moins le cinquième des sujets de S. M. en Europe. Je plaide donc ici la cause de quelques millions d'individus; et si je parviens à persuader la Chambre de rendre justice aux catholiques, j'aurai augmenté d'autant la sécurité, la grandeur et la force de l'empire.

Il y a eu des manières bien différentes d'envisager cette question; on a dit qu'il fallait accorder la demande des catholiques non pas comme un droit, mais comme une faveur. Je pense qu'on ne peut leur refuser le droit, et qu'il n'y a aucune exception qui s'y oppose. Il est inutile, ce me semble, d'entrer dans la question de savoir si les restrictions imposées aux catholiques sont politiques ou non : il suffit de jeter les yeux sur l'histoire pour reconnaître les motifs qui ont pu les faire établir. Sous la reine Élisabeth et sous Jacques II, on ne peut pas supposer que ces restrictions aient été éta-

blies par un système de bigoterie : cette reine
n'était pas si opposée à la religion catholique;
cependant elle s'est vue engagée dans une
guerre générale avec plusieurs puissances catholiques, et particulièrement avec le roi
d'Espagne. Il s'en est suivi une dispute avec
la France et les autres puissances du continent. Ce sont donc des circonstances politiques
qui ont occasionné ces lois sévères contre les
catholiques.

Sous Charles I et sous Charles II, le système
de soupçons qui a prévalu généralement, a
rendu des restrictions nécessaires; quelques-
unes ont été abolies; il ne nous reste que celle
soumise à notre considération.

A l'époque de la révolution, il est impossible
de ne pas reconnaître que toutes les lois concernant les catholiques ont été des lois politiques. Quand le roi Jacques fut chassé de ce
pays; quand sa tyrannie s'est tellement unie à
la dévotion, que chacun pouvait reconnaître
l'effet de l'une ou de l'autre, il était naturel de
supposer que les catholiques conserveraient
de l'attachement pour un prince qui avait perdu
sa couronne par suite de sa partialité en faveur
de leur religion. L'Irlande, à cette époque,
était le théâtre de la guerre civile. Sans doute
ce souverain était un grand roi, peut-être le
plus grand que nous ayons vu; mais vouloir

relever son caractère, en le représentant comme
persécuteur de l'hérésie et de l'idolâtrie, c'est
se tromper étrangement sur son caractère.
A cette époque on essayait d'établir une guerre
de religion ; et il était difficile que l'ennemi ne
jetât pas les yeux sur l'Irlande.

Nous arrivons maintenant à l'époque du règne
présent, où toute idée du prétendant et du retour de la famille des Stuarts est totalement
éteinte. Par quoi a-t-on d'abord commencé ?
on a donné aux catholiques la faculté d'ache-
ter des propriétés : quelles en ont été les conséquences ? Le pouvoir résultant de la constitution libre donnée à l'Irlande, en 1782, a
produit un accroissement de propriétés au-delà
de ce qui a jamais été à la possession des protestans ; il s'en est suivi les plus heureux effets :
cela a atténué les distinctions établies entre les
catholiques et les protestans ; distinctions si
oppressives ! Les catholiques existant aujour-
d'hui possèdent l'héritage de leurs pères. Je
dis cela, parce qu'on a avancé qu'ils avaient
conservé la mémoire des anciennes propriétés,
et qu'à la première occasion favorable ils ré-
clameraient des protestans les propriétés qui
appartenaient à leurs familles.

Mais, par rapport au Parlement, les votes
des Pairs ont duré pendant les règnes d'Élisabeth, Jacques 1, Charles 1 et Charles 11 : or, je

demande à l'historien le plus partial des Stuarts, si le vote des Pairs a jamais produit aucun inconvénient? Je pense donc que ce vote ne peut qu'être utile, pourvu que l'acte du test soit maintenu. Quand a-t-il cessé? en 1698, quand la découverte du complot papiste, faux ou vrai, a jeté la nation entière dans un système de terreur tel, qu'on a avancé que les catholiques devaient massacrer les protestans, assistés, disait-on, du roi d'Espagne. C'est dans ce moment de fureur et de folie populaire que cette mesure fut adoptée : jusque-là personne n'avait pensé à exclure les catholiques du Parlement.

Comment peut-on en être venu à imaginer que si un catholique a un projet seditieux dans la tête, c'est en l'excluant de la Chambre qu'on pouvait l'empêcher.

En ce moment, la Chambre a six cent cinquante-huit membres : supposant qu'il soit possible qu'il y ait quatre-vingts catholiques dans ce nombre, quoique je ne pense pas qu'il y en ait plus de vingt, en quoi pourraient-ils être dangereux? Si on adopte l'idée d'une représentation virtuelle, ne serait-il donc pas naturel que les trois quarts des membres fussent catholiques? on ne peut pas dire que la représentation soit exacte si les catholiques aussi ne sont pas représentés.

On a fait des objections à cette pétition, tendantes à établir qu'il existe quelque chose dans la croyance des catholiques romains qui fait qu'il est dangereux de leur accorder les mêmes priviléges qu'aux protestans. J'avoue que je ne conçois pas pourquoi des hommes d'une croyance différente ne pourraient pas agir dans un intérêt commun. Cette question n'existe que dans la théorie, car l'expérience vient prouver le contraire : il n'y a pas un seul pays en Europe où les personnes de différentes religions ne soient employées ensemble. Quand Henri iv a renoncé à la religion protestante pour se faire catholique, afin d'obtenir le royaume, a-t-on jamais fait la remarque que Sully fût protestant? a-t-on jamais dit qu'à cause de cela il ait été mauvais ministre? M. Necker n'était-il pas protestant?

Comme il n'est plus question dans cette cause de craintes du prétendant, c'est donc le pape? or, je le demande, depuis deux cents ans est-ce une autorité à craindre, à moins que ce ne soit à cause de ses oppressions envers les catholiques? Long-temps avant notre révolution, toute l'influence du pape, par rapport à nous, était évanouie, et il est à remarquer que pendant toute la lutte entre la maison de Stuart et la maison de Brunswick, le pape n'a pu réussir à émouvoir un seul catholique dans toute l'Irlande. Mais, dit-on, les catholiques ont été compromis particulièrement dans la rébellion de 1798. Je n'en doute nullement; mais y ont-ils été excités par le pape? Quoi! par le pape, tandis qu'il était dans la situation la plus humiliante, et nous regardait presque comme son seul appui! c'est alors qu'on peut supposer qu'il aurait voulu renverser notre Gouvernement! Non, cette crainte du pape est absolument absurde. Le souvenir des proconsuls envoyés par César pour gouverner ce pays a-t-il laissé parmi nous une telle impression, que nous devions redouter et craindre tout de Rome?

Mais, dit-on, Bonaparte a obtenu une telle influence sur le pape, que comme le pape dirige les prêtres irlandais, il aura nécessairement les catholiques irlandais pour lui. Je ne rechercherai pas quelle est la disposition du pape envers Bonaparte; j'admets que notre ennemi doit employer tous les moyens qui peuvent nous nuire; mais comment y parviendra-t-il si vous rapportez les lois? Si, au contraire, vous persévérez dans ces restrictions, alors on peut sans doute dire aux catholiques irlandais : «Vous aviez les mêmes droits que » vos concitoyens, et au lieu de faire justice à » vos réclamations, on vous a proscrits; il ne

ration par la Chambre formée en comité général. ,

Cette proposition donne lieu à des débats qui durent
deux jours. M. Pitt est du nombre des opposans, ainsi
que M. Addington. Enfin à cinq heures du matin, la
Chambre va aux voix sur la motion,

Pour, 124.   Contre, 336.

1805.

20 Juin.

MOTION *de M. Grey sur la situation de l'État.*

M. Fox montre combien le ministère inspire peu de confiance, en ce qu'il est composé de membres qui n'agissent pas d'après une même opinion. — Il en prédit le danger.

EXPOSÉ.

M. Grey propose qu'il soit présenté une humble adresse à S. M. pour la supplier de ne pas proroger le Parlement avant d'avoir fait connaître à la Chambre sa situation relativement aux puissances étrangères, et ses vues dans la lutte qui s'engage.

Lord Castlereag combat la motion avec M. Canning.

Lord Temple et M. Wyndham l'appuient.

M. Fox prend la parole et dit :

MONSIEUR,

Il m'est impossible de garder le silence dans une question si intimément liée avec les droits et les priviléges du Parlement et l'intérêt de mon pays.

T. XII.   26

J'observe d'abord que, par les trois emprunts, la dette publique s'est accrue de 80 millions sterl.; c'est une considération de la plus haute importance, si l'on fait attention que nous avons néanmoins un système d'amortissement, et que le système qui consiste à établir des taxes de guerre pour une année, a été adopté.

Je ne dirai rien sur l'armée; d'autres plus capables d'éclairer sur cette matière, l'ont traitée; je dirai seulement que l'honorable membre (M. Pitt) se repose bien sur son plan, car un des motifs principaux de son attaque contre le dernier ministère, auquel il a fini néanmoins par se joindre, a été qu'il n'avait pas assez pourvu à l'établissement convenable de l'armée.

Relativement à l'Irlande, je conviendrai que sa position est moins critique en ce moment, et je me plais à en attribuer tout le mérite à lord Hardwicke. Cependant, je regrette de voir qu'il ne soit pas appuyé dans ses mesures par l'unanimité des ministres. Il est impossible qu'un Gouvernement puisse jamais bien marcher, quand il n'y a pas d'accord parmi ceux qui dirigent les affaires. Il m'a été dit que lord Redesdale, qui s'est distingué si éminemment par son opposition aux catholiques d'Irlande, se trouvait aussi en opposition avec lord Hard-

wicke. J'ai eu l'honneur de présenter une pétition des catholiques, elle a été rejetée par la
majorité. Je voudrais savoir si on a l'intention
d'accorder au moins quelques-uns des objets
qui ont été demandés; c'est au Gouvernement
à aller au-devant de la Chambre à cet égard,
il doit réfléchir que les Irlandais ne peuvent
pas être satisfaits de rester dans la position où
ils sont.

Le discours du Roi nous apprend qu'il a
reçu une offre de négociation du gouvernement français, que S. M. étant en négociation
avec l'empereur de Russie, elle croit convenable de lui apprendre les ouvertures qui lui
sont faites, afin de baser sa réponse sur celle
qu'elle recevra de ce souverain. Je demanderai quel est le motif de cette communication,
puisqu'elle ne nous apprend pas la réponse de
S. M. Certes, il est naturel que S. M. consulte
l'empereur de Russie, si elle a entamé un traité
avec ce monarque; mais n'est-ce pas dire à
l'ennemi : « Attendez, pour ma réponse, que je
» voie si je ne puis pas former un traité avec
» une autre puissance, pour poursuivre en-
» semble la guerre plus efficacement contre
» vous. »

Le principe fondamental de notre constitution établit que la Chambre peut toujours demander au pouvoir exécutif des explications,

et nul moment ne peut·être plus convenable
que quand il s'agit de voter les sommes nécessaires pour soutenir le système du Gouvernement. Je suis bien convaincu que le ministre
les donnerait s'il le pouvait, mais s'il ne le peut
pas en ce moment, il doit au moins laisser la
Chambre assemblée jusqu'au moment où il
lui sera possible de le faire. Je sais que cette
manière de demander de rester assemblé jusqu'à ce qu'on ait des informations, est une
preuve du peu de confiance que l'on a dans
le Gouvernement. Et il est vrai que le caractère principal de cette Chambre est le manque
de confiance. Il en sera toujours de même,
toutefois quand un ministre voudra demander des sommes aussi considérables que cinq
millions sterl., sans pouvoir répondre aux
questions qu'on lui adresse.

Il me semble que l'honorable membre, particulièrement, ne peut pas espérer que j'aie,
moi, confiance en lui. Je suis loin d'être dans
ses confidences, et il sait bien que ce n'est
pas par un manque de considération personnelle, mais en raison seulement de son caractère public et de la manière dont il est arrivé à un ministère dont plusieurs membres
lui avaient toujours été opposés. Dans une
position semblable, il est naturel que la
Chambre ne voie que des motifs de discussion

dans le ministère, et qu'elle prenne garde à ne pas accorder trop tôt sa confiance. Si le Gouvernement ne tient, pas compte de cette considération, il est temps que la nation lui dise ce qu'elle en pense. Pour moi, j'ignore ce qui peut résulter de cette étrange composition de ministère, mais il est facile de prévoir que les conséquences les plus fatales peuvent en être la suite.

M. Pitt réplique à M. Fox, après quoi on met la motion de M. Grey aux voix.

Pour, 110.   Contre, 261.

1805.

ALLIANCES continentales.

Détails dans lesquels M. Fox entre relativement aux puissances continentales. — Il demande que la somme votée ne soit pas accordée au ministère avant qu'il ait donné les renseignemens suffisans pour éclairer la Chambre.

EXPOSÉ.

M. Pitt propose qu'une somme de 3,500,000 liv. st. soit accordée à S. M. pour contracter tels engagemens et prendre telles mesures qui lui paraîtront nécessaires.

M. Fox prend la parole :

Après ce qui s'est passé dans la précédente séance, l'honorable membre, aussi bien que le public, doit supposer que je ne prendrai pas la parole, et que je m'opposerai purement et simplement à la mesure proposée. Le ministre nous a dit qu'il lui était inutile d'entrer dans des explications, qui d'ailleurs lui devenaient impossibles à donner : il en est résulté que la

Chambre est restée dans la même position d'incertitude et d'ignorance. Quand un ministre
vient nous demander de voter une somme considérable, sans vouloir nous désigner le motif
de cette dépense, et nous dit seulement qu'il
est de notre devoir de la lui accorder, je réponds, moi, que notre devoir est de la refuser.

Il paraît généralement reconnu, que nous
engager en alliance avec la Russie seulement,
sans la Prusse et l'Autriche, rendrait notre
position pire. Or, il est constant que nous ne
pouvons contribuer à cette mesure, sans qu'il
nous soit démontré que les conséquences peuvent en être profitables à notre pays, comme
à l'Europe entière. Personne ne peut prévoir
l'issue de la guerre : mais quand on repasse ce
qui est déjà arrivé, on ne peut raisonnable-
ment avoir un grand espoir de succès. Que
deviendraient nos liaisons continentales, et
toutes les espérances dont on nous berce, si
l'Autriche, agissant, il en résultait les suites
que l'on peut entrevoir? Où en seraient les
libertés de l'Europe? Comment alors arrêter
les progrès de la France?

Si nous étions restés en paix, et que l'Autriche, la Russie et la Prusse eussent sollicité
notre assistance, personne plus que moi n'y
aurait accédé : mais prétendre animer l'Europe

par notre exemple, c'est établir la question
d'une toute autre manière. Tout le monde
connaît notre opinion sur l'Europe, et quels
sont ses motifs intéressés; chacun sait pourquoi
elle veut nous voir prendre part dans cette
guerre. Il me semble que sans entrer dans le
détail des raisons que nous pouvons avoir par-
devers nous, il est juste de dire que cette mesure nous jeterait dans une alternative difficile.

Mes motifs pour m'opposer au vote de la
somme demandée, sont qu'il n'y a aucune réponse donnée aux propositions de la France;
qu'il faut un temps assez long pour avoir la
réponse de la Russie : et le résultat sera de
prouver évidemment que la Chambre n'a aucune espèce de confiance dans les ministres.
Et quel moyen aurait-on pour expliquer le
temps que l'on passerait sans répondre à ces
demandes? Si l'intention de nos ministres est
de proposer à la France, par la voie de la
Russie, des conditions, je leur demande qu'elles
soient raisonnables ; autrement ils indispose-
raient ou l'Europe, avec qui ils veulent coopérer, ou la France elle-même, avec laquelle ils
veulent traiter. Mille fois mieux vaudrait-il
répondre aux propositions immédiatement,
et chercher à faire une paix séparée; telle toutefois que l'Europe elle-même, en en approu-

vant les bases, soit disposée à la garantir. Si alors la France s'y refusait, comme quelques personnes le prétendent, ce dont j'ai lieu de douter, alors l'Europe serait bien plus facilement attirée dans notre cause, où elle deviendrait intéressée. Son indignation serait en proportion de la justice de nos demandes ; car ce n'est pas assez d'exciter l'Europe contre la France ; il faut la convaincre de la bonté de notre cause.

Je vote donc contre la demande faite des fonds annoncés, qu'ils soient destinés à l'Autriche, à la Russie, ou à nous procurer les moyens de faire la paix, tant que nous ne connaîtrons pas exactement l'intention du Gouvernement.

~~~~~~~~~~~~~~~~

1806.

27 Janvier.

Honneurs *funéraires rendus à la mémoire de M. Pitt.*

M. Fox s'oppose à la proposition, comme ayant pour but public de prouver que M. Pitt était le plus grand homme d'état que l'Angleterre ait jamais vu. Il dit qu'un ministre qui, avec connaissance de cause, a présenté et suivi le système désastreux qui a amené l'Angleterre au point où elle est, ne peut être considéré comme grand homme d'état. — Il regrette qu'on n'ait pas employé un autre mode pour lui rendre l'hommage qui est dû à son grand talent, à son grand caractère, à son rare désintéressement, moyen qui eût été possible, si sa famille avait été consultée. — Il regrette de ne pouvoir appuyer la motion; mais il croit que son devoir lui impose de ne pas faire passer à la postérité l'idée que M. Pitt était le plus grand homme d'état que l'Angleterre ait jamais vu.

EXPOSÉ.

Le 23 janvier 1806, M. Pitt est mort.

Le 27 du même mois, M. Lascelle propose qu'une adresse soit faite à S. M., pour la supplier de donner des ordres à l'effet d'ériger un monument à la mémoire de M. Pitt, dans l'église de Westminster, avec une inscription qui exprime la perte irréparable de ce grand homme d'état, assurant S. M. des dispositions de la Chambre à concourir par son vote à la dépense qu'exigera ce monument de la reconnaissance publique.

Cette proposition est appuyée par lord Castlereagh, M. Wilberforce et tous les membres du ministère.

MM. Wyndham, Ponsomby, Fox et autres s'y opposent.

M. Fox dit :

MONSIEUR,

Depuis le commencement de ma vie politique, je n'ai jamais encore pris la parole avec une émotion semblable à celle que j'éprouve en cet instant. J'ose espérer qu'il me sera permis, avant de donner mon vote, d'expliquer comment je m'oppose à la proposition qui vient d'être faite.

L'honorable membre qui a fait la motion dit que, dans une telle circonstance, tout esprit de parti doit être mis de côté. Je suis entièrement de son avis ; et je désire être le premier à en donner la preuve. Néanmoins l'abandon que je fais de cet esprit de parti n'est pas en raison de ce parti même. Quand un homme d'honneur est convaincu que son opinion peut être utile à son pays, et qu'il reconnaît que le seul moyen de l'employer est de la lier à un parti, il est de son devoir d'avoir recours à ce parti.

Mais, dans le moment présent, il est évident que le seul motif qui puisse me guider, est le même que celui de l'honorable membre, et doit me porter à voter avec lui. Il doit voir que même en me supposant de l'ambition et un intérêt privé, le meilleur moyen que j'aurais de satisfaire l'un et l'autre, serait d'appuyer sa motion. Il m'est important de concilier, autant que possible, l'opinion de ceux qui conservent le respect le plus profond pour M. Pitt, avec la division qui a existé entre lui et moi pour la politique. Mais il est d'autres motifs encore qui ne sont pas moins puissans pour moi. J'ai une amitié particulière pour certains des membres qui soutiennent cette motion; et je suis conséquemment disposé à appuyer leur proposition. Le vote dont il est question est donc un devoir impérieux autant que pénible.

Toutefois je ne puis oublier que mon opposition constante avec la personne en faveur de laquelle il s'agit d'élever un monument national, m'a établi aux yeux du public comme son rival; et je m'empresse d'assurer ses amis que jamais je n'ai été mu par un motif personnel.

Je conserve plus que qui que ce soit un souvenir précieux des qualités personnelles de M. Pitt; elles ont été sans doute au-dessus de

tout ce qui a jamais existé, tant sous le rapport de
sa vie privée que sous celui de sa position politique. Je n'entrerai pas ici dans le détail de son
administration; mais néanmoins je parlerai de
l'établissement du fonds d'amortissement. Je
déclare qu'il a rendu en cela un grand service à
la nation, et qu'en raison de cela, elle doit être
reconnaissante. D'autres grandes qualités de
M. Pitt sont son désintéressement, sa modération, son intégrité. Sa position en mourant
en donne la certitude. Quand je vois un ministre, après vingt ans passés au milieu de tous
les moyens d'acquérir de la fortune, disposant des places et de toutes les ressources du
royaume, mourir sans posséder rien, j'en conclus que c'est un homme intègre et désintéressé : tout ce qu'il a eu dans le cours de son
administration a été seulement des charges en
tous temps données d'une manière souvent
bien blâmable.

Cependant, Monsieur, nous devons examiner les choses sous le point de vue véritable. S'il
s'agissait de remédier à des besoins d'argent,
de M. Pitt ou de ceux qu'il laisse derrière lui,
je consentirais bien volontiers à ce que tout ce
qui serait nécessaire à ce sujet fût accordé
d'une manière libérale. Mais il s'agit ici de con-
férer à M. Pitt des honneurs comme *au meil-*
leur homme d'état. Nous devons faire taire

nos sentimens particuliers, pour nous opposer,
si notre devoir nous l'impose, à ce que de
semblables honneurs lui soient accordés. C'est
un objet important que de rendre un hommage public à un homme, parce que nécessairement cela passe d'une manière ou de l'autre à la postérité ; il ne faut pas, en conséquence, le faire légèrement, mais seulement
quand le mérite l'exige. Sans doute, si je n'é-
coutais que mes dispositions, j'appuierais volontiers cette proposition ; mais quand il s'agit
d'une chose aussi grave, je ne dois pas me
consulter. je dois ne suivre que la trace du devoir public. Tous les exemples que l'on peut
citer ne sont rien, pour prouver que tant d'hommes utiles à leur pays n'ont pas reçu un honneur semblable, malgré leurs talens et leurs
vertus. Nous ne devons pas considérer les actes
particuliers, mais l'effet qu'ils peuvent produire sur la chose publique. Quand j'examine
le monument érigé à la mémoire de lord Chatham ; quand je vois que son inscription énonce
le motif qui l'a fait ériger ; quand je vois qu'il y
est dit nommément que ce grand homme a su
réduire le pouvoir de la France, en élevant
d'autant la prospérité de son pays, je dis que
le cas qui nous occupe ne peut jamais être
comparé à celui de lord Chatham. Je vois, au
contraire, mon pays réduit à la situation la

plus alarmante; situation qui doit mériter à celui qui en est cause tout autre souvenir que celui de la reconnaissance. On nous a dit que quoiqu'il y eût des personnes opposées à l'opinion de lord Chatham, néanmoins, quand il a été question du monument à sa mémoire, il y a eu unanimité. Je conviens que cela est vrai : mais quelle différence dans le mérite des deux individus !

J'ai toujours pensé, et je pense encore, que le système du Gouvernement est le plus faux et le plus pernicieux de tous ceux qui peuvent être adoptés; je le regarde comme la cause de tous nos maux. Pensant ainsi, comment puis-je déclarer que celui qui a suivi ce système est *le plus grand homme d'État ?* C'est à lui que j'attribue la perte des colonies, et, certes, je suis plus disposé à blâmer qu'à récompenser le ministre qui l'a occasionnée.

Lord Guilford, qui a conduit cette guerre par laquelle les colonies ont été perdues, était un homme d'un talent très-éminent. J'étais lié avec lui dans les dernières années de sa vie; néanmoins si, à l'époque de sa mort, on eût proposé un monument comme celui dont il est question en ce moment, quel qu'ait été mon attachement pour lui, je m'y serais opposé.

Je ne puis m'empêcher d'accuser le dernier

ministre d'avoir, je ne dirai pas criminelle-
ment, l'expression serait peut-être trop forte,
mais d'avoir malheureusement employé tout
le pouvoir de son talent et de son éloquence
à soutenir un système aussi funeste. L'ayant
fait, et l'ayant fait avec connaissance de cause,
je le regarde comme bien plus coupable; car,
sans ce manteau séduisant qu'il a jeté sur
toutes les difformités de ce système, jamais il
n'aurait pu prévaloir. Personne plus que moi
n'est disposé à oublier toutes ses erreurs,
et même tout le mal qu'elles nous ont causé.
De son vivant, j'ai toujours montré cette disposition, à bien plus forte raison en ce moment; mais je ne puis donner mon vote pour
qu'un honneur public lui soit rendu comme
au plus grand homme d'État. Il m'est impossible d'oublier ainsi les principes qui m'ont
guidé toute la vie, pour me ranger en ce moment à la motion proposée, et oublier ainsi le
sentiment de mon devoir. Je défie celui qui a
fait la proposition qui nous occupe, je défie
la Chambre entière et celui des membres qui
est le plus opposé à mon opinion, de prouver
qu'il y a dans ma détermination le moindre
motif d'intérêt ou d'ambition qui ait pu m'y
porter; mon motif est uniquement mon devoir.

Je regrette sincèrement que cette motion ait
été faite; et si ceux qui tiennent de plus près à

M. Pitt, et qui sont supposés être plus intéressés à sa gloire et au respect dû à sa mémoire
avaient été consultés, je crois qu'il eût été facile de trouver un moyen de remplir le désir
général comme le leur, sans jeter la Chambre
dans l'alternative où elle se trouve. Il est trop
tard maintenant, il ne nous reste qu'à faire
notre devoir. C'est sous ce rapport, et uniquement
ment sous ce rapport, que je m'oppose à la
motion, tout en ressentant une peine extrême
de me voir forcé à m'y opposer.

La Chambre va aux voix.

Pour, 258.   Contre, 89.

1806.

3 Mars.

Nomination d'un nouveau ministère : lord Ellenborough et M. Fox en font partie.

M. Fox défend comme ministre les opérations du Gouvernement. — Il parle de la responsabilité des ministres. — Il répond à l'objection faite contre l'entrée de lord Ellenborough, chef de la justice, dans le ministère, sous le rapport de l'incompatibilité.

EXPOSÉ.

Le 26 février, un changement de ministère a lieu. Il se trouve composé ainsi qu'il suit :

Président du conseil.......	Lord Fitz-William.
Chancelier...............	Lord Erskine.
Garde des sceaux.........	Lord Sidmouth.
Premier lord de la trésorerie, (premier ministre)......	Lord. Grenville.
Ministre de la marine......	M. Grey (lord Howick).
Ministre de la guerre.......	Lord Moira.
Ministre de l'intérieur.....	Lord Spencer.
Ministre des affaires étrangères..................	Ch. Fox.
Lord chef de la justice.....	Lord Ellenborough.

En conséquence de la nomination de lord Ellenborough au conseil de S. M., M. Spencer Stanhope fait la proposition suivante :

1°. Qu'il est reconnu par la Chambre que les fonctions de ministre d'état, conseiller du pouvoir exécutif, sont totalement distinctes des fonctions de juges des tribunaux du royaume ;

2°. Que les personnes appelées auprès de S. M. pour l'éclairer de leurs avis, et avoir entrée au conseil privé, sont généralement désignés sous le nom de membre du conseil privé, ministre ou secrétaire-d'état ;

3°. Que d'appeler dans ce conseil un juge des tribunaux est une mesure dangereuse, qui peut créer le soupçon, et peut exposer l'indépendance et l'impartialité du caractère d'un juge, et compromettre la justice publique.

Ces propositions sont appuyées par M. Canning, lord Castlereagh et M. Wilberforce.

M. Bond demande l'ordre du jour.

Il est appuyé par lord Temple, M. Fox et M. Shéridan.

M. Fox se lève et dit :

Monsieur;

Je suis obligé de dire que la proposition qui est faite, est pour moi un objet de surprise. C'est la première fois que j'ai vu le cabinet privé du Roi devenir un sujet de discussion dans cette Chambre. Jamais encore je n'ai vu la prérogative royale mise en question au sujet de la nomination des ministres. Sans doute, si S. M. choisissait pour membre de ce conseil, comme ministre, une personne contre laquelle il y eût des objections personnelles, alors la Chambre pourrait en demander le renvoi par une humble adresse. Mais, sans ce motif, il est curieux d'entendre discuter le droit d'appeler dans son conseil les personnes qu'elle croit propres à l'aider de leurs lumières. Notre constitution ne reconnaît pas, il est vrai, de conseil du cabinet, et la Chambre se res-souviendra que j'ai énoncé cette opinion il y a long-temps. Je répète ici ce que j'ai dit, qu'un conseil du cabinet est une chose étrangère à nos lois, et n'a jamais été reconnu par le Parlement. La portion du conseil privé que S. M. a choisie pour la distinguer et la consulter plus habituellement, s'est appelée conseil du cabinet. Mais le nom n'y fait rien, qu'elle soit désignée sous le nom de conseil du cabinet ou privé, toujours est-il vrai que les lois ne connaissent rien de cette nature.

Si la question était de savoir si ce n'est pas un abus de la prérogative royale, j'avoue que je serais fort embarrassé de savoir quelle opinion je soutiendrais. Mais, ce qui est certain, c'est qu'il est question d'un corps que jamais le Parlement n'a reconnu. Il n'est donc pas possible de produire des exemples pris dans le passé, applicables à la question qui nous occupe. M. Canning nous a dit que lord Mansfield a eu entrée dans le cabinet sans qu'on le sût, et qu'on l'aurait ignoré si lui-même ne l'avait pas annoncé. Quoique l'honorable membre ait tort dans son assertion, néanmoins son aveu peut me servir à soutenir ma proposition. Il a souvent parlé de la responsabilité des membres du cabinet. Je voudrais savoir comment elle existe, et comment elle pourrait exister. Les journaux, et quelques conversations, ont sans doute appris beaucoup de choses à M. Canning, mais il me semble qu'il aurait mieux fait de consulter les journaux de la Chambre. Où serait la responsabilité des ministres, s'il en existait une pour le cabinet. Chaque ministre doit être responsable des actes de son ministère. Je ne disconviens pas que les personnes qui conseillent une mesure, quand elle est blâmable, devraient avoir une sorte de responsabilité comme ceux qui l'exécutent. Il y a eu des circonstances où le Parlement a recherché les conseillers d'une mesure proposée. Mais comment l'a-t-il fait ? En le vérifiant on s'assurera de ce que j'ai avancé, que les conseillers du cabinet ne sont pas légalement reconnus, car, dans les adresses présentées dans ces circonstances, on voit que le Parlement s'occupe de chercher à découvrir qui a pu conseiller la mesure qui lui semble blâmable. Sûrement, cela démontre que le cabinet n'a jamais été considéré comme un corps responsable. Nulle part, dans les journaux de la Chambre, vous ne verrez la preuve qu'une personne ait été mise en accusation comme conseiller du cabinet. Non, sans doute, le conseil n'est pas légalement institué et n'a jamais été regardé comme tel. Il me semble que les preuves en sont incontestables. Il en résulte que quand on vous propose pour la première fois, comme on le fait par cette motion, de reconnaître l'existence d'un tel corps, je demanderai s'il ne s'en suivra pas que l'existence de ce cabinet privé soit reconnu des lois comme de la Chambre? On me dira sans doute que l'on n'a pas l'intention d'aller aussi loin, mais, cependant, c'est une conséquence naturelle de la motion proposée.

Il se peut, toutefois, que quelques personnes confondent les fonctions de ce qui est proprement dit conseil du cabinet. Il est donc nécessaire d'établir la distinction qui existe, et dont le noble lord (Castlereagh) est bien pénétré.

Le conseil se rassemble souvent dans l'idée de se consulter et d'établir des discussions sur

les divers points d'un département, mais sans
communiquer le résultat à S. M. Il serait quelquefois même bien inutile de communiquer
avec S. M. Le noble lord sait à quoi je veux
faire allusion. Dans d'autres cas, le conseil se
rassemble pour demander son avis à S. M. Dans
le premier cas, il ne peut y avoir aucune responsabilité aux actes de ce conseil. Et à qui la
responsabilité serait-elle attachée dans le second cas? Certes, c'est aux agens qui exécutent
le plan qui a été résolu. Un ministre qui exé-
cuterait un plan conçu dans ce cabinet, contre
son gré et contre lequel il aurait protesté, ne
serait néanmoins pas déchargé de la responsabilité attachée à ses actions. Telle est, selon
moi, la définition de la responsabilité d'un
ministre. Tout ce qui s'en écarte est une exception à cette responsabilité.

Ayant défini la responsabilité, qu'il me soit
permis de dire quelques mots sur un autre
point de cette question. On a agité le nom de
Montesquieu. J'ai le plus grand respect pour
cet auteur, comme philosophe politique; mais
son opinion sur notre constitution, et l'application qu'il en fait me paraissent peu judi-
cieuses. Il dit principalement que les fonctions
législatives doivent être distinctes de celles ju-
diciaires. Mais quelle application pouvons-

nous faire de ce principe? Pouvons-nous, dans
notre forme de gouvernement, séparer exactement le gouvernement exécutif du législatif?
je ne le pense pas, et il est présumable qu'il
ne sera fait aucune proposition de cette nature à la Chambre.

Quant à la séparation qu'il indique aussi de
l'ordre judiciaire, et de la fonction législative,
je répondrai en parlant du chancelier. Il n'est
donc pas possible de prendre la doctrine de
Montesquieu pour modèle, et je ne crois pas
qu'il soit nécessaire d'en dire davantage à ce
sujet.

Il me semble que l'inconvénient qui peut
résulter d'appeler dans le cabinet un juriscon-
sulte ou même un juge, est prévu par le bill
qui établit l'indépendance des juges. Il ne peut
y avoir aucun obstacle à ce que S. M. appelle
dans son conseil privé, et même dans le
ministère, un juge tel que lord Ellenborough. La proposition qui est faite à la Chambre n'est donc autorisée par aucun antécédent ou par aucune loi, et je répondrai à
l'honorable membre qui l'a présentée, en cherchant à s'excuser de vouloir par-là apporter
aucune opposition à la marche du Gouvernement, que je serai toujours heureux d'avoir
son approbation dans toutes les opérations de

mon ministère ; mais qu'une opposition motivée sur des objets pareils à celui-ci ne peut
m'inquiéter beaucoup.

On demande l'ordre du jour.

Il est mis aux voix.

Pour, 222.   Contre, 64.

Je n'entrerai pas ici dans le détail des causes
de cette provocation; les pièces déposées sur
le bureau parleront mieux que tout ce que je
pourrais dire. La Chambre verra à quelle ex-
trémité nous sommes réduits. Sans doute, il
ne faut pas se le dissimuler, une guerre avec
la Prusse est une vraie calamité; et, sous le
rapport de l'augmentation du nombre de nos
ennemis, et parce qu'il est impossible de faire
rejaillir cette calamité sur le véritable aggresseur. Elle sentira qu'il est un moment où la
manifestation de nos principes et de notre res-
sentiment devient nécessaire, quoiqu'elle entraîne avec elle tous les malheurs de la guerre.
Si un outrage pareil était souffert, toutes les
nations pourraient, les unes après les autres,
venir nous dire : « Nous désirons comme vous
» que la France soit restreinte; mais voyez
» notre position, et reconnaissez la puissance
» de la France à laquelle nous sommes ex-
» posés. »

Sans doute on pourrait répondre à ce discours : « Faites ce que vous voudrez; fléchis-
» sez, vous, si vous le jugez convenable; mais si
» on vous oblige non-seulement à des conces-
» sions, mais encore à nous faire la guerre,
» oh! alors S. M. doit reprendre sa première
» position. »

Je suis loin d'envisager notre position sous

un aspect très-favorable, comme tant d'autres personnes le font; néanmoins je pense que, dans cette circonstance, nous devons faire un exemple signalé de la Prusse, quels que soient les beaux principes de théorie de la balance de l'Europe, prouver au monde entier que nous ne voulons trahir personne, mais que nous ne voulons pas qu'on nous trompe.

Je pense que la grande puissance de l'Angleterre réside dans son système de justice et de modération. Toute autre puissance qui voudra s'écarter avec elle de ce principe, doit en subir toutes les conséquences.

Si nous observons bien tout ce qui se passe, nous reconnaîtrons que la France semble traiter la Prusse comme un pays avec lequel il est impossible de traiter, et je ne suis pas éloigné de croire qu'elle a raison. Il me semble que nous devons profiter de cette leçon. Nous devons prendre en considération les habitans placés sous la domination britannique, comme propriété de S. M. Il est temps de ne plus suivre ce principe de transférer des sujets d'un prince à un autre, sans considération qui leur soit personnelle. J'ai eu sous ce rapport un grand empressement à faire remettre à M. Jacobi une note par laquelle j'exprimais que nulle considération de convenance ou d'accommodement, ne porterait jamais S. M.

à oublier l'attachement de ses fidèles sujets de Hanovre, ou à aliéner son électorat.

Il ne me reste plus rien à ajouter à ces considérations, et je pense que la Chambre reconnaîtra que d'avoir fermé les ports de Prusse à nos vaisseaux, est un acte d'hostilité suffisant contre ce pays-ci.

M. Fox propose une adresse de remerciement à S. M.

Elle est adoptée, *nemine contradicente.*

1806.

10 Juin.

Abolition *de la traite des nègres.*

M. Fox renouvelle ses nobles efforts pour obtenir l'abolition de la traite des noirs. — Il propose une déclaration de principes à la Chambre, et elle est adoptée. — Il est à remarquer que le dernier acte de la vie de M. Fox est en faveur de ...manité et de la justice.

Conformément à l'avis qu'il en a donné, M. Fox, comme ministre, parle ainsi :

Monsieur,

Je dois à la Chambre de lui faire connaître les motifs qui font que c'est moi, parmi tous les ministres de S. M., qui prends la parole en cette occasion. Depuis seize ou dix-sept ans, je suis habitué à soutenir la première proposition d'un honorable membre, M. Wilberforce, qui a si éminemment attiré l'attention de la Chambre et l'intérêt général du public. Néanmoins, il est des points sur lesquels je diffère avec lui, et je demande la permission d'expliquer franchement ma pensée.

Je suis tellement convaincu de l'importance et de la nécessité d'atteindre le but de ma motion présente, que *si depuis les quarante ans que j'ai l'honneur de siéger dans le Parlement, j'ai pu être assez heureux pour arriver à ce but, et à ce but seulement, je croirais en avoir fait assez, et pouvoir me retirer de la vie publique avec la consolante conviction d'avoir rempli mon devoir.*

Je ne crois pas toutefois, pour entrer en matière, qu'il me soit nécessaire de consulter les journaux de la Chambre afin de rapporter la proposition primitive de l'honorable membre relativement à l'abolition de la traite, proposition qui a été transformée en bill adopté par cette Chambre, et malheureusement rejeté par une autre. Mes occupations m'empêchent de pouvoir consulter les dates et les détails, et je me bornerai à l'objet en lui-même, espérant que l'on voudra bien me rectifier si je suis dans l'erreur.

Toutefois, je ne crains pas de dire que quelles qu'aient été les différences d'opinions entre les membres de ces divers Parlemens, de manière même à empêcher la proposition d'être adoptée partout, il y a cependant une unanimité constante dans cette Chambre : tout le monde a reconnu *que la traite des nègres était contraire aux principes de la justice, de l'humanité et de la bonne politique*; personne ne doute plus que ce commerce ne soit la honte du genre humain.

Il a été avancé dans une autre Chambre, par une autorité, *que si ce commerce n'existait pas, il faudrait l'établir.* Certes, je ne puis mieux faire que d'opposer à cette autorité celle de M. Wilberforce, et celle aussi d'un honorable membre (M. Pitt), qui malheureusement n'est plus, et dont l'éloquence et le talent n'ont jamais été mieux sentis que quand il a montré tout l'odieux de ce trafic.

Si jamais, jusqu'ici, la Chambre n'a cessé de montrer son indignation à l'idée de la traite des noirs, cette Chambre ne voudra sûrement pas manquer à son caractère en ne condamnant pas aujourd'hui cette mesure. Déjà elle a adopté des moyens d'y arriver par des régularisations qui ont rapport à nos colonies. Il me paraît bien difficile que la grande question de l'abolition totale même étant adoptée ici, on ait le temps, dans cette session, de l'examiner et de l'approuver à la Chambre des Pairs. Il faudrait donc y renoncer pour la présente session, et peut-être donner à penser qu'on l'abandonne tout-à-fait. C'est dans cette crainte que j'ai conçu la motion que je propose; elle don-

nera le temps et les moyens d'effectuer l'abolition totale de la traite, et j'ose espérer que,
sous ce rapport, elle recevra l'assentiment de
la Chambre. Je propose donc de déclarer «que
» la Chambre considère la traite des noirs
» comme contraire aux principes de la justice
» et de l'humanité, et décide de prendre tous
» les moyens les plus efficaces pour abolir ce
» commerce de la manière et à l'époque qui
» lui paraîtront les plus convenables.»

Cette motion est repoussée par le général Tarleton,
M. Gascoyne, lord Castlereagh et autres.
Et appuyée par sir Samuel Romilly, M. Wilber-
force, M. Canning et M. Wyndham.

La Chambre va aux voix.

Pour, 114.   Contre, 15.

La proposition est adoptée.

Cette motion est le dernier acte de M. Fox dans la
Chambre des Communes. Vers le milieu de juin il
tomba assez sérieusement malade, pour qu'il ne lui fût
plus possible de venir au Parlement. Il voulut continuer d'être au courant des travaux de la Chambre, par
la communication que lui en donnaient ses collègues,

et principalement pendant les négociations entamées avec la France; mais bientôt il fût même forcé d'y renoncer. Sa maladie fit des progrès rapides, et enfin le 13 septembre, il expira dans les bras de son neveu, lord Holland, âgé de 59 ans.

FIN DU DOUZIÈME ET DERNIER VOLUME.

DE L'IMPRIMERIE DE DENUGON.

Lightning Source UK Ltd.
Milton Keynes UK
UKHW012235110219
337137UK00006B/1108/P